DIANA CASTRO
HAGEE

# LO QUE TODA
# MUJER
# DESEA
# DE UN
# HOMBRE

Diez cualidades para nutrir la intimidad

CASA
CREACIÓN

*Para vivir la Palabra*

*Para vivir la Palabra*

MANTÉNGANSE ALERTA;
PERMANEZCAN FIRMES EN LA FE;
SEAN VALIENTES Y FUERTES.
—1 CORINTIOS 16:13 (NVI)

*Lo que todo hombre desea de una mujer;*
*Lo que toda mujer desea de un hombre*
por John Hagee y Diana Castro Hagee
Publicado por Casa Creación
Miami, Florida
www.casacreacion.com
©2005, 2021 Derechos reservados

Library of Congress Control Number: 2004117455
ISBN: 978-1-59185-492-0
E-book ISBN: 978-1-61638-029-8

Desarrollo editorial: *Grupo Nivel Uno, Inc.*
Diseño interior: *Grupo Nivel Uno, Inc.*

Publicado originalmente en inglés bajo el título:
*What Every Man Wants in a Woman;*
*What Every Woman Wants in a Man,"*
Copyright © 2005 por John y Diana Hagee
por Charisma House, Lake Mary FL 32746.

A menos que se indique lo contrario, los textos bíblicos han sido tomados de la Santa
Biblia, Nueva Versión Internacional® NVI® ©1999 por Bíblica, Inc.© Usada con permiso.

**Nota de la editorial**: Aunque el autor hizo todo lo posible por proveer teléfonos y
páginas de Internet correctas al momento de la publicación de este libro, ni la editorial
ni el autor se responsabilizan por errores o cambios que puedan surgir luego de haberse
publicado.

Impreso en Colombia

21 22 23 24 25 LBS 9 8 7 6 5 4 3 2 1

# Contenido

# Contenido

# LO QUE LAS MUJERES DESEAN DE UN HOMBRE

*Por lo tanto el hombre dejará a su padre y a su madre y se unirá a su esposa, y serán una sola carne.*

—GÉNESIS 2:24

*Lo que Dios juntó, no lo separe el hombre.*

—MATEO 19:6

Usted ha oído decir a menudo que la decisión más importante de su vida es la de recibir a Jesucristo como Salvador. Esta decisión determinará la calidad de vida que llevaremos en la tierra y la vida eterna que tendremos en el cielo.

La segunda decisión más importante que haremos es la de elegir con quién casarnos. Esta elección contribuirá a nuestra futura felicidad y al potencial de servir al Señor al máximo.

El Dios al cual servimos creó al mundo para nuestro beneficio. Y creó al matrimonio para nuestro beneficio también. Usted y su esposo fueron creados a imagen de nuestro Creador. Él nos muestra a través de su infinita misericordia y gracia los pasos que necesitamos dar para ser todo lo que Él nos ordena ser. Somos sus hijos. Nuestros matrimonios fueron planeados por Él. Dios nos muestra qué debemos hacer para caminar en armonía con nuestro esposo y hacer de nuestra unión la bendición más bella.

La mayoría de las mujeres que conozco aún están buscando un marido, o están contentas con el que tienen, o desean tener uno mejor. Cuando se les pregunta a hombres y mujeres las razones por las que se casaron, responden algo así como:

- Estábamos enamorados.
- Nos atraíamos físicamente.
- Mis amigos ya estaban casados, entonces pensé que era tiempo de hacer lo mismo.
- Necesitaba estabilidad y seguridad en mi vida.
- Todos esperaban vernos casados.
- Teníamos que casarnos.
- Nuestros padres no querían que nos casáramos, entonces nos fugamos.
- Parecía que era lo correcto.

Si como cristianos creemos que Dios creó el matrimonio y tiene un propósito para ello, debemos deducir que la mayoría de las razones citadas arriba no son las adecuadas para casarse ni tampoco pueden sostener un matrimonio. Randall y Therese Cirner en su libro *10 Weeks to a Better Marriage* [Diez semanas para un mejor matrimonio] resumen las razones de Dios de esta manera:

1. Ser una sola carne.
2. Comprometerse en el amor.
3. Servirse mutuamente.[1]

Rebbetzin Esther Jungreis en su maravilloso libro *The Committed Life* [La vida comprometida] declara: «Nuestra cultura nos ha enseñado a igualar amor con gratificación, con obtener en lugar de dar, con tomar en lugar de compartir, a dar más importancia a nuestras propias personas en vez de ser un todo con nuestra pareja. Por lo tanto no es de extrañar que la gente comience y termine sus relaciones al menor problema, ya que no cumplen sus expectativas».[2] Para tener relaciones exitosas debemos dejar de vivir por las leyes de este mundo y comenzar a vivir a través de los dictámenes de la Palabra inspirada de Dios.

Cualquiera sea su estado civil debería tomar conciencia del ataque del enemigo sobre la familia tradicional en nuestra sociedad. Desde el comienzo, la serpiente atacó el convenio de Dios Padre con su pueblo. Hoy sucede lo mismo. Cuando la iglesia presenta la misma imagen que el mundo con respecto al divorcio, *algo no está funcionando bien.* Cuando la Palabra de Dios ordena a la iglesia a estar en el mundo pero a no ser del mundo, y aun así reflejamos al mundo, *algo no está bien.*

*Las cosas* no están bien porque usamos al mundo con su estándar de vida como guía. Hemos fallado en seguir este conjunto de reglas dadas a nosotros por el Alfarero que nos creó, el Salvador que murió por nosotros, el Espíritu que está allí para guiarnos.

¿Cuáles son estas *cosas?*

Los científicos han sido aclamados porque idearon una cámara que muestra al bebé de doce semanas de vida en el útero de su madre, sonriendo, caminando y bostezando; sin embargo nuestra sociedad demanda que se realicen investigaciones celulares usando células del cerebro de estos mismos bebés. ¡*Algo no está bien!*

¡Hay un aumento de enfermedades sexuales porque el «sexo seguro» que propuso el mundo no es tan seguro! Cada año se diagnostican quince millones de nuevos casos con un costo anual de tratamiento de unos diez mil millones de dólares.[3] Cuando la prescripción del uso de drogas está en crecimiento solo porque nuestra sociedad prefiere la euforia química en lugar de llevar un estilo de vida que produce alegría interior, «algo no está bien».

Cuando el padre está ausente de su casa y el niño está buscando un líder en la calle... cuando la Suprema Corte de la nación dice que reglamentar la pornografía infantil violaría la libertad de expresión... cuando nosotros como personas debemos pedir al Gobierno una enmienda a la constitución para que solo reconozca el matrimonio entre hombres y mujeres... «algo no está bien».

La tasa de divorcios aumenta en los Estados Unidos porque nuestra palabra ya no es un convenio, y el «compromiso» es algo que encontramos en los contratos de propiedades pero no en nuestros matrimonios.

No es poco frecuente ni extraño que las mujeres en nuestra iglesia vengan a pedir oración por sus matrimonios, diciendo: «Por favor ruegue por mi matrimonio... algo no está bien».

En las siguientes páginas de este libro examinaremos las relaciones entre los sexos. Mi oración es que si usted es una lectora mujer, sepa cómo elegir a un hombre de Dios, aprenda a conocer las necesidades de su marido, y tenga un matrimonio hermoso y duradero. Si usted es un lector hombre, ruego que aprenda cómo atraer a una mujer de Dios, que conozca más acerca de las necesidades y requerimientos de ella, y que sepa crear un matrimonio satisfactorio, duradero y comprometido.

Quiero que este libro le ayude a «hacer las cosas bien».

Mi esposo, el pastor John Hagee, hizo una encuesta en nuestra congregación de varios miles de personas preguntando: «¿Qué desean los hombres de una mujer?» y «¿Qué desean las mujeres de un hombre?» Antes de hablar de los resultados de esta encuesta que muestran los deseos desde el punto de vista de la mujer, permítanme compartir con ustedes una investigación personal.

### LO QUE DESEO DE UN HOMBRE
(Mujeres encuestadas – Edad: 25)

1. Que sea buen mozo
2. Que tenga carisma
3. Que sea exitoso en las finanzas
4. Que sea un oyente atento
5. Que tenga gran sentido del humor
6. Que esté físicamente en forma
7. Que vista a la moda
8. Que sea educado, que aprecie las cosas finas
9. Que sea atento y lleno de sorpresas
10. Que sea un amante imaginativo y romántico

### LO QUE DESEO DE UN HOMBRE
(Mujeres encuestadas – Edad 40)

1. Que sea buen mozo (preferentemente con cabello)
2. Que me abra la puerta del auto y corra la silla al sentarme
3. Que tenga suficiente dinero para una cena agradable
4. Que escuche más de lo que hable
5. Que se ría de mis chistes
6. Que lleve las bolsas de compras con facilidad
7. Que tenga por lo menos una corbata
8. Que aprecie una buena comida casera
9. Que recuerde cumpleaños y aniversarios
10. Que busque romance al menos una vez a la semana

### LO QUE DESEO DE UN HOMBRE
(Mujeres encuestadas – Edad: 55)

1. Que no sea demasiado feo (calvo es aceptable)
2. Que no comience a conducir mientras todavía estoy subiendo al auto
3. Que tenga trabajo estable, que ocasionalmente quiera salir a cenar
4. Que no cabecee mientras hablo
5. Que recuerde algunos chistes
6. Que esté en forma lo suficiente para jugar a las cartas
7. Que lleve una camisa que le tape el estómago
8. Que quiera más que nachos en nuestras salidas románticas
9. Que recuerde bajar la tapa del inodoro
10. Que se afeite la mayoría de los fines de semana

### LO QUE DESEO DE UN HOMBRE
(Mujeres encuestadas – Edad 65)

1. Que se corte el pelo de la nariz y de las orejas
2. Que no eructe ni se rasque en público
3. Que no pida prestado dinero muy a menudo
4. Que no cabecee mientras hablo
5. Que no cuente el mismo chiste muchas veces
6. Que esté en forma como para levantarse del sofá los fines de semana
7. Que generalmente lleve medias del mismo par y ropa interior limpia
8. Que aprecie una cena con la televisión encendida
9. Que ocasionalmente recuerde mi nombre
10. Que se afeite algunos fines de semana

### LO QUE DESEO DE UN HOMBRE
(Mujeres encuestadas – Edad 75)

1. Que no asuste a los niñitos
2. Que recuerde donde está el baño
3. Que no requiera mucho dinero para mantenerse
4. Que ronque suavemente cuando duerme
5. Que recuerde por qué está riendo
6. Que esté lo suficientemente bien como para pararse sin ayuda
7. Que use ropa la mayor parte del tiempo
8. Que le guste la comida suave
9. Que recuerde donde dejó sus dientes
10. Que recuerde que es fin de semana

### LO QUE DESEO DE UN HOMBRE
(Mujeres encuestadas – Edad 85)

1. Que respire
2. ¡Que llegue al baño![4]

Escribí eso, obviamente, para hacerle reír. Sin embargo, y aunque triste, es verdad que cuanto mayor sea la mujer, menos espera del matrimonio. El gráfico que desarrollé de las respuestas recibidas de la encuesta de mi esposo muestra que cuantos más años está casada una mujer, menos espera que ocurra un cambio positivo en su matrimonio.

De los dieciocho a los veintinueve años, las mujeres tienen el «Síndrome de Brad Pitt». Buscan belleza, pasión e ilusión. Las mujeres de treinta a treinta y nueve años se preguntan en qué se han metido. Llamo a esto el «Síndrome del ¡Oh, no!» Las mujeres de cuarenta a cuarenta y nueve

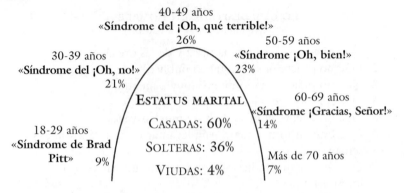

comienzan a darse cuenta de que lo que temían a los treinta ha comenzado a suceder. Le he llamado a esto el «Síndrome del ¡Oh, qué terrible!» De los cincuenta a cincuenta y nueve años, las mujeres se resignan a creer que sus esposos nunca cambiarán, este es el «Síndrome ¡Oh, bien!»

Finalmente, tenemos el grupo de sesenta para arriba. Estas mujeres han aprendido a ver lo mejor de sus esposos. Han aprendido que su palabra es un contrato. Han aprendido a seguir la voz del Espíritu Santo en sus relaciones. Se han dado cuenta de que no es su tarea cambiar a sus maridos. Se han llenado del poder de la firmeza de Dios para desactivar situaciones que fueron diseñadas por el enemigo para destruir sus matrimonios. Estas mujeres se han rendido frente al Señor y le permitieron a Él conducirlas hacia la sabiduría y el discernimiento. ¡No son víctimas; son victoriosas!

A esto lo llamo: «Síndrome ¡Gracias, Señor!»

En cualquiera de los grupos que usted esté, quiero que este libro le provea la esperanza que solo la Palabra de Dios puede darle. Quiero que se sienta emocionada acerca de lo que el Alfarero puede hacer en su matrimonio.

Si el Señor puede sostener el corazón de un rey en la palma de Su mano y convertir el corazón del rey en ríos de agua, Él puede convertir su matrimonio en algo que se asemeje al cielo en la tierra.

Esta sección del libro debería llamarse «¡Lo que las mujeres creen que ellas quieren de un hombre y cómo obtenerlo!» Mi esposo cuenta la historia de un padre rico que empleó a una institutriz para cuidar a su voluntarioso hijo. Cuando se sentó en su estudio, oyó al niño llorar. Inmediatamente llamó a la institutriz y le preguntó qué pasaba. La niñera, muy tranquila, replicó:

—Oh, nada, señor, su hijo llora simplemente porque quiere algo que no pretendo darle.

—¡Le ordeno que le dé a mi hijo lo que quiere! —mandó el padre

—Muy bien —replicó la niñera.

Inmediatamente, se oyó otro grito proveniente del niño, más fuerte y más intenso que el primero. Irritado, el padre gritó desde el estudio mientras corría hacia la institutriz y su hijo.

—Pero, ¡en el nombre del cielo! ¿Qué es lo que quería?

—Una avispa —contestó la empleada.

Lo que una mujer quiere de un hombre puede que no sea lo que Dios quiere para ella. Lo que las mujeres quieren en un hombre no se obtiene tan fácilmente como nosotras pensamos. Tenemos mucho que aprender acerca de lo que queremos de los otros. Esta sección tratará de equipar a las mujeres para que reciban de los demás exactamente lo que necesitan para ser las mejores mujeres, esposas, y madres que nuestro Creador desea que sean.

Los capítulos de este libro están basados en las respuestas a la encuesta de mi marido: «Lo que las mujeres desean de un hombre». Cada capítulo trata una de las respuestas, ordenadas por prioridades desde la menos importante hasta la más importante de las respuestas de la encuesta. He dejado guardada para lo último la cualidad más deseada por todas las mujeres.

Cada capítulo contendrá una sección especial para hombres titulada: «Consejos para él». Estos consejos ayudarán al hombre a darle a la mujer lo que necesita.

También incluiré una sección llamada «De la Dra. Anne» en cada capítulo. Permítanme presentarles a la Doctora Anne Reed. No soy consultora matrimonial licenciada. Puedo hablarles desde mi experiencia personal de alrededor de veintinueve años de matrimonio y mi experiencia como esposa del pastor en una congregación de dieciocho mil miembros, incluyendo la investigación que he hecho para este libro. La Dra. Anne Reed contribuirá con información adicional desde su punto de vista profesional. La Dra. Anne es una dedicada y vibrante mujer de Dios que aconseja de acuerdo a la Palabra de Dios. Se recibió como Licenciada en Ciencias de la Educación y obtuvo la maestría de Administración en Negocios en la Universidad Estatal Angelo en Texas. Hizo el doctorado en la Universidad de Texas y recibió su título en consultoría de la Universidad de Ámsterdam.

Ella tiene una gran experiencia en consejería tanto en los negocios como familiar. La enseñanza, el impartir conferencias y el desarrollo de seminarios han sido los mayores logros y misiones de su ministerio.

La Dra. Reed es actualmente consejera pastoral en la iglesia Cornerstone en San Antonio, Texas, bajo la dirección de mi esposo y la mía. Ella se dedica a la reconciliación familiar a través de la sanidad y los valores espirituales cristianos.

John y yo confiamos las ovejas de nuestra iglesia a la Dra. Anne por sus conocimientos en relaciones matrimoniales. La misma confianza se la extendemos al lector que desee contactarla y obtener sabiduría y consejo. Ella les explicará cada tema como si estuviesen sentados en su sillón en la sala de consulta.

A lo largo de cada capítulo y en forma dispersa encontrará pensamientos de la sección de mi esposo, titulada *Lo que todo hombre desea de una mujer*. También encontrará comentarios similares míos dispersos en su sección del libro, llamados «*Ella dice...*». En esta parte del libro encontrará comentarios de mi esposo llamados «*Él dice...*». Mientras lea estas ideas paralelas, reconocerá claramente las diferencias entre la manera de pensar de los hombres y la forma en que lo hacen las mujeres. Esto demostrará la esencia de este libro... estas claras y reconocibles diferencias son la razón de por qué pensamos que era importante escribir este libro juntos.

Finalmente, y lo que es más importante, cada tema finalizará con una oración de arrepentimiento por las cosas que hemos hecho mal en nuestro matrimonio y una oración por un nuevo comienzo, el cual nos capacitará para iniciar un nuevo sendero en nuestra búsqueda para ser lo mejor que podamos ser tanto en nuestras relaciones con nuestros seres queridos como con nuestro Padre en el cielo.

El arrepentimiento es la llave de nuestra salvación. El arrepentimiento es la llave para crecer en Dios. El arrepentimiento es el camino que deberíamos transitar a menudo, mientras nos esforzamos todo lo que podemos en Cristo. Es lamentable que este sea a veces el camino menos recorrido por los hombres y mujeres que se comprometen entre sí. Es mi deseo que cuando haya terminado de leer mi sección de este libro, el arrepentimiento sea algo natural en usted y que eso lo lleve por el buen camino de Dios.

Bienvenido a *Lo que toda mujer desea de un hombre*. Después de haber leído esta parte del libro escrito por mí desde mi punto de vista femenino, asegúrese de leer la parte del libro de mi esposo: *Lo que todo hombre desea de una mujer*.

Las Escrituras nos ordenan ponernos el casco de la salvación para que así podamos proteger nuestras mentes de los dardos del diablo. En 1 Tesalonicenses se nos dice que el casco de la salvación es también el casco de la esperanza. La mente es el lugar donde la esperanza habita. La esperanza es un regalo precioso de Dios. La esperanza es lo que nos permite enfrentar el mañana con expectación y alegría.

La Palabra de Dios establece que Jesucristo es nuestra «esperanza bienaventurada» (Tito 2:13) Quiero que se ponga el casco de la esperanza todos los días y sepa que Aquel que sostiene su mañana también sostiene su matrimonio. Al habitar en Jesucristo y en su Palabra, la cual es la manifestación de la esperanza en el mundo, hará de su matrimonio un santuario del cielo en la tierra, porque mientras hay vida hay esperanza.

*Muchos hombres proclaman cada uno su propia bondad,*
*Pero hombre de verdad, ¿quién lo hallará?*
*Camina en su integridad el justo;*
*Sus hijos son dichosos después de él.*

—PROVERBIOS 20:6-7

Toda mujer quiere saber, sin dejo de duda, que su novio, prometido o cónyuge le es leal en todo, incluyendo acciones y pensamientos. Una de las razones más importantes por las que como creyentes podemos tener incondicional confianza en nuestro Salvador es a causa de su sincera fidelidad.

*Conoce, pues, que Jehová tu Dios es Dios, Dios fiel, que guarda el*
*pacto y la misericordia a los que le aman y guardan sus manda-*
*mientos, hasta mil generaciones.*

—DEUTERONOMIO 7:9

Los adjetivos que describen a la personal fiel son: *firme en sus afec-*
*tos o alianzas, o leal.* Este tipo de hombre se adhiere con firmeza a sus promesas y es observante de su deber. Es responsable y consciente. El individuo fiel es quien nos inspira seguridad y confianza, el que se *com-*
*promete por medio de su promesa.*

Si una mujer dice que quiere un hombre fiel, lo que en realidad pide es un hombre que no tenga aventuras y que se comprometa con ella, con lealtad, para toda la vida. Quiere confiar plenamente en él. Eso suena simple. Sin embargo, cuando hay dos personas involucradas en una relación de matrimonio, habrá temas complejos.

El Dr. Willard F. Harley Jr, en su libro *His Needs, Her needs: Building*
*an Affair-Proof Marriage* [Lo que él necesita, lo que ella necesita: cons-

truyendo un matrimonio a prueba de aventuras] hace referencia a las grandes expectativas que los hombres y las mujeres tienen con respecto a sus matrimonios.[1] Ambos quieren satisfacer sus necesidades, y aun así, rara vez les comunican esas necesidades a sus cónyuges, o dedican un tiempo para enterarse de lo que precisa el otro.

El Dr. Harley afirma: «La razón principal por la que no siempre se cubren las necesidades dentro del matrimonio no es el egoísmo o la indisposición a ser considerado con el otro, sino la total ignorancia con respecto a lo que el otro necesita».[2]

He descubierto que muchas personas tratan de «arreglárselas» sin que estén cubiertas sus necesidades. Prefieren hacer eso en lugar de comunicarle a su cónyuge qué es lo que necesitan en verdad. No hay mayor miedo en la tierra que el estar emocionalmente desnudo delante de la persona que más amamos en la vida, temiendo que esa persona se ría de nuestros deseos o se niegue a darnos algo que deseamos y necesitamos con desesperación.

Por ejemplo, el hombre que incluye la satisfacción sexual en su lista de necesidades, y cuya esposa cubre esta necesidad, hace de ella una continua fuente de intenso placer, y su amor por ella crece y se hace más fuerte.

Sin embargo, si su necesidad no se ve satisfecha, comenzará a relacionar a su esposa con la frustración. Al final decidirá que «no le gusta el sexo». Y sucederá una de estas cosas: o lo soportará, o vivirá una vida sexualmente frustrada, o le será infiel.

El adulterio no ocurre de la noche a la mañana. El hombre por lo general comenzará conversando con una amiga cercana, con alguien de la oficina, o con una vecina. La amistad de «solo conversación» entonces crece hasta ser una relación más profunda de confianza y deseo. Un paso a la vez, el matrimonio se ve en riesgo porque crecen los sentimientos de confianza y dependencia emocional hacia una tercera parte, y si el hombre no se detiene, caerá en adulterio.

No todos los hombres infieles tienen esposas que no cubren sus necesidades sexuales o emocionales. El aumento de la pornografía y la actitud informal hacia el matrimonio en el mundo contribuyen de manera importante a la disminución de la fidelidad como valor en el matrimonio. La palabra *voto* ya no significa nada. Bob Moeller, en su libro *For Better, For Worse, For Keeps* [En la prosperidad, en la adversidad, para siempre], presenta una afirmación inteligente y veraz: «Si usted mantiene sus votos, estos mantendrán su matrimonio».[3] El voto es la solemne promesa hecha a Dios... una promesa de fidelidad y amor por el cónyuge elegido.

Como mujeres necesitamos entender las señales de alarma de un marido frustrado y volvernos al Señor para que nos haga todo lo que podamos ser en nuestro compromiso matrimonial.

**ÉL DICE…**

Cuando compra un automóvil, el pago de la mensualidad es lo que se debe. Cuando uno se casa, el sexo es el pago de lo que se debe.

Debemos preguntarnos: ¿Cuáles son las necesidades de mi esposo? ¿Qué estoy haciendo por satisfacerlas? ¿Qué estoy haciendo para frustrarlo? ¿Le he comunicado mis deseos y necesidades sexuales? ¿Qué dice la Palabra de Dios con respecto a nuestras relaciones sexuales? ¿Cómo puedo cambiar para ser mejor esposa?

Por cierto, hay datos bíblicos sobre el sexo que debemos reconocer:

1. El sexo nos es dado por Dios. Satanás no puede ofrecernos nada al respecto, excepto la distorsión y el vacío. Las relaciones sexuales fueron creadas por Dios para permitir que un marido y su esposa expresen su unión por medio del amor íntimo y exclusivo. Nuestro Creador diseñó el sexo para que sea placentero. Lea Cantares 4:1-16.

2. Dios creó el sexo para que sea un vínculo tanto físico como espiritual. Hizo dos personas de una sola, y las dos no están completas hasta ser una sola nuevamente por medio de la unión sexual dentro del matrimonio.

*Dijo entonces Adán: Esto es ahora hueso de mis huesos y carne de mi carne; ésta será llamada Varona, porque del varón fue tomada. Por tanto, dejará el hombre a su padre y a su madre, y se unirá a su mujer, y serán una sola carne.*

—GÉNESIS 2:23-24

3. Dios creó el sexo para un propósito y con límites definidos. Todo lo que esté fuera de esta alianza total y exclusiva entre marido y mujer es destructivo.

*Por esto el hombre dejará padre y madre, y se unirá a su mujer, y los dos serán una sola carne. Así que no son ya más dos, sino una sola carne; por tanto, lo que Dios juntó, no lo separe el hombre.*

—MATEO 19:5-6

4. Los propósitos dados por Dios para la intimidad sexual son:

a. *Unidad* — «El hombre ... se unirá a su mujer» (Génesis 2:24).

b. *Consuelo* — «Isaac ... tomó a Rebeca por mujer, y la amó; y se consoló Isaac después de la muerte de su madre» (Génesis 24:67).

c. *Procreación* — «Y los bendijo Dios, y les dijo: Fructificad y multiplicaos» (Génesis 1:28).

d. *Defensa contra la tentación* — «Pero a causa de las fornicaciones, cada uno tenga su propia mujer, y cada una tenga su propio marido ... No os neguéis el uno al otro, a no ser por algún tiempo de mutuo consentimiento ... para que no os tiente Satanás a causa de vuestra incontinencia» (1 Corintios 7:2, 5).

Se le ordena al esposo que encuentre satisfacción (Proverbios 5:19), y gozo (Eclesiastés 9:9) con su esposa, y ocuparse de satisfacer las necesidades de ella (Deuteronomio 24:5; 1 Pedro 3:7). La esposa es responsable de la disponibilidad (1 Corintios 7:2-5), preparación y planificación (Cantares 4:9), intereses (Cantares 4:16; 5:2) y sensibilidad hacia las necesidades de su esposo (Génesis 24:67).[4]

¿Cuándo fue la última vez que creó una atmósfera romántica para usted y su esposo? ¿Cuándo fue la última vez que en verdad prestó atención a sus deseos sexuales? ¿Ha intentado satisfacerlo?

Al hombre le gusta ser cortejado. Le gusta ser deseado. Una llamada durante el día que le haga saber que está pensando en él de manera íntima hará maravillas. Él quiere saber que es su héroe. Compre y vista —podría agregar yo— ropa de dormir elegante, y cree una atmósfera romántica tan a menudo como sea posible.

Cuando usted y su esposo estén compartiendo un momento íntimo, hágale saber lo que necesita y desea de él dentro de los confines de su dormitorio. Conozco a algunas personas que en este momento estarán negando con la cabeza y pensando que su marido probablemente tendría un ataque cardíaco si siguieran este consejo. ¡Hay que empezar en algún momento, y ese momento es ahora!

¿Qué es lo que pasa si usted conoce las necesidades de su esposo y no puede o no quiere satisfacerlas? ¿Qué sucedería en este caso?

A la mujer que conoce las necesidades de su esposo pero se niega a satisfacerlas, las Escrituras le dicen en 1 Corintios 7:2-5:

Pero a causa de las fornicaciones, cada uno tenga su propia mujer, y cada una tenga su propio marido. El marido cumpla con la mujer el deber conyugal, y asimismo la mujer con el marido. La mujer no tiene potestad sobre su propio cuerpo, sino el marido; ni tampoco tiene el marido potestad sobre su propio cuerpo, sino la mujer. No os neguéis el uno al otro, a no ser por algún tiempo de mutuo consentimiento, para ocuparos sosegadamente en la oración; y volved a juntaros en uno, para que no os tiente Satanás a causa de vuestra incontinencia.

El apóstol Pablo habla sobre la importancia de la relación sexual entre un hombre y su esposa. Esta relación es más que un requisito biológico para la reproducción. El matrimonio es el único lugar donde Dios ordena las relaciones sexuales. Dentro de los confines del matrimonio la unión sexual es una bendición. Fuera de este es causa de condena.

Algunas personas utilizan simplemente las relaciones sexuales dentro del matrimonio como herramienta de manipulación. La manipulación es un pecado que destruirá su matrimonio. Cuando usted le envía señales verbales y no verbales a su esposo y le dice que recibirá o no recibirá de acuerdo a lo que usted consiga a cambio, está siendo manipuladora. Le instruyo con una sola palabra: ¡Basta! Ante todo, usted está comprometiendo un hermoso regalo que Dios nos ha dado dentro del sacramento del matrimonio. En segundo lugar, está preparándose para la caída. Dios no respetará su posición como persona, y tarde o temprano pagará las consecuencias de esta acción.

> **ÉL DICE...**
>
> Dios creó a Eva y la trajo en sus brazos por las colinas del Jardín del Edén. Era perfecta. Estaba desnuda y era bellísima. Adán comenzó a cantar la conocida melodía: «Sé que algo bueno está por suceder».

Otras personas quizá sientan inhibiciones con respecto a esta parte íntima de su matrimonio. Para cumplir con este requisito matrimonial deberían buscar la ayuda de un consejero profesional cristiano. Se lo debe a sí misma, a su esposo y a su relación.

Si sufre alguna enfermedad que le impide tener relaciones sexuales convencionales con su esposo, busque primero la ayuda de un médico y luego haga un acuerdo con su esposo sobre cómo satisfacer sus necesidades físicas. Mi esposo y yo recomendamos un libro escrito por un ginecólogo cristiano, el Dr. Scott Farhart, que se llama *Intimate and Unashamed* [En intimidad y sin vergüenza] donde encontrará diversos tópicos sexuales explicados desde una perspectiva clínica y bíblica.[5] Debe aprender a utilizar todas las herramientas dispuestas por Dios para tener la mejor relación posible en su matrimonio.

Bob Moeller hace referencia a «tres verdaderos afrodisíacos» del matrimonio. Declara que no importa cuán bella o fea, vieja o joven sea la persona, todos podemos tener estimulantes del amor en el matrimonio.[6] El primero es el *perdón*. Cuando lo utilizamos, este ingrediente puede llegar a cambiar la composición química de una persona. ¿Por qué hay una explosión de atracción sexual cuando una pareja pelea y luego se reconcilia? La unión establecida por nuestro Creador ha sido restaurada y queremos expresar esta restauración por medio de la intimidad.

Mi esposo a menudo le pregunta a nuestra congregación: «¿Quiere usted tener razón, o quiere reconciliarse?» En última instancia, cada persona deberá decidir. El perdón no es un sentimiento que conseguimos, sino una decisión que tomamos. Dar perdón no es siempre fácil. A veces será lo más difícil que tengamos que hacer.

Perdonar a alguien que no queremos perdonar, o a alguien que no ha pedido perdón y no tiene espíritu de arrepentimiento, es difícil. Preferiríamos mordernos la lengua. Muchas de mis discusiones con mi esposo se convirtieron en discusiones con el Señor.

«Señor, ¿oíste lo que acaba de decir? No puedo creer que pensara siquiera eso de mí». «¡Yo! La que siempre estuvo a su lado. ¡Yo! La que siempre busca complacerlo».

«Te digo esto, Señor: lo perdonaré si él admite *primero* que estaba equivocado». «Señor, no solo quiero que diga que lo lamenta y que piense que todo está bien. ¡Quiero más!»

El Señor entonces me reta con suavidad y me recuerda que no todo se trata de «mí». Debo escuchar su voz y hacer lo que Él pide y cuando Él lo pide. Aun cuando no desee hacerlo o cuando sienta que no debería. El perdón no es condicional a nuestros sentimientos, sino que está determinado por nuestra obediencia. Cuando perdonamos estamos imitando a nuestro Salvador. Y cuando actuamos como nuestro Salvador, Dios sonríe.

Había dos parejas en nuestra iglesia cuyas familias se habían hecho muy amigas. A través de circunstancias no ordenadas por Dios, el marido de una familia y la esposa de la otra iniciaron una fogosa aventura. Una vez descubierto esto, pusimos a ambas parejas en consejería, porque ambas partes proclamaban el deseo de reconciliarse. Pasó el tiempo y parecieron sanar. Pasó más tiempo, y los dos volvieron a las andadas. Descorazonados, pero todavía con esperanza porque las partes ofendidas deseaban perdonar, volvimos a asistirles en la consejería. Pero esta vez le pedimos a una de las familias que dejara la iglesia para darle a ambas la oportunidad de sobrevivir.

La pareja que permaneció en la iglesia inició el camino a la recuperación. La parte ofendida tenía derecho bíblico a divorciarse, pero eligió la vida y no la muerte del matrimonio. Fue un camino largo y arduo, agotador y a veces tedioso. Pero el camino al arrepentimiento lleva a la sanidad. Esta pareja es hoy en día un ejemplo vivo del perdón sincero y la restauración, y ahora ofrece ayuda a quienes se encuentran en situación similar. Pueden dar a otros lo que Dios les dio a ellos.

La pareja que dejó la iglesia siguió cuesta abajo por el camino de la destrucción, siguiendo un patrón reiterado de infidelidad y perdón, infidelidad y perdón. La Palabra de Dios nos pone por delante bendiciones y maldiciones, vida y muerte. Debemos elegir. Es triste, pero cada una de las partes permitió que la otra siguiera el camino de la muerte para su matrimonio.

Mi marido les dice a nuestras ovejas que «perdonar sin exigir un cambio hace que la gracia de Dios sea cómplice de la maldad». El cambio es una condición que hace del perdón una herramienta divina en manos del creyente.

Moeller indica que el perdón es un acto de la voluntad que libera a otros de la deuda moral que tienen con nosotros.[7] El perdón no se da porque se gane o merezca, sino porque se necesita. El perdón es misericordia, no justicia. Debemos aprender a perdonar como nuestro Creador nos perdonó. Su naturaleza es de perdón.

El segundo afrodisíaco es la *rendición*. A causa de las diferencias culturales, morales y generacionales, todos traemos miedos, inseguridades e inhibiciones a nuestros matrimonios. Moeller indica que el nivel de intimidad y vulnerabilidad que nuestro Creador diseñó para la unión sexual hace que estos sentimientos ocultos salgan a la luz.[8] Mi esposo le dice a menudo a la congregación que el legalismo dicta: «Si se siente bien, entonces debe ser pecado». Esta doctrina ha causado que muchos cristianos crean que disfrutar de las relaciones sexuales está mal.

Dios creó la unión sexual dentro del matrimonio para que fuera fuente de bendición, disfrute y gozo para el marido y la esposa. Cuando rendimos nuestras vidas a Dios, milagrosamente las recuperamos para hacer su voluntad y cumplir sus propósitos para nosotros. Esta acción también se aplica al matrimonio. Rendirlo todo asusta, pero es el único camino para maximizar nuestro retorno.

El movimiento feminista iguala la rendición con la pérdida de la identidad. Nada está más lejos de ser verdad. No nos convertimos en esclavas de nuestro marido cuando nos sometemos a él, y no entregamos nuestra individualidad, dignidad o singularidad. El sometimiento en el matrimonio simplemente significa entregarnos voluntariamente al otro por amor.

La rendición es dejar atrás los miedos e inhibiciones del pasado que han construido murallas entre marido y mujer, y rendirse al concepto de que Dios ha ordenado que seamos «una sola carne». La rendición no es debilidad. Hace falta fuerza y carácter para rendirse.

El tercer afrodisíaco es la *generosidad*. *Hacer el amor* es mucho más que el acto sexual. El romance es un componente principal de la unión sexual. El Dr. Farhart detalla las diferencias biológicas entre el hombre y la mujer en el plano sexual. Habla de la anatomía humana y la forma milagrosa en que fue construida por el Creador, y por qué respondemos de manera tan diferente al acto sexual.[9] Es importante que sepamos esto porque no es solo la verdad que nos hará libres, sino el «conocimiento» de la verdad que nos liberará de la esclavitud de hablar a escondidas y de contar historias de viejas chismosas.

Moeller describe las diferencias sexuales entre el hombre y la mujer comparándolos con un auto de carrera y un tren de carga. El auto de carrera enciende el motor y está listo para partir. Llega a la meta con velocidad y se detiene abruptamente. El tren de carta comienza lentamente, pero al final, y con toda potencia, llega a destino y se detiene de manera lenta.[10]

Es evidente que ambas partes deben ser sensibles a las necesidades del otro y estar dispuestos a entregar de sí sin egoísmos para satisfacer los deseos de su pareja. Hasta las reglas más simples, como acordar no usar la cama para hablar de la familia o los negocios, pueden agregar placer al tiempo compartido. Comuníquele a su esposo que no hay nada más importante que su momento de intimidad con Él.

El mundo ha mantenido al creyente en la «oscuridad secular» durante bastante tiempo. Debemos dejar que la «Luz del mundo», Jesucristo, ilumine cada parte de nuestras vidas, incluyendo nuestra relación sexual con nuestro esposo.

Las mujeres leen novelas románticas y luego buscan el tierno afecto que recibe la heroína. Hacer el amor para la mujer comienza con un abrazo, con las caricias y las cosas lindas que se le dicen. No empieza cuando se apaga la luz y se cierra con llave la puerta.

Para el hombre, hacer el amor y la satisfacción resultante también incluye saber que es deseado y necesitado. La satisfacción y deseo de su esposo se multiplica cuando él sabe que es el héroe de su vida. Aprenda a entregarse sin egoísmos. No hay mayor satisfacción en el acto sexual que saber que uno ha satisfecho a la persona amada.

La intimidad no es una fórmula. Es un estilo de vida.

## Consejos para él

Sea fiel en pensamiento y acción. Busque ser fiel. Desee ser fiel. Esto no es solo un aspecto del carácter que la mujer busca en el hombre, sino un aspecto que Dios quiere de Su pueblo. Él recompensa la fidelidad (ver Proverbios 28:20; Mateo 25:14-30). La fidelidad es parte del cimiento sólido en todo matrimonio exitoso.

La mujer quiere un hombre que se comprometa en su matrimonio para toda la vida. Quiere un hombre leal como esposo, que valore la lealtad como piedra fundacional del matrimonio sano. Escuche. La mujer quiere más de lo que le oye usted decir. Escúchela con atención. Hágale saber que ella es lo que usted quiere y que nadie más podría satisfacerle como lo hace ella. Abrácela y dígale que la ama.

Finalmente, aprenda a comunicarle sus deseos y necesidades para que ella tenga la oportunidad de satisfacerlo por completo. Haga de su tiempo juntos algo puro y precioso.

### *De la Dra. Anne*

El marido fiel es una bendición de Dios. ¿Cómo puede usted tener esa bendición, y qué quiere decir en verdad la palabra *fiel*? La fidelidad viene cuando uno tiene una relación de veras bendecida y un matrimonio consagrado y santo. No hay duda de la lealtad en esa atmósfera. Su marido merecerá su confianza tanto en palabra como en obra. Y la verá como una bendición. Será firme en la alianza que ha efectuado con usted. Nunca tendrá necesidad de desconfianza o sospecha en una atmósfera de fidelidad.

Y aquí viene el problema. El hombre que acabo de describir merece que su esposa tenga las mismas virtudes. En realidad, a menos que usted tenga estos atributos, le prometo que todo lo que diga para influir en su esposo caerá en oídos sordos.

Este no es un libro para mujeres rebeldes que no tienen intención de cambiar. La sumisión a la Palabra de Dios es necesaria para que pueda disfrutar de las bendiciones que dice querer. Uno obtiene lo que da. Dios dice que utilizará la misma medida con que damos a otros para darnos de vuelta a nosotros (Mateo 7:2). Su grado de fidelidad y amorosa sumisión influirá en la fidelidad de su esposo.

¿Cómo puede usted ser fiel? ¿Es fiel para recordar las cosas sencillas en las que exige fidelidad de su esposo? ¿Recuerda cumpleaños, aniversarios, momentos en su relación? ¿Sigue cumpliendo el compromiso de hacer lo que acordaron hacer?

Mire con atención al modo en que usted actúa y hasta dónde sujeta su mente al Espíritu Santo. ¿Piensa en otros hombres? ¿Se viste, actúa o habla de manera seductora? ¿Continúa fiel a los planes y esperanzas que formó con su esposo? ¿Miente o disfraza con mentiras la verdad que se requiere de usted? ¿Cuántas veces ha dicho una mentira a medias para justificarse ante su esposo? ¿Cuántas veces ha disfrazado acciones porque sabía que él las desaprobaría?

¿Ha pensado cómo reaccionaría su esposo si descubriera que está hablando o teniendo contacto con un antiguo novio? ¿Y qué hay de las conversaciones por Internet? ¿Qué hay del correo electrónico? ¿Cuánto le importa complacer a otra persona más que a su esposo? ¿Cuán fiel es usted?

¿Es usted la esposa que puede ser «fiel» para dar consuelo y nutrir a su esposo en tiempos de necesidad? Dé lo que quiere recibir.

Su esperanza para todo está únicamente en la oración. Oro que no se vea usted envuelta en ninguna de estas cosas. Si lo está, ¡deje que hacerlo! Aprenda a orar por su esposo a Dios Padre. No ore en contra de su esposo, sino pidiendo bendición para él. Hable con amor y aliento. No hace falta molestar a Dios diciéndole todo lo que su marido hace. Dios ya lo sabe.

## ORACIONES DE CIERRE

Nuestro Creador es la fuente de toda bendición, y al volvernos a Él pidiendo su Palabra y guía, le encontraremos siempre fiel. El perdón, la rendición y la generosidad son tres características poderosas que nos da Dios. Estos ingredientes son ordenados por él para crear relaciones profundas, íntimas y amorosas. Cuando ofrecemos estos tres elementos a nuestro marido en amor y sinceridad se convierten en el cimiento para el amor irresistible.

## ORACIÓN DE ARREPENTIMIENTO

*Padre, perdóname. Como David, he pecado ante ti, y solo ante ti. Vengo a ti con un corazón arrepentido. Perdóname por las veces en que le he sido infiel a mi esposo en pensamiento o acción. Perdóname por las veces que lo rechacé cuando intentaba compartir sus deseos y pensamientos conmigo. Perdóname, Señor, por saber qué necesitaba y deseaba y no dárselo a propósito. Perdóname por dar lo mejor de mí a otros, mientras daba por garantizado a mi esposo. He coqueteado con ideas que lastimarían a mi esposo profundamente. Al lastimarlo a él, te he lastimado, Señor, lo lamento de veras y pido tu perdón.*

## ORACIÓN POR UN NUEVO COMIENZO

*Precioso Dios Padre, te agradezco que me hayas dado a tu Hijo, Jesús. Él es el mayor ejemplo de fidelidad. Jamás titubeó en su lealtad hacia ti. Nunca miró hacia un lado, apartándose del plan que tú habías diseñado para Él.*

*Padre, te agradezco por la vida que me has dado con mi esposo. Te agradezco que ambos estemos comprometidos contigo y con nuestro matrimonio. Le seré fiel en todo lo que diga y haga. No me tentaré a abrir la puerta de la deslealtad. Con tu ayuda buscaré bendecir a mi esposo cada día y a realizar todo lo que pueda para hacer de nuestro hogar el cielo en la tierra. Nuestros hijos verán nuestro matrimonio y querrán lo que tenemos. Viviré mi vida y pensaré mis pensamientos según tu Palabra. No quiero apenar al Espíritu Santo con desobediencia, causando desagrado a mi Creador y Salvador. Gracias, Señor, por ser un Dios de nuevos comienzos. Gracias por darme al hombre que tú quieres que tenga para que podamos servirte cada día de nuestras vidas. Amén.*

## Capítulo dos

# DESEO NÚMERO NUEVE: LIDERAZGO

*Porque el marido es cabeza de la mujer, así como Cristo es cabeza de la iglesia, la cual es su cuerpo, y él es su Salvador.*

—EFESIOS 5:23

Una mujer quiere un hombre que sepa quién es, que sepa dónde va, y que sepa cómo llegará a donde quiere llegar. Quiere un hombre con confianza en sí mismo, en ella y en su relación. Quiere que la guíe a ella y a sus hijos con amor y comprensión. Quiere que sea firme pero gentil. Quiere que consulte con el Señor y con ella antes de tomar cualquier decisión importante, de modo que asegure siempre la mejor decisión.

¡Vaya! ¿Quién puede encontrar un hombre así? Su valor es mayor al de todas las riquezas del mundo. En verdad, quizá este hombre esté viviendo con usted ahora mismo. La pregunta no es: *¿Quién podrá encontrarlo?* Sino: *¿Cómo puedo yo, como esposa, ayudarle a ser este líder?*

Mi esposo siempre dice: «Siempre hay un roto para un descosido». Al observar la diversidad de las relaciones, tristemente he llegado a la conclusión de que hay roturas que no encuentran su descosido. En mi momento de oración por estas ovejas, a menudo me encuentro buscando un acuerdo con Dios: «Señor, ¿no sería perfecto que tal descosido estuviera con tal roto?» O: «¡Qué bueno sería que este descosido se juntara con ese roto! ¡La vida sería más justa y bella!»

Luego, claro, recupero el sentido y veo que la perfección se logrará *en el mundo por venir*, y no en esta vida. En este mundo debemos caminar según la ley de la Palabra de Dios y por la gracia de su cruz. Solo el Maestro Alfarero puede modelarnos según el designio que Él tiene y hacer que cada tapa encaje perfectamente en cada ánfora. Para «encajar perfectamente» debemos dejar que Él obre su plan.

Hay un plan perfecto diseñado por nuestro Creador. Dios ha puesto características divinamente ordenadas dentro de cada uno de nosotros que, una vez activadas, harán que obre su plan. Sin embargo, muchas veces en nuestra humana conquista del poder por sobre nuestro mundo natural olvidamos el designio de Dios. Y erigimos entonces barreras que impiden que su plan transforme nuestras relaciones matrimoniales según su propósito.

Nuestra búsqueda de poder a menudo causa batallas en el matrimonio. La reconocida antropóloga Margaret Mead formuló una pregunta muy importante relacionada con nuestra sociedad y los roles invertidos de los sexos: «¿Hemos domesticado en exceso al hombre? ... ¿Les hemos quitado a las mujeres su cercanía natural con los hijos, enseñándoles a buscar un empleo en lugar de buscar el contacto con la mano de un niño? ¿Y todo esto en nombre de la igualdad?»[1]

La lucha por el poder ha existido desde mucho antes que surgiera el deseo de la igualdad entre el hombre y la mujer. Desde los tiempos del Jardín del Edén, la mujer ha intentado esquivar el liderazgo del hombre. Eva no obligó a Adán a comer la manzana. Más bien lo que sucedió fue algo parecido a esto:

La noche es bella y fresca, bajo la luz de la luna llena. Se oyen los búhos dando su serenata mientras el viento sopla con suavidad sacudiendo las hojas de los majestuosos árboles en el horizonte. La dulce fragancia de la madreselva lo llena todo. La vida es buena.

Eva no lleva más adorno que una sonrisa y la anticipación de su espera porque llegue su marido de dar un paseo por el Jardín. Adán ha estado haciendo un inventario de su domino. Ve a su esposa vestida de deseo. La mesa está tendida con un manjar delicioso. Sin aliento, admira su incomparable belleza (¿con quién iba a compararla?). ¡Oh, qué noche será esta!

Hay un nuevo plato en el menú: ensalada de frutas. Y este plato tiene un ingrediente nuevo: manzanas. Ella no se habría atrevido a preparar el plato prohibido si el astuto vendedor no hubiera pasado mientras Adán estaba ausente. Vendía su mercadería, y Eva la compró. «Obtener conocimiento y sabiduría es tener poder», la había convencido la serpiente. La cena está servida.

Usted conoce el resto de la historia. Por comer fuimos echados del paraíso. Hoy la historia no es diferente.

Un día mi esposo llegó a casa del trabajo y se sentía bastante frustrado. Había sido un mal día para él. No había logrado mucho, y se sentía más que apesadumbrado cuando entró por la puerta. He aprendido a conocerlo muy bien. Tenía los ojos vidriosos, las mandíbulas apretadas y la lengua enrollada dentro de la boca. Estaba preparando la cena, y no podía decir gran cosa como para calmarlo.

«¡Adán fue tan estúpido! ¡Escuchó a esa tonta y comió la manzana! Si no fuera por él, ¡todavía estaríamos en el paraíso y no tendríamos que ganarnos la vida y soportar toda esta tontería!», protestó.

Intenté decir algo, pero nada servía. Finalmente, un poco molesta, seguí pelando con cuidado la hermosa manzana roja que tenía en las manos. Mientras escuchaba su letanía de quejas, metódicamente corté en rodajas la manzana y le pedí que abriera la boca. Sin pensarlo, abrió la boca para comer la dulce ofrenda que le presentaba. Lo observé mientras masticaba contento y tragaba mi dulce trampa.

«Ah, si no hubiera sido Adán, habrías sido tú», dije con orgullo, para probar lo que quería decir. Dicho esto, casi vomitó mi sermón ilustrado. No apreció mi lección práctica. Fue una larga noche.

Para ser líder, hace falta tener a quién liderar. La mujer quiere que su esposo lidere; sin embargo, debemos recordar que es responsabilidad nuestra someternos a su liderazgo. Y ahí, queridas amigas, está el problema.

Mientras oraba pidiendo dirección sobre un tema para el estudio bíblico de nuestra reunión de mujeres, sentí que el Señor me guiaba a enseñar sobre la sumisión. Sabía que tenía que provenir de Dios, porque no era un tema que me apasionara. Anuncié el tema, y ese día hubo pocas asistentes. Más tarde, y a instancias de mis compañeras, cambié el hombre del tema: «La sumisión, y cómo la conquisté». De forma sorprendente la reunión se llenó de asistentes, y comencé a enseñar acerca de la sumisión.

Una de las primeras preguntas que formulé fue: «¿Cuántas de ustedes no tienen problema en someterse a su esposo?» Muchas levantaron la mano. Pero para su desconcierto respondí a las manos levantadas diciendo: «Si no tienen problema para someterse, entonces jamás se han sometido de veras».

La sumisión es una de las acciones más difíciles que tendrá que hacer como mujer cristiana. Es una tarea muy difícil. ¡Y si no se hace con el poder de Dios, es imposible! La sumisión sincera ocurre cuando usted sigue tras la autoridad espiritual de su esposo aunque cada fibra de su ser le indique que no es el camino correcto. Y deberá hacerlo de manera respetuosa, con buena disposición. La sumisión es un *mandato*, no una sugerencia.

Asimismo vosotras, mujeres, estad sujetas a vuestros maridos [subordínense como secundarias y dependientes de ellos y adáptense a ellos]; para que también los que no creen a la palabra, sean ganados sin palabra por la conducta [piadosa] de sus esposas, considerando vuestra conducta casta y respetuosa [hacia sus maridos; usted debe sentir por él todo tipo de reverencia, respeto y deferencia, honrándolo, estimándolo, valorándolo, y en el sentido humano, adorándolo, es decir, admirándolo, alabándolo, siendo devota, amándolo profundamente y disfrutando de su esposo]. Vuestro atavío no sea [solo] el externo de peinados ostentosos, de adornos de oro o de vestidos lujosos, sino el interno, el del corazón, en el incorruptible ornato de un espíritu afable y apacible, que [no es ansioso o amargado, sino] es de grande estima delante de Dios.

—1 PEDRO 3:1-4 [*Traducción de The Amplified Bible*]

Las Escrituras nos dan tres razones principales de por qué las esposas debieran someterse a sus maridos:

1.  En obediencia a la Palabra de Dios
2.  Para traer a los perdidos al conocimiento salvador de Jesucristo
3.  Para ser preciosas a los ojos de Dios

### ÉL DICE...

«Porque el marido es cabeza de la mujer» (Efesios 5:23). Dios no está en el cielo diciendo: «Hagamos un trato». Está en el cielo diciendo: «¡Este es el trato!»

Estas razones debieran bastarnos para someternos, y para hacerlo con un espíritu de dulzura.

¡Son más que suficiente! Por la misma naturaleza de la palabra, *sumisión* significa «capitular ante los deseos de otro, rendir la voluntad propia, entregarse, acceder a la guía de otro». El antónimo de sumisión es *resistencia*. Encuentro que la palabra que empieza con «R» es puesta en práctica entre las mujeres mucho más que la que empieza con «S».

## SECRETOS DE LA SUMISIÓN

Hay algunos secretos de la sumisión que compartiré con usted para darle una buena oportunidad de lograr con éxito este mandato de Dios.

**La sumisión no es un acto de la voluntad; es una condición del corazón.** De nada sirve intentar someter su voluntad carnal a la de su esposo. El hombre por naturaleza busca ganar. Así que intentar someter «la carne a la carne» es como hacerse un tratamiento de conducto en una muela sin anestesia. Hace tanto ruido y es tan doloroso que uno casi no lo soporta. El amor no mide el éxito por lo fuerte que sea la voluntad, evaluando quién gana una y otra vez. Por el contrario, amar como ama Cristo es dar, entregarse al otro de tal modo que complazca al Creador y a la persona con quien hemos decidido pasar el resto de nuestras vidas.

**Debemos someternos a Dios antes de someternos a un hombre.** Comparo esta acción a la de una conexión de satélite. Imagine que su esposo le pide que lo siga en algo. Usted lo piensa y lo primero que se le ocurre es: «¡No! Sobre mi cadáver».

Habiendo decidido sabiamente no expresar verbalmente su opinión instintiva, pide ayuda a Dios. Con desesperación, mira hacia arriba. Usted se «conecta» con Él en el cielo.

Su Espíritu se convierte en su espíritu. De algún modo, usted de repente cambia de idea. Se da cuenta de que si cumple con su rol como lo ordena el Maestro Alfarero, Él la cubrirá y honrará su acción.

Pero espere un minuto, porque hay más. Su segundo instinto es decir algo como: «Bueno, está bien, pero quiero que sepas que lo estoy haciendo como tú quieres solo porque el Señor quiere que así sea, y como soy tan "espiritual" haré lo que pides. Aunque siento que es la decisión más estúpida que hayas tomado jamás».

¡Mal! Satisfactorio, pero mal. Vuelva a mirar hacia arriba y pídale al Padre que renueve su mente y cree en usted un espíritu dulce y dispuesto. Esta tarea por lo general lleva más tiempo, determinado por los niveles hormonales del momento. Quiero advertirle... porque pertenezco a la hermandad de las mujeres, que la sumisión nunca llega en el momento indicado.

La conexión hacia el cielo está establecida. Ahora falta la conexión en tierra. Usted mira a su esposo y le asegura que lo ama: «Sé que liderarnos a mí y a los niños requiere de gran sabiduría y responsabilidad», le dice. «Te seguiré mientras pido a Dios que te dé discernimiento y guía».

Ahora el proceso está completo. El mandato se cumple. El Señor está complacido. Su esposo queda atónito. Y usted recibirá bendición, no importa cuál sea el resultado.

Todos hemos oído alguna vez hablar de «el lugar de la mujer». Nuestro Creador tiene un lugar especial para nosotras. Cuando Dios pone a una mujer *en su lugar*, la pone en un lugar de honor, un lugar alto, elevado. Cuando el mundo carnal pone a una mujer en su lugar, por lo general será un lugar mucho menor y más bajo del que el Señor tiene destinado para nosotras.

Para poder estar donde Dios quiere que estemos, debemos ser obedientes a su Palabra. Deuteronomio 28:1-2 dice que si oímos su voz y obedecemos sus mandamientos, Él derramará bendiciones sobre nosotros. Me encanta oír eso. Hará que sus bendiciones nos «abrumen». Esto significa que aunque creamos no merecerlo, o sí, Él nos bendecirá. Pero primero debemos obedecer.

En su libro *Spiritual Authority* [Autoridad espiritual], Watchman Nee dice que estar lleno de Cristo es estar lleno de obediencia. Como el Señor inició la obediencia, el Padre se ha convertido en la cabeza de Cristo. Y como Dios ha instituido la autoridad y la obediencia, es natural que aquellos que conocen a Dios y a Cristo le obedezcan. Quienes no conocen a Dios ni a Cristo no conocen la autoridad ni la obediencia. Cristo es el principio de la obediencia. Por eso una persona llena de Cristo debe estar llena de obediencia.[2]

Dios establece su autoridad en el hogar. Por medio de su Palabra vemos el patrón de autoridad familiar. Rebelarnos contra la autoridad divinamente instituida es rebelarnos contra el reino ordenado por Dios mismo. Dios ha puesto al marido como autoridad delegada de Cristo, con la esposa como representante de la iglesia. Es difícil que la esposa esté sujeta a su esposo si no ve que en realidad aquí el asunto es *la autoridad de Dios*, no la del esposo:

> *Enseñen a las mujeres jóvenes a amar a sus maridos y a sus hijos,*
> *a ser prudentes, castas, cuidadosas de su casa, buenas, sujetas a sus*
> *maridos, para que la palabra de Dios no sea blasfemada.*
> —TITO 2:4-5

Mi posición al respecto es simple: ¡quiero la bendición de Dios en mi vida! ¡No quiero ser culpable de blasfemar la Palabra de Dios! ¿Qué debo hacer para recibir su bendición? ¡La respuesta es *obedecer*!

Cuando aprendemos a obedecer la instrucción de Dios con respecto a someternos a nuestro marido, podemos ayudarle a ser un líder más efectivo, que cumple con la voluntad de Dios. Hay diez cosas que nos ayudarán a hacerlo:

1. *Respételo.* Muéstrele respeto y reverencia en la casa y ante amigos y familiares. «Las mujeres asimismo sean honestas, no calumniadoras, sino sobrias, fieles en todo» (1 Timoteo 3:11).

2. *Reconozca que su esposo tiene la misión de ser el sumo sacerdote de su hogar.* No sea como Absalón, quien buscó rebelarse ante la autoridad. «¡Quién me pusiera por juez en la tierra ... yo les haría justicia!» (2 Samuel 15:4).

3. *Responda a su liderazgo.* No diga que lo seguirá y luego haga lo que le parezca. Podrá engañar a su marido durante un tiempo, pero al Señor no lo engañará ni por un segundo. «Porque la palabra de Dios es viva y eficaz, y más cortante que toda espada de dos filos; y penetra hasta partir el alma y el espíritu, las coyunturas y los tuétanos, y discierne los pensamientos y las intenciones del corazón» (Hebreos 4:12).

4. *Elógielo.* Las mujeres no se dan cuenta de que el hombre necesita elogios tanto como los necesitamos nosotras. Elogie a su esposo por proveer para su hogar y familia y por guiarlos en los caminos del Señor. «La mujer respete a su marido [que lo atienda, lo considere, lo honre, lo prefiera y lo estime, así como también que acuda a él, lo alabe, lo ame y lo admire en exceso]» (Efesios 5:33).

5. *Sea una con él, en propósito y voluntad.* Cuando el matrimonio se une en objetivos y súplicas, Dios reconoce su unidad y otorga sus peticiones. «¿Andarán dos juntos, si no estuvieren de acuerdo?» (Amós 3:3).

6. *Sea su ayudante.* No compita con su esposo. Aprenda a complementarlo. «Y dijo Jehová Dios: No es bueno [suficiente, satisfactorio] que el hombre esté solo; le haré ayuda idónea [conveniente, adaptable, complementaria] para él» (Génesis 2:18).

7. *Escúchelo.* No sea la boca del cuerpo cuando Dios la llama a ser los oídos y el corazón. El antiguo profeta oró: «Pon dentro de mí, oh Dios, un corazón que escuche». Proverbios 4:4 dice: «Él me enseñaba, y me decía: Retenga tu corazón mis razones, guarda mis mandamientos, y vivirás».

8. *Ore con él y por él.* Es de suma importancia que Dios oiga sus peticiones por su esposo. Cúbralo en oración a diario, orando por sabiduría y discernimiento para él. «Orando en todo tiempo con toda oración y súplica en el Espíritu, y velando en ello con toda perseverancia y súplica por todos los santos» (Efesios 6:18).

9. *Bendígalo.* Trato de bendecir a mi esposo cada día antes de que salga de la casa. Hay una batalla allí fuera, y él necesita toda la ayuda que pueda obtener. El poder de la bendición es como un manto de protección y favor. «Jehová te bendiga, y te guarde; Jehová haga resplandecer su rostro sobre ti, y tenga de ti misericordia; Jehová alce sobre ti su rostro, y ponga en ti paz ... Y pondrán mi nombre sobre los hijos de Israel, y yo los bendeciré» (Números 6:24-27).

10. *Agradezca que lo tiene.* Muchas mujeres no se dan cuenta del regalo que es su esposo hasta que lo pierden.

Agradezca al Señor por su esposo todos los días, y destaque en él los aspectos que Dios quiere que tenga para que sea el hombre que Él desea. «Gracias doy a mi Dios siempre por vosotros, por la gracia de Dios que os fue dada en Cristo Jesús; porque en todas las cosas fuisteis enriquecidos en él, en toda palabra y en toda ciencia; así como el testimonio acerca de Cristo ha sido confirmado en vosotros, de tal manera que nada os falta en ningún don, esperando la manifestación de nuestro Señor Jesucristo; el cual también os confirmará hasta el fin, para que seáis irreprensibles en el día de nuestro Señor Jesucristo» (1 Corintios 1:4-8).

## LA IMPORTANCIA DE LA CONFIANZA

Quiero hablarle de la confianza. Es importante que usted sepa, sin duda alguna, que puede confiar en Dios por su vida, por la de su esposo y por las de los miembros de su familia. Tome esta decisión, sabiendo que Dios la ama y solo quiere lo mejor para usted.

Dios *ES* digno de confianza. Todo lo que hay en Él es digno de confianza. Él es lo único que hace falta ante cualquier problema, y su poder y sabiduría cuidarán de todas sus preocupaciones. Su confianza en Dios es *su fuerza*.

Esta confianza hará surgir lo mejor de usted como mujer, como esposa y como madre.

Cuando una mujer pone su confianza en Dios, puede confiar en su esposo. Es imposible de otro modo. Sin esta confianza, tampoco es posible la unión en el matrimonio. En su libro *10 Weeks to a Better Marriage*, Cirners se refiere a una amiga que le dijo: «En Dios puedo confiar, claro, porque Él es perfecto. Pero en mi marido...¡esa es otra historia! ¡Sé que comete errores![3]

La lista de razones por las que las mujeres no confían en sus esposos es larga:

1. «No es lo suficientemente espiritual» *o* «Yo he sido cristiana durante más tiempo que él».

2. «Aún tiene defectos» *o* «Confiaré en él cuando sea perfecto».

3. «Ha cometido errores con nuestra vida en el pasado» *o* «¿Cómo podría volver a confiar en él?»

4. «Soy mejor que él para tomar decisiones» *o* «Sé que tengo la razón y que él está equivocado».

5. «He sufrido tanto antes que no puedo volver a confiar en nadie» *o* «Tanto mi padre como mi esposo me desilusionaron. Ya no puedo confiar en los hombres».[4]

¿Qué razones da usted para no confiar en Dios ni en su esposo? ¿Son en realidad razones o son *excusas*? Sepa que a veces intentamos evitar hacer lo que está bien buscando excusas para no hacer lo que se espera de nosotras según la Palabra de Dios. ¿Es este su caso? ¿Cómo puede cambiar esto?

La mayoría de las mujeres sienten un fuerte deseo de liderar. Nos gusta controlar las cosas porque nos da seguridad. Cuando mi esposo y yo viajamos por el país, suelo preocuparme por nuestra seguridad. John siempre me dice que es más seguro volar que viajar en auto. Pero yo siempre le digo que cuando vuelo no estoy al mando del avión, y que cuando conduzco el auto tengo más control sobre mi vida. Me siento más segura conduciendo. Todo tiene que ver con el control.

En una ocasión volábamos en un avión privado que requería de un piloto y un copiloto. Estaba leyendo un libro cuando vi que el piloto estaba enfrente de mí, preguntándome si estaba bien. Sorprendida, miré el asiento vacío y con voz nerviosa le pregunté:

—Disculpe, pero ¿quién está volando el avión?

—El copiloto está revisando los instrumentos. Volamos con piloto automático. Todo está bajo control —me respondió tratando de tranquilizarme.

Después de que le aseguré que no me gustaba ver el asiento del piloto sin su ocupante, volvió a ocupar su lugar. Y tuve que *confiar* en que estuviera todo bajo control.

Dios es nuestro piloto. Él está al mando. Él instruye a nuestros maridos en el asiento del copiloto. Y el Espíritu Santo es el piloto automático, que asegura que todo esté en equilibrio y en perfecta armonía.

> **ÉL DICE…**
>
> Qué triste es que pasemos tantos años capacitándonos para una carrera y tan poco tiempo preparándonos para el matrimonio.

Como esposas, simplemente debemos confiar. Delegar. Desistir de querer tener siempre la razón, renunciar a tratar de ser más espirituales, dejar de sentirnos heridas y de analizar los defectos de nuestro esposo. Debemos dejar de tratar de controlar todas las situaciones y permitir que Dios cumpla su soberana voluntad en nuestras vidas y matrimonios.

## Consejos para él

A menudo mi esposo les dice a los hombres de nuestra iglesia: «¡Es difícil seguir a un auto estacionado!» La mujer quiere que su esposo sea el líder del hogar. Esto puede suceder en armonía únicamente cuando el esposo también se somete al Señor como Su Salvador.

Watchman Nee indica que aunque la Biblia enseña que las esposas deben someterse a sus esposos, también instruye que los esposos deben ejercer la autoridad con una condición. Los maridos son llamados a amar a sus esposas como se aman a sí mismos en tres oportunidades diferentes de Efesios 5. Sin duda hay una autoridad en la familia. Sin embargo, quienes tienen la autoridad necesitan cumplir con los requisitos de Dios. El amor de Cristo por la iglesia establece el ejemplo para el amor que un marido debiera darle a su esposa. El amor del marido debiera ser igual al amor de Cristo por su iglesia. Si los esposos desean representar la autoridad de Dios, deben amar a sus esposas tanto como para estar dispuestos a morir por ellas.

Mi esposo también ofrece otro pensamiento de sabiduría a los hombres y las mujeres con respecto al liderazgo y la sumisión: «Esposas, sigan el liderazgo de sus esposos; y esposos, satisfagan las necesidades de sus esposas». Es responsabilidad del esposo conocer las verdaderas necesidades de su esposa y satisfacerlas lo mejor que pueda, con gozo y generosidad.

Nunca será un marido y padre exitoso si no se somete a la autoridad de Dios Padre y su Hijo Jesús. Si está leyendo este libro, señor, le aliento a vivir según la Palabra de Dios. Pídale guía y sabiduría en el rol de liderazgo que Él le ha dado. Recuerde esta verdad: Dios solo le pedirá aquellas cosas que Él haya ordenado y para las cuales le haya dado el equipamiento necesario.

## *De la Dra. Anne*

La seguridad y la libertad le pertenecen a la mujer que tiene un marido capaz y dispuesto a liderar la relación que comparten. Este hombre de Dios utiliza la sabiduría para guiar a su familia, *no el músculo*. De manera ideal, la mujer querrá que su esposo lidere con compasión y generosidad, y él guiará con flexibilidad, deseando complacer a la esposa y hacer sonreír a sus amados hijos. En otras palabras, hace exactamente lo que necesita y quiere su familia, y lo que concuerda con las necesidades del momento.

¡Eso no es tan sencillo! La seguridad suprema que una mujer desea en su matrimonio, más que ninguna otra cosa, le será otorgada solo si apoya a su esposo. Su confianza en la capacidad de él para tomar las decisiones adecuadas reflejará su confianza en él como esposo, padre y como hombre. Usted tiene en sus manos un gran poder para alentar la perfecta voluntad de Dios, y también para destruir la autoestima y el valor propio de su esposo. Utilice este poder con sabiduría.

En el hogar cristiano la familia debe seguir al líder por propia voluntad. El padre y esposo cristiano no debiera encontrar que necesita obligar a su familia a ser obedientes. El líder que sigue a Dios exhibe una madurez, calma y determinación para seguir la voluntad de Dios para sí mismo y para su familia. Debe oír a Dios con claridad y seguir a Dios en todo. Si puede ser disuadido de la decisión que Dios le ha mostrado con claridad, le falta la coherencia y la obediencia que Él requiere.

No quiera quitarle a su esposo el liderazgo. Le advierto que tendrá que pagar el precio. ¿De qué sirve un líder si no tiene quién le siga? ¿Qué si los que están a su cargo se niegan a seguirle? Si un líder no puede liderar, por frustración perderá el incentivo y dejará de intentar hacerlo.

Su esposo necesita de la colaboración de usted para poder actuar. ¿Cómo podría un líder tomar decisiones sabias sin tener toda la información que hace falta? Pero recuerde que la información que provea solo deberá brindarla una vez. Si continuamente repite lo mismo, se estará convirtiendo en quejosa y molesta.

Cuando la decisión que su marido haya tomado resulte no ser la mejor, no lo humille recordándole todo el tiempo que «lo ha estropeado todo». No lo avergüence contándole a sus hijos, amigos y colegas cómo se ha equivocado.

Dios es un instructor muy sabio. De manera sencilla le mostrará a usted cómo aumentar la fuerza y el respeto de su esposo, hasta que pueda pararse con firmeza y ocupar su rol. Es mucho más fácil pronunciar palabras de aliento que palabras de amargura. El apoyo y el aliento pueden convertir una situación difícil en algo más sencillo.

Únase a su esposo, sean uno, y sostengan esta unidad. Pídale su opinión. Inclúyalo en las decisiones que usted deba tomar para que él pueda conocer los detalles que le ayuden a liderar. Ore por su esposo a diario... ¡continuamente! La oración es el mejor apoyo que puede dar a su esposo y su familia. Por medio de la oración su esposo tendrá la sabiduría que Dios quiere que él utilice para tomar decisiones. La oración nunca falla, porque nuestro Dios NUNCA falla.

## Oraciones de cierre

¡Dios creó a la mujer para dar vida a quienes entran en contacto con nosotras! En este capítulo, le he ayudado a reconocer su importancia, trayendo vida a su esposo y familia por medio de la oración y el aliento inspirado en la voluntad de Dios. La vida que usted da es *vida dada por Dios*. Si su esposo aún no es cristiano, por medio de su actitud de sumisión tiene el poder de darle vida eterna liderándolo hacia Cristo «sin una palabra» (1 Pedro 3:2).

También ha aprendido que puede dar vida a su matrimonio sometiéndose a su esposo como Cristo, su Salvador, se sometió a su Padre en la cruz. Al obedecer la Palabra de Dios en sumisión, le dará a su matrimonio nuevo aliento de vida. ¡Su relación matrimonial será una bendición eterna, que puede comenzar a vivir *hoy mismo*!

## Oración de arrepentimiento

*Padre, en el nombre de tu Hijo Jesús, te pido que me perdones por insistir en tener razón a expensas de la dignidad y la autoestima de mi esposo. Me arrepiento de todo corazón. Estoy verdaderamente avergonzada de mis actos. Padre Dios, en nombre de Jesús, te pido que me perdones por minar la autoridad de mi esposo. Lamento haber hablado a sus espaldas, permitiendo que mis hijos desobedecieran las instrucciones de su padre. Lamento no haber escuchado su consejo e hiciera lo que me parecía. Mi corazón está dolido. Me arrepiento de las veces que utilicé la manipulación, la dominación y la intimidación para salirme con la mía. Sé que he pecado contra mi esposo y he apenado al Espíritu Santo. Pido tu perdón y tu misericordia.*

## Oración por un nuevo comienzo

*Mi precioso Padre, te agradezco todas las bendiciones que me has dado. Soy verdaderamente bendecida por ti. Me dedico y dedico mis hijos a ti con el mismo amor que tú nos mostraste al darnos a tu único Hijo. Te agradezco por darme un esposo que me ama así como Cristo ama a su iglesia. Te agradezco por darme un esposo que muestra compasión y comprensión cuando instruye a nuestros hijos. Acepto las bendiciones que me das siempre que camino en sumisión a ti y a mi esposo. Mi esposo crece en sabiduría a diario y somos un solo espíritu. Quiero tus bendiciones y tu favor, que provienen de oír tu voz y obedecer tu Palabra. Amén.*

*Venid, hijos, oídme; el temor de Jehová os enseñaré. ¿Quién es el hombre que desea vida, que desea muchos días para ver el bien? Guarda tu lengua del mal, y tus labios de hablar engaño. Apártate del mal, y haz el bien; busca la paz, y síguela.*
—SALMO 34:11-14

*Por lo demás, cada uno de vosotros [sin excepción] ame también a su mujer como a sí mismo; y la mujer respete a su marido [que lo atienda, lo considere, lo honre, lo prefiera y lo estime, así como también que acuda a él, lo alabe, lo ame y lo admire en exceso].*
—EFESIOS 5:33

L a definición de respeto es «sentir o expresar honor por algo o alguien; pensar bien de alguien; admirar, sentir admiración y preocupación por otra persona». Todo ser humano —hombre o mujer— desea ser respetado.

Hay un elemento de dignidad vinculado a la medida de respeto que recibimos de otros. El mundo que nos rodea puede mostrarnos respeto, pero si la persona a quien amamos no lo hace, sufriremos.

El respeto viene en dos formas. La primera es aquel que se muestra por la *posición* que ocupa una persona. Como esposas debemos respetar la posición de marido, padre y sacerdote. Como esposos, debemos respetar la posición de mujer, esposa y madre.

La Palabra de Dios indica con claridad que las esposas deben respetar a sus esposos sometiéndose a su autoridad. Debemos respetar el rol de nuestro esposo como padre, y no usurpar su liderazgo en la familia. Y debemos respetar su rol como cabeza espiritual del hogar, sosteniéndolo en oración y teniéndolo en alta estima por su liderazgo.

La Palabra de Dios indica también con claridad que el marido debe respetar a su esposa. Nuestro Creador pone a la mujer en un pedestal.

Cristo dice que el marido debe respetar y amar a su esposa y madre de sus hijos como Cristo ama y respeta a su iglesia. Esto lo hacemos en obediencia al Señor y a su Palabra.

> **ÉL DICE...**
>
> Recuerde que su esposo tiene el rol dado por Dios de ser el líder del hogar. Permita que el Espíritu Santo le ayude a someterse voluntariamente a su amorosa dirección según la voluntad de Dios.

La segunda forma de respeto es mucho más valiosa y está ligada a más que la obediencia. Esta forma de respeto tiene que ver con la *persona*, y se expresa por medio del amor, la confianza y la gratitud.

El respeto a este nivel se gana. La regla a seguir cuando se busca esta preciada forma de respeto es entregarlo en igual cantidad. Como esposas, antes de pedir respeto de nuestros maridos debemos primero darles el nuestro. Encuentro que algunas mujeres exigen respeto por su posición, pero que no se preocupan por recibir respeto del corazón del hombre que las ama, lo cual es mucho más valioso.

Este segundo nivel de respeto, una bella expresión de amor y devoción, es la forma de este a la que haré referencia en las páginas que siguen. Antes de poder mostrar cualquier forma de gratitud a su esposo, primero deberá mostrársela al Señor, quien le da todo perfecto regalo que proviene del cielo.

*Entrad por sus puertas con acción de gracias, por sus atrios con alabanza; alabadle, bendecid su nombre.*

—SALMO 100:4

## EL COMPONENTE DE LA GRATITUD

Rebbetzin Jungreis describe uno de los componentes principales del respeto. Este se llama *gratitud*.

La gratitud es uno de los pilares del judaísmo y el cristianismo. Para los creyentes del judaísmo, desde el momento en que despiertan por la mañana hasta que se duermen por la noche, es necesario declarar alabanza y agradecimiento a Dios. Rebbetzin dice: «Nuestras primeras palabras deben ser una proclamación de aprecio al Todopoderoso por habernos devuelto nuestras almas y habernos dado otro día más. No hay aspecto de la vida que debamos dar por sentado: un vaso de agua, un árbol en flor, el arco iris, todo debe ser reconocido con una bendición a Dios».[1]

Los judíos proclaman alabanza a Dios porque la ley les ordena alabar a Dios. Como cristianos debemos hacer lo mismo, pero también debemos ir un paso más allá a causa de la cruz de Cristo y de lo que hizo nuestro Salvador por nosotros en esa cruz. Debemos alabarlo por esta relación. Debemos alabarlo por amor. Cuando ejercemos esta forma de alabanza por nuestro Creador, no hay tiempo para las quejas, las murmuraciones o la depresión. Tendremos menos posibilidades de dar por sentadas sus abundantes bendiciones.

¿Cuándo fue la última vez que usted *agradeció* al Señor? A veces, quizá sienta que no tiene nada que agradecer, pero claro que esto no es cierto. Todo lo bueno viene de Dios. Todo lo que tiene valor, como el aire que entra en nuestros pulmones, nuestra vista, la belleza que nos rodea, todo esto proviene de Dios. Debiéramos agradecerle a cada momento. Saber que el Dios que creó el universo es el mismo Dios que habita en las alabanzas de su pueblo es razón suficiente para alabarle.

No agradecer las cosas de Dios es el comienzo de la destrucción de uno mismo en nuestro camino con Dios. Puede elegir concentrarse en aquello que no tiene o alabar a Dios por las continuas bendiciones que Él derrama sobre usted cada día. Cuando se concentra en lo que le falta, siempre querrá más, aunque reciba lo que quiere. Verá a Dios con una actitud de: «¿Qué has hecho por mí últimamente?» Cuando por el contrario se concentra en las bendiciones de Dios con *actitud de gratitud,* su vida comenzará a alcanzar el destino que Él ha ordenado para usted.

Cuando aprenda a expresas su gratitud al Todopoderoso Dios que nos ha creado, a su Hijo, que murió por nosotros y al Espíritu Santo que nos guía, podrá expresar su gratitud a su esposo. Comience esta expresión de gratitud con una palabra muy importante: «Gracias».

Rebbetzin analiza la palabra *modim* o *gracias* en hebreo para darnos mayor entendimiento acerca de lo que esta frase debiera significar en nuestras vidas. *Modim* o *gracias* tiene dos connotaciones. *Gracias* también significa «admitir». En esencia, «gracias» es la admisión de que usted está necesitado, que es vulnerable, que no puede hacerlo solo, y esa admisión es algo que la mayoría de nosotros no está dispuesto a hacer. Odiamos deber favores, especialmente si son importantes. Por ello, cuanto mayor es la generosidad y cuanto más cercana la relación, tanto más es nuestra reticencia a revelar nuestra debilidad mediante esta palabrita. La gente no tiene problemas para decir «gracias» al mesero en un restaurante, a la operadora o al vendedor, pero sí nos cuenta decirle eso mismo a las personas que más cerca tenemos y a quienes más amamos, porque estaríamos admitiendo nuestra necesidad.[2]

¿Cuándo fue la última vez que le dijo usted «gracias» a su esposo? «¿Gracias por qué?», podría preguntar usted. *Por mucho.* Porque la eligió como persona especial con quien apasionadamente desea pasar el resto de su vida. Contribuye a proveer para usted. Los hijos que usted tanto ama son producto del amor que se tienen mutuamente. Van juntos ante el trono de Dios en oración y agradecen y peticionan al Rey de reyes y Señor de señores por sus necesidades. Agradezca a su esposo a menudo por ser parte de su vida.

*No puedo agradecerle*, pensará quizá usted. *No tengo el tipo de marido que está describiendo.* Recuerde que la fe es la seguridad o confirmación de aquello que esperamos, la prueba de lo que no se ve, la convicción de su realidad. Sé que usted quiere el marido que describo aquí. Necesita comenzar por agradecer al Señor por Él y por agradecer a su esposo. Luego observe cómo cambia para bien. Creo que es el mayor deseo de su esposo complacerla a usted y a su Salvador, pero a menudo le falta el conocimiento sobre cómo hacerlo. Usted puede comenzar a mostrarle el camino mostrándole respeto y gratitud a Dios por el marido que le ha dado. Deje que Dios haga el resto.

«No puedo» es primo hermano de «no quiero». Quizá la incapacidad para expresarle gratitud a su esposo es una de las razones por las que se ha comportado hacia él y hacia su matrimonio con amargura. Rebettzin Jungreis dice:

> La gente que no puede reconocer la generosidad siempre encuentra algo o alguien a quien poder criticar. Son malos compañeros en el matrimonio, padres tiranos, amigos egoístas. Están convencidos de que todo les corresponde, que tienen derecho a todo lo bueno en la vida, simplemente porque están vivos. No importa cuánto se les dé, nunca están satisfechos. Siguen tomando sin sentir que deben devolver.[3]

Los sabios del judaísmo definen a la *persona rica* como el hombre o la mujer que se contenta con lo que tiene. Como mujeres debemos aprender a hacer un inventario de lo que poseemos. Debemos aprender a ser agradecidas por todo, y esto incluye a nuestros cónyuges. Agradezca al Señor el marido que Él le ha dado, y agradezca y respete a su esposo, que desea ser necesitado y deseado.

Uno de los mayores servicios que una mujer puede brindar a su esposo es respetarlo en pensamiento, palabra y obra. Las tres cosas son necesarias porque se relacionan entre sí. «Por lo demás, cada uno de vosotros ame también a su mujer como a sí mismo; y la mujer respete a su marido» (Efesios 5:33).

Lo que pensamos afecta nuestras palabras, y nuestras palabras influyen sobre nuestros actos. No importa qué defectos tenga su esposo, no importa cuántas cosas deba cambiar, siempre hable y obre de manera respetuosa. El modo en que usted le hable y actúe influirá sobre el modo en que sus hijos perciban a su padre. También influirá en el modo en que otros hombres y mujeres piensen y se conduzcan hacia su marido. Y más importante todavía, influirá de manera profunda en la disposición de su corazón hacia su esposo.

Una porción del regalo de vida que una mujer tiene el privilegio de dar a su esposo es su aliento y apoyo. Su esposo necesita a alguien que crea en él. No quiere a alguien que piense que él es perfecto, sino a alguien que lo conozca íntimamente —sus fortalezas y defectos— y que aun así crea en él.[4]

> **ÉL DICE...**
>
> El amor no es lo que se siente, sino lo que se hace. Hechos... no palabras... son la prueba de nuestro amor.

Le aliento a actuar con respeto. No diga simplemente que *debería* mostrarle respeto. *Actúe, hable y piense con respeto hacia su esposo.* Su demostración de gratitud y respeto hacia él le ayudará a sentir que es importante para usted. Como resultado, se esforzará por llegar a ser el hombre que Dios quiere que sea.

## CÓMO EVITAR LA MUERTE DE SU MATRIMONIO

¿Qué sucede cuando critica, no respeta o da por sentado a su esposo? Cuando hace usted esto, contribuye a la muerte de su matrimonio.

El doctor en psicología John Gottman, quien ha estudiado a dos mil matrimonios, dice que para la dicha en el matrimonio se necesitan por lo menos cinco interacciones positivas por cada una negativa. El Dr. Gottman aconseja tocarse, felicitarse, sonreír, reír, y advierte en contra de la crítica, el desprecio y la actitud defensiva.[5] Algunas esposas tienen mucho trabajo por hacer.

Rebbetzin Jungreis indica que en el judaísmo hay catorce mandamientos positivos y diecisiete mandamientos negativos con relación a lo que hablamos. Luego dice:

> Dios no nos dio leyes que nos resulten imposibles de cumplir. Hasta nuestra constitución psicológica está diseñada para guardar nuestra lengua. Piense: cada órgano de nuestro cuerpo es o externo o interno; por ejemplo, los ojos y la nariz son externos; el corazón y los riñones son internos. La lengua, sin embargo, es tanto interna como externa, y está protegida por dos portales: la boca y los dientes. Lo cual nos enseña que antes de utilizarla, debemos actuar con discreción porque es un instrumento de lo más poderoso que puede matar o impartir bendición.[6]

La Palabra de Dios dice: «La muerte y la vida están en poder de la lengua, y el que la ama comerá de sus frutos» (Proverbios 18:21). Cuando usted critica a su esposo, inicia la muerte de su matrimonio. Más de seis millones de judíos murieron como resultado del malvado reinado de Adolf Hitler. Sin embargo, Hitler no los mató con sus manos... los mató con su lengua. Envenenó a los alemanes para que creyeran que los judíos eran criaturas infrahumanas, y convenció a los asesinos de que los judíos merecían ser erradicados de la tierra. El poder de la vida y la muerte están en la lengua.

Recuerde esto: lo que no diga hoy, podrá decirlo mañana. Pero una vez que permite que las palabras salgan de su boca, no podrá hacerlas volver hacia atrás. Las Escrituras nos dicen que «de la abundancia del corazón habla la boca» (Mateo 12:34). Verifique la condición de su corazón antes de dejar que su boca pronuncie alguna palabra. Pregúntese: «¿Estoy honrando a mi esposo con mis palabras o estoy destruyéndolo?»

Si discute con su marido, no cuente la discusión a sus padres. Sería casi imposible que sus padres lo perdonaran por haberle causado pena a usted, que es su hija. Le llevará más tiempo de lo que desea que sus padres vuelvan a respetar a su esposo.

Recuerde esta regla del matrimonio: cuando su cónyuge le ofenda, Dios, en su infinita misericordia, le dará a usted una medida de gracia que vencerá a la ofensa. Pero cuando comparte esta ofensa con sus padres, la medida de gracia no les es otorgada. Por lo tanto, se verán impedidos de tener la mejor relación posible con su yerno. Respete los momentos que comparte en privado con su esposo —buenos o malos— para que queden entre ustedes dos y el Señor. No lo lamentará.

Si es usted joven y aún no se ha casado con el hombre de sus sueños, dedique el tiempo necesario para observar con atención al hombre con quien está saliendo ¿Cómo trata a las otras personas? Si se casa con él, a la larga este será el modo en que la tratará a usted.

Mi esposo les advierte a los jóvenes que están de novios: «¡Sean cuidadosos! Cualquiera puede portarse bien durante cuatro horas. Pero la persona real está en casa, dentro de una jaula y esperando salir apenas usted diga: "Sí, acepto"».

## SU ESPOSO ES MUY VALIOSO

Su esposo tiene verdadero valor a los ojos de Dios, como lo tiene usted. Es injusto tratarlo como menos que un ser de la realeza. ¿Por qué se sorprende usted de que haya perdido ese «sentimiento de amor», si pasa horas despreciándolo, mostrándole sus defectos y destacando siempre sus imperfecciones? Debieran vivir juntos en amor.

Bob Moeller nos pide que pongamos en práctica la «disonancia cognitiva», la cual tiene lugar cuando nuestra mente no permite que tengamos sentimientos contrarios a nuestra conducta.[7] Cuando usted siente que se ha perdido el sentimiento de amor en su matrimonio, él sugiere que durante dos o tres días trate a su esposo como si tuviera un enorme valor para usted.

Esfuércese por mostrarle verdadero respeto, escuchando con interés y sin interrupciones, y felicitándolo sinceramente por sus puntos fuertes. Guárdese los pensamientos de crítica, y en cambio, destaque ante amigos y familiares sus virtudes. Anticípese a sus necesidades y póngalas como prioridad. Si tratamos a alguien con amor, honor y respeto, comenzaremos a sentir amor, honor y respeto por esta persona.[8]

La crítica hace que los hombres se pongan a la defensiva, pero la admiración los motiva y les da energía. El hombre espera y necesita que su esposa sea su admiradora más entusiasta. Su confianza aumenta cuando recibe apoyo y por lo general logrará mucho más si tiene el aliento de su esposa.[9]

Puede ser que usted sienta que no sabe cómo elogiar a su esposo. Quizá piense: *De niña solo oí críticas. Nunca oí que mis padres se elogiaran entre sí. Los únicos momentos en que hablaban largamente era cuando discutían.*

Es triste, pero conozco a muchísimos hombres y mujeres que podrían relacionarse con este tipo de pensamiento. Sin embargo, ¡hoy es el primer día del resto de su vida! Pídale al Señor en este momento que rompa toda maldición generacional en su vida. Comience hoy a alabar al Señor por su bondad. Comience a elogiar a su esposo y a sus hijos y verá que logra sentir respeto hacia ellos... ¡y hacia usted misma también!

La *Mishna* judía es un comentario sobre la Torá, o la Palabra de Dios. En ella, los sabios del judaísmo toman la Palabra e interpretan la sabiduría de sus páginas ante los miembros de su congregación. Una frase de la *Mishna* dice: «¿Quién es el poderoso? Aquel que tiene control de sí mismo». Usted también puede llegar a ser poderosa. Puede dominar lo que se dice a sí misma, lo que le dice a su esposo y a sus seres queridos. Puede hacerlo con la ayuda del Señor en su vida, ¡porque la Palabra nos dice que todo lo podemos en Cristo que nos fortalece! (Filipenses 4:13).

Satán sedujo a Eva con su lengua maliciosa, y la utilizó para hacer el mal. Pero usted puede permitir que el Espíritu Santo del Dios viviente tome su lengua, sus pensamientos y su actitud y los ponga bajo el control de su poder, utilizándolos para el bien. Si lo hace, verá cosas grandes y poderosas como resultado. Tendrá un esposo que se esfuerza por llegar a desarrollar todo su potencial. Y sus hijos estarán llenos de confianza y esperanza para el futuro.

## Consejos para él

Sé que probablemente esté cansado de oír que debe amar a su esposa como Cristo amó a la iglesia, y dispuesto a morir por ella. Pero, ¿qué más puedo decir? ¡Esta es la Palabra del Dios viviente! ¡Usted debe obedecerla!

Toda mujer necesita respeto para desempeñarse. Su esposa no tendrá posibilidad de ser la mejor compañera si no tiene respeto de su parte. Acéptela tal como es, y pronto ella querrá mejorar lo que sea para complacerlo más. Pídale su opinión y pronto no tomará decisiones hasta asegurarse de que están ambos de acuerdo. Hágale saber que entiende cómo se siente, y pronto se esforzará por ver el mundo a través de sus ojos, además de usar los propios. Dígale cuán orgulloso está usted de ella, y pronto encontrará su pleno potencial en Cristo. Abrácela a menudo, sin otra razón que su amor por ella, y pronto será la mujer que hará de su hogar un santuario de gozo y paz.

### *De la Dra. Anne*

Recuerde que recibimos lo que damos. Esto nunca es más cierto que en el área de dar y recibir respeto. El modo en que usted reacciona ante las diferentes situaciones en su relación determinará el grado de consideración, cortesía, afecto y respeto que tanto desea. Deberá mostrar a su esposo aprecio por su fortaleza de carácter. Solo Dios podrá desarrollar esto en usted, a medida que crezca en obediencia y madurez espiritual. Pídale a Dios que ponga en usted la capacidad de mostrar a su esposo la misma medida de respeto que espera de él.

El respeto tiene que ver con la confianza, con compartir confidencias. Muchos esposos han intentado compartir sus sueños, opiniones, debilidades y vulnerabilidades para luego ver que la lengua suelta de su esposa utiliza esta información como herramienta en su contra, o para entretener a sus amigos. Quizá su esposo le confíe algo una vez... y probablemente sea tan tonto como para volver a hacerlo... pero luego cerrará la boca y erigirá entre ambos una muralla alta e inexpugnable. Habrá perdido el respeto que sentía por usted. ¡Y estará perdida a causa de su debilidad!

Lo que ve como falta de sensibilidad en su esposo no debe convertirse en el tema de conversación preferido con sus amigas. En cambio, muéstrese dispuesta a elogiar y apoyar la autoridad que Dios ha puesto por encima de usted. Las palabras que diga serán poderosas y podrán influir en los atributos, características y motivaciones de su marido.

Si reconoce que ha cometido este error, la gracia y misericordia de Dios son suficientes como para volver a construir un puente de confianza entre usted y su esposo y para sanar las heridas que puedan haber resultado de su propia insensibilidad ante las necesidades de él. Cuando venimos antes Dios con un corazón arrepentido «él es fiel y justo para perdonar nuestros pecados, y limpiarnos de toda maldad» (1 Juan 1:9). El respeto puede ganarse en proporción directa con la disposición con que lo damos a otros. Con el tiempo, ganará la confianza de su esposo.

No olvide nunca que el rol de proveedor no es el único que su marido debe cumplir. Aliéntelo a ser todo lo que Dios quiere y necesita que sea. Apóyelo y haga que le sea más fácil oír y obedecer la voz de su Maestro.

No haga nada por invalidar o sabotear los esfuerzos de su marido por hacer lo que Dios le pide. Sea la compañera y ayudante de su esposo. Bríndele aliento, no desaliento. Permítale llegar a cumplir el rol grande y elevado que Dios preparó para él.

Espere en el Señor. Renueve en Él sus fuerzas. El hombre que usted tiene es el que Dios puede utilizar. La oración fortalecerá y hará surgir las cualidades que Dios desea... y que usted desea también. La oración le perfeccionará en el respeto y la confianza que necesita. Cuando la mujer de Proverbios 31:10 es diligente en aquello que es bueno para su familia, el esposo y los hijos la llaman bendita, y su marido la elogia. ¿No es este el respeto que quiere? Usted puede, como Abraham, tener todo lo que ve. Solo hace falta oración.

## Oraciones de cierre

¡En este capítulo, la Dra. Anne y yo le hemos dado herramientas que le ayudarán a salir del valle de la desesperanza. Con ayuda de Dios puede comenzar a vivir un matrimonio lleno de gozo y expectativa, que les permita a usted y a su esposo pararse sobre las montañas y ver la eternidad.

### Oración de arrepentimiento

*Señor mío, perdóname por las cosas tontas e hirientes que he pensado y dicho sobre mi esposo. No solo lo he herido a él, sino que te he desobedecido y decepcionado. Lo siento de veras. He aprobado la falta de respeto a los hombres y los esposos riendo cuando oía chistes que les hacen parecer tontos y débiles. Mi esposo no lo merecía. También pido perdón por no apoyarlo ni alentarlo cada vez que intentó cumplir el rol que tú tienes para Él. Te pido que redimas el tiempo que perdí mirando sus defectos y viéndolo como inepto e incapaz. Por favor, perdóname, Señor. Cambiaré mis modos y mi expresión.*

### Oración por un nuevo comienzo

*Querido Señor, me has bendecido ricamente con el esposo que tengo. Es un hombre bueno, ¡y las palabras de mi boca lo dirán! Le diré a menudo que lo amo y lo aprecio por todo lo que él significa en mi vida. Ayúdame a hacerle saber cuán valioso es para mí. Lo felicitaré ante otros y me negaré a mantener conversaciones ociosas que le insulten o apenen tu corazón. Defenderé a mi esposo en el rol que tú le has dado a cumplir. Ayúdame a ser obediente a tu Palabra y a cumplir también el propósito que tienes para mí. Mi Dios, guarda mi lengua del mal y mis labios de hablar cosas engañosas. Sin tu constante ayuda y fuerza no puedo hacerlo. Sé que tú renovarás mi mente y me ayudarás a exaltar a mi esposo con el amor y el respeto que siento por él. Amén.*

*Instruye al niño en su camino, y aun cuando fuere viejo no se apartará de él.*

—PROVERBIOS 22:6

Formar una familia y criar a los hijos es un duro trabajo. Y formar una familia que ame al Señor requiere de una sociedad de tres: usted, su esposo y el Señor. Sus hijos necesitan el tipo de padre en quien puedan confiar, y el tipo de padre que confíe en el Señor.

La Palabra de Dios nos instruye a dar honor a quien debamos honor (Romanos 13:7). Sería negligente si no honrara a mi esposo por ser un padre que honra a Dios. En este capítulo deseo mostrarle las características de un hombre de familia según lo desea Dios, permitiéndole ser testigo de las interacciones de mi esposo con su familia.

He visto llorar a este hombre cuando nacieron sus hijos, y pasar horas con ellos cuando necesitaban aprender algo, sonreír con orgullo ante sus logros y ayunar y orar por ellos cuando nos hallábamos en la brecha de su futuro. Mis hijos tienen la bendición de tener un gran padre. Y yo he sido ricamente bendecida con este esposo que es tan devoto a su familia.

Desde el momento en que nos casamos queríamos tener hijos, y Dios nos otorgó nuestro deseo. Tenemos cinco hermosos hijos, y en el momento en que escribo esto, tengo cuatro maravillosos «hijos políticos», que son hijos de amor. Mi esposo y yo sentimos ahora que tenemos nueve hijos en lugar de cinco, y estamos orando por el número diez que llegue a nuestro rebaño. Nuestro nido está lleno.

Puedo decir de veras que cada etapa de sus vidas ha sido de gozo para nosotros. Aun cuando llegan las tribulaciones podemos ver la mano de Dios que guía a nuestros hijos hacia los propósitos que Él tiene para sus vidas. Le agradezco y lo alabo a diario por las ricas bendiciones que por su gracia ha derramado sobre nuestra familia.

## LOS NACIMIENTOS DE NUESTROS HIJOS

Desde el momento de la concepción de cada hijo, hemos sido un equipo para recibir y criar a cada uno de ellos. Nuestros roles han sido diferentes, pero al combinar nuestros esfuerzos y oraciones, la paternidad y la maternidad han sido para gozo.

Durante mis embarazos recuerdo que mi esposo acariciaba mi vientre todas las noches antes de ir a dormir. Con amor, llamaba a cada niño por su nombre y decía: «Aunque aún no te he tenido en mis brazos, te amo tanto». Oraba una bendición por cada niño todas las noches mientras esperábamos su nacimiento. Quería que lo abrazara, apoyando mi cuerpo contra su espalda para poder sentir las preciosas pataditas del bebé que estaba en mi vientre.

A menudo me habla del orgullo que sintió cuando vio a nuestra primogénita Tish por la ventana de la sala de recién nacidos. Apenas podía contener su gozo mientras observaba a esta bellísima bebé, llena de vida y esperanza.

Chris ha estado siempre muy apegado a su papá y a menudo quería que lo llevaran en brazos, aun cuando ya no era el bebé de la familia. No importaba... papá lo llevaba donde fuera que quisiera ir, diciendo: «No me pesa, es mi niñito».

Tina y yo casi perdimos la vida en el momento de su nacimiento debido a complicaciones inesperadas. Recuerdo la voz firme de aliento de mi esposo y sus palabras de súplica mientras imponía sus manos sobre mí y oraba la oración de fe por un nacimiento en el que tanto yo como nuestro bebé estuviéramos a salvo. La mañana siguiente a su nacimiento le trajo una rosa amarilla a la nueva hijita diciendo: «Quiero ser el primer hombre en regalarle flores a esta preciosura».

Cuando nació Matthew, el doctor preguntó si quería tomarlo en brazos inmediatamente después del parto. Mirando a mi esposo, pude ver la mirada de amor en sus ojos: «¿Podría dárselo primero a mi marido?», pregunté.

Mi esposo tomó a nuestro hijo en brazos como si estuviera recibiendo un precioso regalo de Dios. Al darle la bienvenida a Matthew, los ojitos del bebé se abrieron, buscando la voz conocida que había oído tan a menudo mientras estaba en el vientre de su madre. Una vez que miró a este hombre que tanto lo amaba, sonrió por primera vez.

Nuestra hija más pequeña, Sandy, nació con tres semanas de anticipación y tuvo ictericia, lo cual puso en peligro su vida. La primera vez que la vimos después del parto estaba conectada a todo tipo de cables. Mi esposo lloraba mientras ponía su enorme mano en la cuna de la incubadora y tocaba su diminuto pecho que luchaba por respirar: «Padre, te pido que soples tu aliento en esta niña y le des un espíritu valiente que le haga ganar esta batalla», oró. El Señor hizo exactamente lo que mi esposo le pidió, y ella sigue teniendo ese mismo espíritu de coraje, aun hoy.

## CRIAR CINCO HIJOS

Recuerdo mis «momentos» mientras criaba a cinco niños de menos de doce años. Sí, quizá haya habido momentos difíciles, pero nunca fueron de soledad. Mi esposo siempre estuvo allí para formar un equipo con ellos y conmigo.

Cuando Tish pertenecía a las Niñas Exploradoras llegó a casa un día con cien cajas de galletas, anunciando que ganaría el distintivo por haber vendido la mayor cantidad:

—¡Muy bien! —dijo su papá.

—Papá, debes vender estas cajas por mí para que pueda ganar el distintivo—anunció Tish con la misma convicción.

—¡Oh, bueno! —respondió mi esposo con un suspiro. Pero la acompañó de puerta en puerta, vendiendo galletas a amigos, parientes y a miembros de la iglesia hasta que juntos lograron obtener el premio. El recuerdo de nuestra hija a partir de esa experiencia es mucho más que cualquier distintivo; un precioso regalo que siempre atesorará.

A Chris le encantaba el T-ball y sentía gran excitación por comenzar esta nueva aventura. No importa cuán ocupada fuera la agenda de mi esposo, siempre iba a las prácticas y a los juegos para alentar a Chris. Pasaba horas en el jardín de la casa, ayudándole a aprender las reglas del juego. Mientras preparaba el almuerzo en la cocina, oía sus palabras de aliento al niño: «¡Puedes hacerlo, hijo! ¡Sí que puedes!»

Ya se tratara del T-ball, la Liga de Menores, Pop Warner, el fútbol... a través de la escuela primaria, la secundaria, la universidad, el ritual siempre era el mismo: «¡Tú puedes, hijo! ¡Tú puedes!»

Chris ya no practica deportes en la escuela, pero en el día de hoy cuando le habla a su padre sobre alguna decisión importante en los negocios, puedo oír a mi esposo instruyendo con amor a mi hijo, enseñándole todo lo que sabe: «Tú puedes, hijo», le dice. Se siente orgulloso cuando su hijo le enseña algo que él no sabe. Nunca siente celos, siempre orgullo.

Tina siempre ha sido la más callada de todos, la más tierna. Siempre hizo lo que se le pedía, aunque buscaba todo el tiempo la aprobación de su papá. Todavía la veo corriendo carreras con sus hermanos y hermanas en el jardín, con el cabello largo atado o suelto al viento. Corría como gacela: «¡Mírame, papá! ¡Mírame!», decía mientras corría.

Y aunque su voz se ahogaba en el clamor de las otras voces infantiles que competían por la atención de su padre, oía a mi esposo decir con claridad: «Te veo, hijita. Y lo haces muy bien ¡Estoy muy orgulloso de ti! ¡Eres la más rápida de todos!»

Al oír su voz, Tina sonreía con la misma sonrisa que hoy veo en la cara de su hijita. Corría más rápido, sin dejar de mirar a su papá para asegurarse de que la estuviera viendo. Y él siempre la miraba.

Una noche de sábado, cuando Matt tenía nueve años, le pidió a su padre que hablaran después de acostarse. Pensando que solo era una treta para poder quedarse despierto un rato más, le recordé a Matt que su papá ya había orado con él y que ahora estaba estudiando su sermón para el domingo por la mañana, un ritual del sábado por la noche que aún mantiene.

—Mamá, necesito hablar con papá. Es importante.

Observé su mirada pensativa, allí, acostado con los brazos cruzados y mirando al techo.

—¿Puedo ayudarte, Matt? —pregunté.

—No, mamá. Tengo que hablar con papá. Esto es serio de veras —respondió.

Preocupada, pensé: *¿Qué será?* Corrí hacia el estudio e interrumpí a mi esposo que estaba absorto en su lectura.

—Amor, Matt tiene que hablar contigo. Dice que es muy importante y no puede esperar a la mañana.

Viendo mi preocupación, mi esposo salió de su estudio y subió las escaleras para la misteriosa e importante reunión. Lo seguí, dispuesta a entrar en la habitación de Matthew. Pero él se volvió y me preguntó algo que en ese momento me pareció injusto:

—¿Dijo Matt que también quería hablar contigo?

Respondí enseguida:

—No, pero...

No me dejó terminar la frase.

—Entonces, yo entraré en la habitación y tú esperas aquí.

No me dio opciones, más que obedecer y esperar al pie de la escalera, orando porque el Señor le diera a mi esposo sabiduría para el secreto que Matt estaba por compartir con él.

Después de lo que parecieron horas, mi esposo salió de la habitación de Matthew con lágrimas en los ojos y una tierna sonrisa en la cara. Consolada por la sonrisa, aunque preocupada por las lágrimas, le pregunté qué había pasado.

—Matthew me pidió que orara una oración de arrepentimiento con él, porque sentía que había dicho algo que ofendió al Espíritu Santo hoy. No quería dormirse con la ofensa en su corazón —me dijo mi esposo, llorando.

Yo también lloré. Pero sintiendo alivio. Luego pregunté lo obvio:

—Bueno, ¿qué dijo Matt para ofender al Espíritu Santo?

—No lo sé. No le pregunté —respondió.

—¿Qué? ¿Cómo que no le preguntaste? —dije sin poder creerlo.

—Lo que importa es que le hemos enseñado a nuestro hijo a ser sensible al Espíritu Santo y a arrepentirse cuando ha hecho algo que ofenda a Dios. Eso, Diana, es lo único que importa.

Aprendí. Nos abrazamos al pie de la escalera y lloramos juntos, agradeciendo al Señor por las cosas buenas que Él había obrado y que obraría en nuestro hijo.

Un año, mi esposo y yo fuimos invitados a hablar en San Francisco, en la Conferencia Internacional de Hombres de Negocios, liderada por Demos Shakarian. Dada la naturaleza de la invitación, mi esposo no se percató de que la fecha se superponía con el décimo cumpleaños de Sandy. Sin darnos cuenta, habíamos quebrado una regla muy importante: ¡Jamás estar lejos para el cumpleaños de uno de nuestros hijos! ¿Qué haríamos?

Mi esposo decidió que usaríamos los viáticos para pagar el viaje de los niños. Necesitábamos el dinero para cubrir otros gastos y tuvimos que agregar más dinero, pero era la única opción. Y allí estábamos... el clan Hagee camino a San Francisco.

Los horarios fueron enloquecedores, como podrá imaginarse.

Una mañana, yo debía hablar en un desayuno de oración de mujeres, y papá y Sandy tenían una cita. Sandy sabía que esta cita era super-respecial. Primero, estaría a solas con su papá. Segundo, su papá tenía que hablar esa noche ante decenas de miles de personas, pero en lugar de estudiar su sermón, pasaría este tiempo con ella. Fue algo muy especial. Caminaba erguida al salir de la habitación de la mano del hombre más importante en su vida.

Cuando terminó mi sesión, fui a la habitación y vi que Sandy y su padre no habían vuelto del paseo. Parece que Sandy, siempre la más ambiciosa, había pedido al conserje instrucciones para llegar a la juguetería más cercana. ¿Podrá creer que a solo cinco cuadras del hotel había una tienda FAO Schwarz, la juguetería más grande del mundo? Sandy había dado con la veta de oro.

Pasaron varias horas, y padre e hija volvieron a la habitación. Por sus expresiones, podía decir que Sandy había salido triunfante, y que papá... bueno, papá había sido papá.

—¿Qué recibiste por tu cumpleaños, Sandy? —pregunté casi con temor.

Con gran orgullo, se paró en medio de la habitación y dijo con coraje:

—¡Un elefante!

—¿Un elefante? —pregunté, volteando para mirar a mi esposo de reojo. Él me miró, y luego bajó la vista, sin establecer contacto visual.

—Papá dijo que podía elegir un juguete. El que más me gustara.

Parte de su afirmación era el acuerdo que teníamos con los niños: «Elige uno». La segunda parte: «El que más me gustara», era una nueva cláusula, que seguramente Sandy había agregado. Corrió a anunciarles a sus hermanos lo que había recibido, mientras su padre comenzó a relatar lo que había pasado.

Jamás había estado antes en una tienda FAO Schwarz. Al entrar en este maravilloso palacio de juguetes se sorprendió ante el tamaño del local, la cantidad de juguetes, y por supuesto, sus precios. Pero una promesa es una promesa. Dejó que Sandy eligiera un juguete, el que más le gustara.

**ÉL DICE...**

¿Encuentra la forma de compartir risas y gozo cuando ve a su esposa y a sus seres queridos al final del día? ¿O se ha obsesionado tanto con su trabajo que se le olvidó cómo reír en casa?

Sandy eligió un elefante tan grande que mi esposo no pudo traerlo al hotel. Tan grande que tendríamos que comprar un asiento de avión para llevarlo a casa con nosotros. Tan grande que hubo que hacerlo enviar a casa en una caja. Tan grande, que incluso hoy no sé cuánto costó. Él y Sandy comparten este secreto, y me he convencido de que estoy mejor sin saberlo.

Nuestra hija está a punto de mudarse a su nueva casa con su marido, y tiene un lugar muy especial para su elefante. Solo hay una cosa más grande que este enorme trofeo gris: el amor y el respeto por el hombre que nunca rompió una promesa... su papá. Una promesa es una promesa.

## TIEMPO DE CALIDAD

El hombre de familia pasará tiempo de calidad con toda la familia y con cada uno de los hijos que Dios le ha dado. Nuestras comidas eran, y siguen siendo, algunos de los momentos más preciados de mi vida. Nos reunimos alrededor de la mesa y compartimos lo que nos trajo el día. Mi esposo les pregunta a los niños sobre sus sueños, y las respuestas por lo general terminan en una oleada de risas histéricas.

Cuando los niños eran pequeños teníamos poco dinero para cubrir muchos gastos. Sin embargo, no cuesta mucho crear recuerdos preciosos. Un fin de semana íbamos al cine, otro al zoológico, y el fin de semana siguiente hacíamos una excursión. Como había que comprar siete entradas para el cine, nunca teníamos dinero suficiente para comprar golosinas. ¡Así que hacía algo que no quiero que le cuente a nadie! Llenaba mi cartera con cosas. No con cualquier cosa. *Cosas riquísimas.* Soy de ascendencia hispana y me encanta cocinar. Soy buena cocinera. Cada sábado por la mañana preparo un desayuno mejicano para mi familia, y esta es una tradición que les gusta mucho a todos.

Cuando era el «sábado de cine», llenaba mi bolso con tacos de frijoles y queso, papas y huevo, y salchicha mejicana. Envolvía todo con cuidado y lo ponía en mi bolso, listo para nuestra provisión. Sentábamos a los cinco niños en una fila y nosotros dos nos sentábamos detrás, para poder repartir la comida. Esperaba hasta que la sala oscureciera para evitar a la «Gestapo del cine», y entonces empezaba la distribución.

Cuando el cine estaba ya oscuro, se podían ver cinco manitas estirándose para tomar uno a uno los paquetes de su preferencia, y entonces comenzaba el festín. Para cuando contábamos hasta diez, la gente alrededor de nosotros ya podía oler nuestro secreto, porque el aroma de los tacos recién preparados competía con el de las salchichas arrugadas y las palomitas de maíz del día anterior. Nuestros hijos todavía recuerdan esos buenos tiempos en el cine, y reímos al recordar nuestro secretito.

Un año, mi esposo anunció que haríamos algo *grande* con los niños para las vacaciones. *Vaya*, pensé, sabiendo que nuestro presupuesto no alcanzaba para más que el viaje de siempre a lo de la abuela Hagee y para nuestra visita anual al barco de guerra Texas en el monumento San Jacinto de Houston. Llamé a mi buena amiga Rachel, agente de viajes, quien comprendía nuestra circunstancia económica, y comenzó su cruzada de «la vacación en grande, pero a bajo precio».

Nos llamó muy pronto, y con gran entusiasmo, para decirme que el Flagship Inn de Dallas, justo frente al Parque de Diversiones Six Flags, tenía un especial para familias: «¡Los niños de menos de doce años pueden alojarse y comer gratis!»

¡Eureka! ¡Dios nos había regalado unas vacaciones en «grande»! Subimos a los niños a la camioneta e iniciamos el viaje. Habíamos perfeccionado un ritual para alojarnos en los moteles. Mi esposo me dejaba en la entrada del frente para asegurarnos una habitación y para conseguir una cuna para el bebé. Mientras yo hacía eso, él daba la vuelta hasta la parte trasera del motel. De este modo la gerencia no podía contar la cantidad de cabezas que había en el auto.

Después de registrarnos, me reunía con mi familia y en silencio llegábamos a nuestra habitación «doble-doble», nuestro hogar lejos del hogar. Todos conocíamos el sistema: mamá y papá en una cama, las dos niñas en otra, el bebé en su cuna y los dos niños en sus bolsas de dormir, en el piso.

Con los restaurantes éramos más considerados. Debido a la naturaleza de nuestras visitas —por lo general un reguero de migas de galleta en el piso y de bebidas volcadas sobre la mesa— solíamos rotar nuestras visitas para evitarle al personal el trabajo adicional. Recuerdo una noche de domingo cuando mi esposo me preguntó si quería ir a un restaurante que nos gustaba mucho. Le dije: «Oh, ¡no! Allí no podemos ir. Todavía no ha pasado el suficiente tiempo desde la última visita».

Elegimos otro restaurante para asegurarnos una buena bienvenida cuando llegáramos.

¡Ah! Pero estas vacaciones eran diferentes. ¡No estábamos en nuestro pueblo! Quizá nunca volviéramos a ver a esta gente. Sentíamos el alivio de no sufrir presiones. Íbamos a divertirnos en nuestra primera gran vacación. Cuando despertamos después de pasar nuestra primera noche allí, bajamos al restaurante del hotel para desayunar. Les dijimos a los niños que podían elegir lo que quisieran del menú. ¡Qué concesión! Esto no era lo usual. Por lo general tenían la limitación de elegir del menú infantil.

Nos divertimos. Ellos estaban excitados. Cada día abordábamos el bus que nos llevaría al parque de diversiones, y luego volvíamos al restaurante del motel para almorzar. Luego, de nuevo al bus para ir al parque, y de vuelta al restaurante para cenar.

Finalmente, al tercer día el gerente se acercó a nuestra mesa. Sabíamos que sería demasiado bueno como para durar demasiado:

—Señor, quisiera saber qué edades tienen sus hijos, por favor.

El sospechoso anfitrión miró a mi esposo. Mi marido enseguida silbó su característica llamada de alerta. Los niños saltaron de sus sillas y se alinearon en orden de edad.

—Tu nombre y edad —ordenó mi marido.

—Tish, tengo once años.

—Chris, tengo ocho años

—Tina, tengo cuatro años

—Matt, tengo así... —dijo mostrando un dedito en una mano y dos más en la otra.

El gerente evitó preguntarle al bebé de un año y se alejó mientras movía la cabeza de un lado al otro sin poder creerlo. Mi esposo les dijo a los niños que volvieran a sentarse para comer su «menú de personas grandes». Fueron unas vacaciones excepcionales.

Para que no piense que estoy casada con el hombre de familia perfecto, le informo que él no se ocupa de las vacunas. Cuando llevábamos a los niños a ver al doctor para que los vacunara, él se negaba a sostenerlos mientras les aplicaban la inyección. Solo cuando había pasado lo traumático los alzaba y los consolaba, y les decía que todo estaría bien. Me llevó un tiempo perdonarlo por eso, porque mis hijos me asociaban con el trauma y el dolor, y a él con la seguridad y el consuelo, durante casi toda su niñez.

## UN BIEN VALIOSO

Creo que el tiempo es nuestro más valioso bien. Usted y su esposo deben disciplinarse para brindarles a sus hijos tanto tiempo como sea posible, aunque no sea conveniente para ustedes. Desde que los niños eran pequeños, solíamos decirles a menudo que jamás serían una molestia para nosotros. Si había que llevarlos de un lugar a otro, los llevábamos. Si necesitaban un lugar de reunión con sus amigos, nuestra casa era el lugar. Si necesitaban que asistiéramos a una actividad en la que participaban, uno o ambos asistíamos. Mi marido dice: «La razón por la que Dios le da a un niño dos padres es porque entre ambos pueden llegar a ser un buen padre». El niño jamás debe sentir que es una molestia en la vida de los padres.

Mientras trato de cumplir con la fecha de entrega de este libro, nuestra hija menor, Sandy, comienza a estudiar en la escuela de leyes. La noche anterior a su primer día me preguntó si recordaba lo que yo había hecho el primer día de su jardín de infantes.

—Sí, ¡seguí al autobús escolar hasta que llegó allí! —respondí, recordando todo en detalle.

Satisfecha porque lo recordaba, sonrió, y con eso su padre y yo oramos una oración de bendición por su primer día en la escuela de leyes.

A la mañana siguiente, mi esposo salía de la oficina de la iglesia y preguntó si yo trabajaría en mi libro. Aunque conozco la importancia de las fechas de entrega respondí con lo que sabía que el Señor me había asignado: «Hoy voy a la escuela de leyes».

Mi esposo sonrió. Sabía lo que haría, y que esto era lo correcto para el gran emprendimiento de Sandy en la vida.

Esperé a que comenzara la clase de orientación, y luego comenzó mi viaje a otro precioso recuerdo. Fui a su primera sesión. El personal me dejó entrar a la clase compuesta por trescientos estudiantes. Sandy estaba atónita cuando vio a su madre saludándola con orgullo desde el rincón del salón. Puso sus manos sobre las caderas y articuló con su boca las palabras: «¿Por qué?»

La saludé y le contesté de la misma forma: «Porque te amo». Aunque sabía la respuesta, sonrió para confirmarlo una vez más. Esperé en el auto hasta que llegó la hora del almuerzo. Mientras esperaba, llamé a su nuevo esposo para ver si querría sorprender a Sandy con un almuerzo estilo picnic. Respondió con entusiasmo que sí quería, y escribimos otro maravilloso capítulo en la vida de una persona muy importante en nuestras vidas.

## EL AMOR EN LOS TIEMPOS DIFÍCILES

Quizá crea que todos los momentos con nuestros hijos han sido hermosos, sin problemas. Este no es el caso. Hemos derramado muchas lágrimas, ayunado muchos días y orado mucho por sus vidas. Hemos sufrido juntos cada vez que Satanás intentó de diversas maneras tomar la vida de uno de nuestros hijos con alguna carnada dispuesta en su camino. Como madre y padre de cinco hijos, hemos aprendido una gran verdad: el padre solo puede ser tan feliz como su hijo más triste.

> **ÉL DICE...**
>
> Su matrimonio deberá aprender a soportar la adversidad para poder triunfar. Su actitud hacia la adversidad determinará sus logros.

Aunque mi esposo siempre les demostró mucho amor a los niños, también ha sido muy firme para inculcarles la disciplina. Mis hijos llenaron muchos de mis días con diversas formas de conversación y negociación, rogando, negociando conmigo para que no le dijera a su padre las cosas malas que habían realizado ese día.

No solo temían su manera de castigarlos —una fuerte palmada o una restricción de algún tipo— sino que además, no querían defraudar al hombre que los amaba tanto. Recuerdo el llanto que llegaba desde el garaje cuando había alguna penitencia o castigo, lo cual era seguido por el silencio. Al entrar en la habitación, veía a mi esposo hablándoles, abrazándolos y diciéndoles por qué nunca debían volver a hacer aquello por lo que acababan de ser castigados.

La ofensa castigada se repetiría o no dependiendo de cuál fuera el niño que la había cometido. En nuestra camada tenemos una combinación de rápidos aprendices y fuertes voluntades. Sin embargo, no importa cuál fuera la repuesta al castigo, todos estaban de acuerdo en una cosa: que aunque su papá los amaba, no toleraría la mala conducta ni la rebeldía.

## ESTABLEZCA ALGUNAS IMPORTANTES «REGLAS PARA PADRES»

Usted y su esposo deben trabajar juntos para crear una buena familia. Una de las áreas en la que deberán hacer un esfuerzo conjunto es la de las relaciones familiares.

Quizá encuentre de utilidad estas «reglas para padres» que mi esposo y yo seguimos.

**1. Forme un equipo con su esposo: no habrá competencia por el liderazgo sobre los niños.**

Un sábado por la noche cuando Sandy tendría unos seis años, vino a preguntarme si podía hacer algo. Le expliqué por qué no podría y se fue a la cocina, sintiéndose desencantada. Unos quince minutos más tarde, vino a decirme muy orgullosa que su papá le había dado permiso para hacer lo que yo le había negado.

Confundida y molesta, le pedí que me siguiera al estudio de su papá donde él estaba preparándose para el domingo. Como dije antes, es un ritual que él tiene los sábados por la noche, porque se prepara para el sermón del domingo por la mañana. Mis hijos aprendieron desde pequeños que papá fácilmente diría que sí a cualquier cosa los sábados por la noche. Entramos en el estudio de papá y le pregunté si sabía que yo le había dicho que no a Sandy unos minutos antes de que él dijera que sí por la misma cosa.

> **ÉL DICE...**
>
> La sumisión no hace del hombre un «Hitler» del hogar. La sumisión significa que el marido tiene el liderazgo, pero que es un líder amoroso y compasivo que ama a su esposa como Cristo amó a la iglesia.

—Sandy ¿tu mamá ya te había dicho que no? —dijo con firmeza sabiendo que había sido manejado con astucia.

—Sí —respondió ella sin inmutarse.

—Sabes que no debes venir a mí para algo que tu madre ya te negó —la amonestó.

—Sí, lo sé. ¡Pero tengo una pregunta para esta familia!

Entonces, mi futura abogada preguntó con toda pasión:

—¿Quién manda en esta casa?

Nuestros hijos sabían la respuesta: *ambos mandábamos*. Juntos, con la ayuda y la guía del Señor, tomaríamos decisiones que enseñarían a nuestros hijos qué camino tomar.

**2. Establezca objetivos para su familia y manténgalos. Haga lo mejor que pueda para ayudar a sus hijos a cumplir estos objetivos.**

Hace poco mi esposo y yo celebramos la obtención de uno de los objetivos más importantes establecidos para nuestros hijos y para nosotros mismos hace años. Decidimos que cada uno de ellos pudiera tener educación universitaria. Al ver a nuestra hija menor graduándose, dimos gracias al Señor por proveer los recursos que nos permitieron dar una educación a todos nuestros hijos. No solo Dios había provisto los recursos, sino que además les dio a ellos la fuerza de voluntad y la tenacidad para cumplir con este valioso objetivo que habíamos propuesto para ellos.

No les dimos opción. Debían obtener un título universitario. Algunos recibieron la revelación de la importancia de estar preparados para la vida antes que otros, pero al final todos vieron la luz. Cuando sus hijos flaquean en sus decisiones con respecto al objetivo final, siga firme junto a su esposo para ser la fuerza que les falta ante la tentación de buscar el camino fácil.

**3. Ore a diario con su esposo por sus hijos.**

Sé que a veces es difícil de cumplir porque hay hombres que encuentran dificultades para orar con sus esposas. Le pido que establezca un momento del día o de la noche para pedirle a su esposo que ore con usted por los hijos. Sé que pocas veces se negará si usted lo hace en el espíritu que corresponde. Si se niega, no faltará mucho tiempo antes de que el Señor lo convenza de la importancia del poder que hay en la oración conjunta.

**4. Bendiga a sus hijos y a su esposo cada día.**

Cuando mi esposo sale de la casa, digo una oración de bendición por él. No solo necesita esta oración sino también el apoyo de quien le ama y vive con él, cubriéndolo con un manto de bendición en su vida.

Practique esto. Luego, juntos, bendigan a sus hijos. Nunca dejo que mis hijos salgan de viaje sin orar una oración de bendición y protección por ellos. Creo que Dios está esperando que usted y su esposo digan estas oraciones por sus hijos. Si no lo hacen ustedes, ¿quién lo haría?

**5. Ore por los cónyuges de sus hijos desde su más temprana edad.**
Tenía una lista tan larga de pedidos sobre los cónyuges de mis hijos que la oración era demasiado larga y se concentraba más en las características que en la persona. Dios me ayudó a acortar mi oración para que fuera potente y efectiva. Aprendí a orar: «Padre, el esposo o la esposa de mis hijas e hijos vive en algún lugar de este mundo. Mantenlo [a él o a ella] a salvo y puro en tanto le guías hacia la vida de mi hijo o hija. Tráele la persona cuyo amor hacia él o ella secunde solo su amor a Cristo. Que te sirvan juntos por el resto de sus vidas».

Habrá lectores que piensen que sus hijos ya han dejado la casa y que es demasiado tarde para aprender algunas de estas verdades para su familia. Ante todo, sepa y crea que nunca es tarde para comenzar a orar y bendecir a sus hijos. Comience hoy.

Segundo, no olvide a sus nietos. Aunque no tenga la misma influencia que tienen sus padres sobre ellos, sí tiene impacto en sus vidas. Rebbetzin Jungreis aplica los escritos de Salomón: «Cordón de tres dobleces no se rompe pronto» (Eclesiastés 4:12) a la familia compuesta de tres generaciones. Rebbetzin destaca la importancia de que los niños oigan las historias de sus abuelos, regodeándose en su amor y obteniendo el beneficio de su preciosa sabiduría, a partir de experiencias que les nutren y que no tienen parangón.[1] Ni siquiera la tumba puede separar a los abuelos de los nietos cuando su relación está basada en el amor incondicional.

Mi abuela paterna siempre me demostró amor incondicional. Murió cuando yo tenía solo quince años, pero mis recuerdos de ella y su amor constante siguen vivos en mí y tienen el mismo valor hoy, a mis cincuenta y dos años. Recuerdo su sonrisa cálida y sus abrazos. Recuerdo los muchos sacrificios que hacía por sus nietos, a quienes adoraba. Recuerdo los momentos pasados en su casa. No tenía aire acondicionado, y el calor sofocante de las noches de Texas nos hacía sentir que estábamos derritiéndonos. Recuerdo despertar en medio de la noche y encontrarla parada junto a nosotros, abanicándonos hasta asegurarse de que estuviéramos cómodos.

En el mes de marzo, cuando cumplí quince años, me dio un hermoso anillo de oro con una perla rodeada de ocho pequeños diamantes.

Al ponérmelo en el dedo dijo que simbolizaba su amor por mí. Murió en octubre de ese mismo año. Mucho después de que ella llegara al cielo, sigo viendo ese anillo y recuerdo su amor por mí, un amor que ni siquiera la muerte pudo acabar. Instintivamente conocía el valor del anillo que me regaló. No era ciudadana naturalizada y trabajaba en una fábrica de ropa como costurera. Todas las mañanas se vestía con sus mejores ropas y caminaba hasta la parada del ómnibus que le llevaría a su largo y tedioso día de trabajo. Durante años ahorró para regalarle este precioso anillo a su nieta mayor. Es una de las cosas que más atesoro, y siempre representará el amor incondicional que ella sentía por mí.

Quiero ser ese tipo de abuela. Una abuela que ame a sus nietos como regalos preciosos del cielo, que es lo que son. Una abuela que les aliente a ser todo lo que puedan ser en su Creador. Una abuela que les muestre el amor de Cristo cada vez que entren por la puerta de nuestro hogar.

## Consejos para él

Deuteronomio 32:7 dice: «Acuérdate de los tiempos antiguos, considera los años de muchas generaciones; pregunta a tu padre, y él te declarará; a tus ancianos, y ellos te dirán».

Como padre debe recordar los días del pasado que le dieron el mayor placer en su niñez. Es posible que hubiera muchas cosas que sus padres no pudieran comprarle, pero sí le han dado mucho amor y tiempo. Entregue ese legado a sus hijos en abundancia.

Si sus padres no le dieron estos dos valiosos regalos, no dude en romper con el dolor del pasado y comenzar nuevas tradiciones de amor y afecto con su familia. Esta decisión tendrá que hacerla con ayuda de Dios, y si la hace, romperá maldiciones generacionales que impidieron que su familia obtuviera las bendiciones que Él tiene pensadas para usted.

*Muéstreles* a sus hijos el camino a seguir. Si quiere que sean honestos y sinceros, deben ver cómo se ve y cómo actúa un hombre honesto y sincero. Si les exige respeto, muestre respeto a los que lo rodean y seguirán su ejemplo. Si quiere que sus matrimonios sean fuertes, muestre amor por su madre en su presencia, que es el mejor entrenamiento que puede darles. Si quiere que honren al Señor en la vida y en el dar porque sabe que esto bendecirá sus vidas, llévelos a la casa del Señor y que vean que usted da al Señor la décima parte de los recursos que Él le provee.

Hay una historia de un niñito que subía una montaña con su padre. El hombre le advirtió que tuviera cuidado mientras subía detrás de él. El niño respondió: «No te preocupes, papá. Estoy pisando sobre tus huellas. Estaré bien». El camino que le muestre a sus hijos es el camino que ellos seguirán.

Si es usted abuelo o abuela, dígales a sus nietos el amor que siente por ellos. Dígaselos con frecuencia. Permita que el amor y las historias que les cuenta sean parte del legado que les deje.

## *De la Dra. Anne*

Si como mujeres realmente queremos un «hombre de familia» debemos hacer nuestra parte para establecer el entorno que permita que se forme este vínculo. Solo cuando el hogar es la prioridad para cada uno de los miembros de la familia querrán estar presentes en el hogar. Si hay caos, peleas y fricción, su esposo encontrará motivos para trabajar hasta tarde, para practicar deportes o estar ausente. No lo culpe. Usted también escaparía a una situación como esa.

El hogar debe ser el lugar que cubre las necesidades de la familia, un lugar de paz, seguridad, respeto y armonía. ¿Qué hace falta para que esto suceda? Hay temas claves que deben tratarse en cada hogar.

Mujer cristiana, ¿es su casa una casa o un hogar? ¿Los miembros de su familia solo llegan para cambiarse de ropa y dormir? Cuando su esposo quiere estar con su familia, ¿tiene que estar buscándolos para reunirlos para poder verlos a todos a la vez? Cuando están todos juntos, ¿es un momento de gozo o un momento para resolver problemas? ¿Discuten sus hijos y compiten por su atención por encima del ruido de la televisión? ¿Están todos mirando el reloj para ver cuándo pueden irse por caminos separados? ¿Es la televisión la música de fondo de sus vidas?

Si las últimas frases representan su vida, es hora de cambiar las prioridades. Aliente y refuerce los valores familiares, y si es necesario, ejercite a su familia para que hagan de su hogar su punto de encuentro, su oasis, su santuario. El hogar debe ser el lugar donde cada uno se sienta amado y valorado. Cuando el hogar y la familia son consuelo y lugar de paz, todos quieren estar allí.

¡Comience por apagar la televisión! Después del primer momento de la separación, la vida será mucho mejor. Sepa que la tendencia a la adicción a los medios de difusión siempre será una tentación ¡Diga que no, nada más! Se sorprenderá al ver que la familia está más contenta cuando no está expuesta al mercadeo de los medios. Su hogar será la bendición que Dios quiere que sea.

Luego, cuando su esposo regrese por las noches, diga tres cosas positivas antes de descargar los problemas de su día. Diga primero: «Hola, amor», «Qué tal, cielo», «Bienvenido a casa» o algo similar. En segundo lugar: «Me alegro de que hayas llegado bien», o «Te extrañé, espero que hayas tenido un buen día», o «Te amo».

En tercer lugar, encuentre al menos una cosa positiva que haya ocurrido en el día. Si lo piensa, ¡seguro encontrará algo! Por ejemplo: «Sara no afeitó al gato entero porque tu máquina de afeitar perdió el filo», o «Solo echó la mitad del rollo de papel higiénico en el inodoro, porque se tapó la cañería», o «Las notas de Juanito no fueron las peores de su clase».

Su esposo se preguntará quizá quién es esta nueva esposa, pero esté segura de que le gustará el cambio. Tendrá los deseos de su corazón: un hombre de familia que disfruta del hogar que comparte con la esposa e hijos que Dios le dio.

## ORACIONES DE CIERRE

¡En este capítulo quise mostrarle las características de un hombre de familia de Dios, ofreciéndole vistazos de nuestra propia vida familiar, y algunas demostraciones de amor y apoyo de mi marido hacia sus hijos. En la Biblia hay muchos ejemplos de padres según el corazón de Dios. Un ejemplo viene del apóstol Pablo, el padre espiritual de muchos cristianos del siglo primero. En 1 Corintios 11:1 dice que aprendió de Cristo mismo. No podremos encontrar mejor ejemplo de cómo ser padres amorosos que el ejemplo de Cristo. En 1 Tesalonicenses 2:11-12 Pablo nos indica: «Sabéis de qué modo, como el padre a sus hijos, exhortábamos y consolábamos a cada uno de vosotros, y os encargábamos que anduvieseis como es digno de Dios, que os llamó a su reino y gloria». Pídale a Dios que le ayude a ser así con sus hijos, sea usted madre o padre.

## ORACIÓN DE ARREPENTIMIENTO

*Padre Dios, perdóname por no seguir tu guía al preparar mi hogar para mi esposo y mis hijos. Como Padre celestial, siempre tienes tiempo para mí y oyes mi clamor cuando estoy necesitada. No siempre me he entregado a mi esposo e hijos como debiera. He permitido que las exigencias y expectativas de otros me robaran el tiempo. Me he ocupado con cosas triviales que no tienen ingerencia eterna.*

*No he alentado a nuestros hijos a establecer la expectativa de que el hogar es donde se pasa el mejor tiempo de calidad. He permitido que el modelo de mi familia siguiera al del mundo, y no al de tu Palabra. He permitido que las expectativas que tú tienes para mi esposo, mis hijos y para mí, disminuyeran. Me arrepiento y cambiaré mi forma de actuar.*

*Dirigiré la atmósfera de nuestro hogar para que sea de aliento y afecto para mi esposo y mis hijos. Reconozco que no he ayudado continuamente a crear el ambiente que le permita a mi esposo ser el hombre de familia que tú quieres que sea. Te pido perdón por las veces que usurpé su autoridad con los hijos. Perdóname por no mostrar honor o respeto por mi esposo ante mi familia. Le pediré perdón a él y a nuestros hijos, y haré todo lo que pueda con tu ayuda para crear un hogar de paz, gozo y amor a Dios.*

*Como mujer soltera, perdóname por salir con hombres que sé que no son de familia. No los puedo hacer cambiar; solo tú puedes hacerlo. Veré y esperaré por el hombre que sé que te honrará a ti y a tu Palabra, y que será un padre para los hijos que nos des según tu voluntad. Amén.*

## ORACIÓN POR UN NUEVO COMIENZO

*Precioso Jesús, reconozco tu generosidad y tus bendiciones para mi familia. Padre Dios, tú estableciste la familia y la consideras como lo más elevado. Gracias por la oportunidad de guiar e influenciar a mi familia en obediencia a tu Palabra y tu voluntad. Nuestro hogar será algo que te enorgullecerá, un lugar de paz, consuelo y amor. Sabrás que eres bienvenido en mi hogar, siempre.*

*Mi esposo se enorgullecerá de nuestro hogar, y querrá estar con nosotros. Disfrutará de mi compañía y yo de la suya por encima de la de cualquier amigo. Oraré bendición por mi esposo y por mis hijos cada día. Me uniré a él para que seamos los padres que tú quieres que seamos. Juntos guiaremos a nuestros hijos en el camino que señalas.*

*Tus caminos son los caminos más altos. El amor, la restauración, la misericordia y la gracia serán las palabras que estén escritas sobre la entrada de nuestro hogar, y todo quien entre sabrá que tú reinas allí. Tu presencia siempre será honrada en nuestro hogar. Amén.*

*Porque si alguno no provee para los suyos, y mayormente para los de su casa, ha negado la fe, y es peor que un incrédulo.*

—1 TIMOTEO 5:8

*El corazón de su marido está en ella confiado, y no carecerá de ganancias. Le da ella bien y no mal todos los días de su vida.*

—PROVERBIOS 31:11-12

El humanismo secular es la religión universal del mundo, y como toda otra religión, tiene mandamientos. El primer mandamiento es: «Cuida de ti mismo porque nadie más lo hará». Cuando el egocentrismo ocupa el primer asiento, no pasa mucho tiempo antes de que el mundo se encoja y cada persona se preocupe solo por lo que sucede alrededor de sí, en su propio mundo.

La forma de vida egocéntrica nace de la inmadurez. Las personas egocéntricas son como niños pequeños que se preocupan solo por sus propios deseos y necesidades. La mentalidad «yo primero» es contraria a los principios de cristianismo. La verdadera madurez solo podrá desarrollarse cuando nuestras vidas giran en torno a los demás, no a nosotros mismos. La madurez significa un crecimiento en nuestra conciencia de los demás y del mundo que nos rodea. Si se preocupa menos por sus propias necesidades y más por el bienestar de otros demostrará madurez plena, humana y espiritual.

Desdichadamente, a veces nuestro crecimiento en madurez se detiene a medio camino. Hay personas que llegan a la adultez sin vivir una transición plena de la vida centrada en sí mismos hacia la vida centrada en los demás.

## MADURE PRIMERO Y LUEGO CÁSESE

El matrimonio es para adultos. La madurez es un requisito que a menudo se pasa por alto cuando elegimos pareja. Las perturbaciones mentales, en asociación con la mentalidad egocéntrica de la teología humanista, traerán pena y problemas a cualquier matrimonio. El hombre que no es del todo maduro en esta área de la vida no está listo para el compromiso y la responsabilidad del matrimonio. En cambio, un hombre centrado en Cristo podrá servir a su cónyuge y sus niños sin egoísmo.[1]

Mientras asistía a la universidad, una compañera mía estaba saliendo con un muchacho que era la estrella deportiva del momento. Formaban una pareja atractiva. Con sus bellos ojos castaños y su adorable sonrisa, ella se veía hermosa, en tanto que él con sus músculos y su aspecto apuesto complementaba su belleza. Todo parecía perfecto.

Sin embargo, pronto fue obvio que todo era «demasiado bueno como para ser real». Él siempre estaba «corto de dinero», y lo poco que lograba obtener de su acaudalada familia se gastaba rápidamente en «sus necesidades». Casi siempre pagaban cada uno lo suyo, y mi amiga muchas veces debió cubrir los gastos de la salida porque él, una vez más, estaba «corto de dinero». «Te lo compensaré luego», prometía siempre. ¡Pero qué genial se veía con sus nuevos Wranglers!

Mi amiga diría hoy sin ambages que en ese momento sus prioridades no estaba del todo bien al haber elegido con quién salir. Recuerde esta regla simple: *Al final, uno se casa con quien es su novio.* ¡Oh! Puede sonar demasiado obvio, pero no tiene usted idea de cuántas mujeres me dicen cuando como esposa de su pastor cuestiono su elección: «Solo estamos saliendo». Tienen una lista de requisitos para su futuro esposo, pero ninguno para los hombres con los que salen.

¿Qué significa «solo saliendo»? Por lo general es: «Solo salgo con esta persona para llenar mi fin de semana». Sin embargo, muchas veces estas personas «de relleno» terminan llenando la vida de una mujer con tristeza y peleas.

El joven con quien estaba saliendo mi amiga no solo no proveía para ella económicamente durante sus paseos, sino que además tampoco satisfacía sus necesidades emocionales. La persona egocéntrica está demasiado preocupada con sus propias necesidades, y sufre de ceguera ante las necesidades de los demás.

La inmadurez siempre consumirá más de lo que produce, tanto económica como emocionalmente. El hombre inmaduro llevará esta misma filosofía a la relación matrimonial, creando un cimiento débil que pronto se derrumbará ante las presiones de la vida.

Más adelante en la vida de mi amiga, el Señor le trajo el hombre que Él había elegido para ella desde el principio de los tiempos. Dan había terminado sus estudios y había elegido la carrera de médico. A poco de conocerse, salieron a cenar a un restaurante local y al teatro a escuchar un concierto. Mi amiga se sentía como una reina... como debe ser.

Su relación floreció y pronto los llevó al altar. En ese momento de la vida mi amiga aún no buscaba seguridad económica en una relación; lo que necesitaba era a alguien que complementara su propia persona: en el aspecto espiritual, el emocional, físico y económico. En realidad, después de casados fue ella quien sostenía el hogar económicamente mientras su esposo terminaba su residencia en obstetricia. Ella se sentía feliz de cumplir ese rol porque su esposo cubría sus necesidades emocionales, físicas y espirituales. Eran un equipo.

Dan ha sido un excelente esposo y padre para mi amiga y sus hijos. Ha provisto para ellos de muchas maneras, y les enseña a sus hijos cómo bastarse por sí mismos.

**ÉL DICE...**

Le pregunté a una bella joven que acababa de graduarse y estaba en mi oficina hablando del «matrimonio perfecto» que esperaba tener: —¿Qué tipo de hombre querrías como esposo? Respondió con entusiasmo: —Quiero un esposo que sepa bailar, que sea apuesto y a quien le gusten mis comidas. —Eso está muy bien —respondí—. Acabas de describir a Trigger (el caballo de Roy Rogers).

## DIOS DICE: «PROVEE PARA TU FAMILIA»

La Palabra de Dios es muy clara en su posición con respecto al hombre que puede —pero no quiere— proveer para su familia. Dice que él «ha negado la fe» (ver 1 Timoteo 5:8). Amigos, este es un cargo muy grave. Nuestra fe es la piedra fundamental de nuestro ser. Es la fuente de nuestra relación con nuestro Salvador. Ser acusado por Dios de «negar la fe» es mucho más grave de lo que podemos imaginar. En este versículo de las Escrituras el Señor sigue describiendo a tal hombre como «peor que un incrédulo». ¿Por qué? Porque el incrédulo no conoce la Palabra de Dios ni lo que Dios espera de él, así que no ha negado la fe.

No es posible negar algo a menos que se haya afirmado antes. Por eso, el hombre que «niega la fe» es el que sabe qué es lo que Dios espera de él pero se niega a hacerlo, apartando su mirada de la voluntad de Dios para su vida. Según Dios, ese hombre es peor que aquel que nunca creyó.

En su libro *His Needs, Her Needs* [Lo que él necesita; lo que ella necesita] el Dr. Willard Harley afirma de manera clara lo que resultó de su investigación en el área de las necesidades económicas del hombre y la mujer. Dice que una mujer quizá no se case con un hombre totalmente por su dinero, pero que por cierto, el dinero tiene que ver con la elección del hombre con quien decide casarse. La mayoría de las mujeres no solo esperan que sus maridos trabajen, sino que además esperan que ganen lo suficiente como para cuidar de su familia.[2]

Vengo de una familia con una férrea ética del trabajo. Mis dos abuelas trabajaban muy duro fuera de la casa. Una de ellas, como dije anteriormente, era costurera, y la otra fue mucama hasta que cumplió más de setenta años.

Mi padre era camionero, y cuando nací transportaba productos alimenticios por todo el país. Luego trabajó doble turno como empleado público en el área de la computación. Al final llegó a ser dueño de una compañía de alimentos y de un restaurante, con mucho éxito. Hace poco fue a una entrevista para obtener un nuevo empleo, ¡y lo obtuvo a los setenta y un años!

Cuando tenía trece años mi madre trabajaba como mesera para ayudar a su familia y poder asistir a una escuela privada. Se casó con mi padre y estuvo en casa mientras criaba a sus hijos. Trabajó a su lado en el negocio de alimentos y el restaurante. Hoy tiene setenta y dos años y sirve en los Ministerios John Hagee en el departamento de envíos, trabajando con hombres jóvenes que tienen un tercio de su edad. Ella ora con fidelidad por cada paquete que sale de nuestro ministerio.

Mi suegro trabajó todos los días de su vida. Trabajó como marino mercante para Standard Oil durante la depresión. Sirvió al Señor en el ministerio durante cincuenta y tres años como pastor y evangelista. Luego de jubilarse, él y mi suegra administraron el parque para casas rodantes que habían construido veinte años antes con anticipación a su jubilación. Mi suegro administró y mantuvo ese parque hasta que falleció a los setenta y ocho años.

Mi suegra comenzó a cuidar a sus hermanos menores cuando tenía nueve años, y luego asistió al seminario, pagando sus estudios con lo que ganaba enseñando en la misma escuela en la que había estudiado. Trabajó incansablemente junto a su esposo durante cincuenta y tres años. Durante esos años cubrió diversos puestos, sirviendo a veces como líder del ministerio de mujeres, como directora de los niños, como directora de los desfiles de Navidad y Pascuas, como diseñadora y costurera de disfraces, como organista y maestra de la Escuela Dominical. Cantaba y tocaba el acordeón junto a su marido y sus hijos durante sus épocas de evangelizadores, y era una de las guerreras de la oración más fervientes que haya tenido el privilegio de conocer. Hizo todo esto mientras cuidaba de su esposo y de sus cuatro hijos varones.

Luego de retirarse del ministerio comenzó a trabajar en la cafetería de una escuela local hasta los setenta y cinco años, y hace poco, a los noventa y un años, entregó la responsabilidad de la administración del parque de casas rodantes a su hijo Jack. Debo agregar que sigue siendo consultora, con un salario.

Mi esposo trabaja entre catorce y dieciséis horas al día, y lo ha hecho desde que tenía doce años. Les ha enseñado a nuestros hijos la misma ética de trabajo, un legado que a su vez pasarán a sus hijos.

Mi familia siempre aceptó el trabajo como parte necesaria de la vida, y agradece la oportunidad de poder cumplir con una jornada laboral. Por eso, encuentro difícil identificarme con el hombre que se niega a trabajar y proveer para su familia. Muchas veces oigo a hombres desempleados que dicen: «Estoy esperando el empleo adecuado», o «Estoy capacitado en tal área, y busco una oportunidad en lo que sé hacer». No espere. Ríndase. Ríndase ante lo que el Señor le ha puesto delante. A veces las decisiones más difíciles requieren de humildad y obediencia antes de que llegue la provisión. Aprenda a rendirse a la voz de Dios.

*Por nada estéis afanosos, sino sean conocidas vuestras peticiones delante de Dios en toda oración y ruego, con acción de gracias.*
—FILIPENSES 4:6

No hay alternativa para el trabajo. La posición del Creador es muy clara: ¡No abandone la fe! Proteja a su familia y provea para ellos.

## LA IMPORTANCIA DEL DIEZMO PARA DIOS

Debo llevar el tema de la provisión económica un paso más allá, al aspecto del diezmo. Ministro a muchas esposas atormentadas por el hecho de que sus maridos se niegan a devolverle al Señor la décima parte de lo que el Proveedor les permite ganar.

El hombre que rechaza el principio del diezmo no puede entender los sentimientos de la mujer que cree y confía en la Palabra de Dios con respecto a la prosperidad.

Ella sabe que el Señor pide el diezmo. Sabe que Él proveerá bendiciones a quienes obedezcan al Señor con su diezmo. Sabe que el Señor promete devorar a los enemigos de su familia cuando esta es obediente en el diezmo. Sabe que cuando su familia trae el diezmo al granero del

Señor, Él no permitirá que el fruto de la labor de los miembros de su familia sea destruido. Ella sabe.

Sin embargo, su marido se niega a dar el diezmo. Cuando una mujer de la iglesia Cornerstone me pregunta cuáles son sus alternativas ante esta situación, debo decirle que basándonos en la Palabra de Dios no hay muchas opciones. Ella debe obedecer la decisión de su esposo. Si es mujer de Dios y conoce la Palabra, sabe que esta nos enseña cuál será el resultado de la decisión de su esposo. Y saber esto la atormenta.

Si se encuentra en la posición de estar casada con un hombre que no le quiere dar al Señor su diezmo, deberá esperar a que el Él convenza a su esposo de la necesidad de ser obediente a la Palabra de Dios. Espere a que su esposo rechace la oscuridad de su decisión y abrace la luz, rindiéndose en plenitud a las cosas de Dios. Es una posición muy difícil, y hay cientos de miles de familiar que no están siendo bendecidas en todo su potencial por su falta de obediencia con respecto al diezmo.

Es una pregunta que habrá que aclarar antes de la boda. Averigüe exactamente qué piensa su esposo, entonces deberá obedecerlo, orar y esperar. No discuta por la falta de obediencia de él. Usted, como esposa, también debe aprender a rendirse al Espíritu Santo y esperar su tiempo.

## ¿QUÉ HAY DE LA MUJER QUE GASTA DEMASIADO?

Ahora, ¿qué hay de la mujer que tiene un marido que trabaja duro para su familia pero que nunca puede cubrir sus necesidades por completo porque ella gasta demasiado? ¿Qué dice la Palabra de Dios al respecto?

Muchas veces se cuentan chistes sobre los hombres y las mujeres que están en esta situación. ¿Ha oído el que habla de los hombres que tienen las orejas perforadas y llevan aretes? Parecen estar mejor equipados para el matrimonio, porque ya han experimentado el dolor y están acostumbrados a comprar joyas.[3]

Parte de lo que contribuye al problema de la deuda en los Estados Unidos es la exigencia de la sociedad que busca *gratificación instantánea*.

Vivimos en una sociedad en la que la gratificación instantánea tarda demasiado. Un hombre y una mujer se casan y al instante quieren lo que a sus padres les llevó años conseguir. Esta pareja jamás vio los cajones de manzana que usaron sus padres, ni las sillas de segunda mano que les regalaban sus amigos y vecinos. La *Generación X* perpetúa lo que comenzó la *Generación de los Baby Boomers* (aquellos nacidos entre 1946 y 1964), la cual está intentando duplicar lo que a la *Generación de los Grandes* le llevó años construir.

La Generación de los Grandes sobrevivió a la Depresión, y lo hizo sin endeudarse. La siguiente generación inventó la palabra *deuda*. Esta palabra les suena tan conocida a los niños de doce años hoy, que tienen tarjetas de crédito en lugar de llevar efectivo. Las dos causas más frecuentes de divorcio son los temas de índole sexual y los problemas económicos. Ambos tienen su origen en algo más profundo de lo que se manifiesta a simple vista.

Como mujer será responsable de ayudar a su esposo a mantener el orden económico en su matrimonio. Su esposo ha de poder tener absoluta confianza en usted, y no ha de faltarle «nada de valor» porque administrará el presupuesto del hogar de manera eficiente (Proverbios 31:11-12).

> **ÉL DICE...**
>
> No permita que su matrimonio se vea destruido por su incapacidad de controlar sus gastos.

Muchas mujeres administran la chequera del hogar y permiten tales desarreglos que luego no saben cuál es su estado financiero. Están tan fuera de control que ni siquiera utilizan el estado de cuenta para decidir cómo gastar el dinero. En cambio, permiten que el límite máximo de sus tarjetas de crédito disponga del presupuesto. Satanás las ha atrapado.

¿Qué hacer? ¡Detenerse! ¡Ahora mismo! ¡Arrepentirse! Reconocer que ha obrado mal, y decidir que con ayuda del Señor establecerá un plan de gastos que ayude a su familia a salir de la deuda... ¡para nunca volver a ella!

El plan de gastos es «un bien necesario». Si es mujer y se tienta a menudo con cosas que sus ingresos no pueden costear, un presupuesto le ayudará a descubrir el costo real de la calidad de vida que le gusta y quiere tener.

Mientras era estudiante tenía una amiga muy especial que venía del sur del país. Provenía de una larga línea familiar de *magnolias de acero*. Conoció a un joven muy conservador de Inglaterra y se casó con él. ¡Oh! ¡Qué linda pareja! Un día, después de que se hubieran mudado fuera de la ciudad y regresado al pueblo sureño de donde provenía mi amiga, me dijo un tanto frustrada:

—Estoy muy enojada con mi esposo —el acento sureño se había incrementado desde su regreso a casa—. ¡No juega limpio!

—¿Qué quieres decir? —le pregunté.

Me explicó que le había pedido a su esposo que le comprara un electrodoméstico para la cocina que estaba fuera de su presupuesto. En lugar de reconocer que su pedido iba más allá de lo que podían comprar, él se quitó el problema de encima preguntando: «¿Cuán preciado es para ti?»

Para decir lo menos, fue una pregunta injusta. Mi amiga vio que su deseo tenía poco valor cuando lo miraba desde la perspectiva de su presupuesto. Sin importar cuánto lo deseaba, el tema se resolvió... ¡no comprando el aparato!

## LA IMPORTANCIA DE UN PRESUPUESTO

El Dr. Harley recomienda tres tipos de presupuestos: el de lo necesario, el de lo deseado, y el de lo accesible.[4]

El presupuesto de lo necesario debe incluir los costos mensuales de las necesidades de la vida familiar. Incluirá las cosas sin las cuales estarían incómodos.

El presupuesto de lo deseado debe incluir los costos mensuales de sus necesidades y deseos. Las cosas que desean o quieren, que traen placer especial a su vida. Dentro de lo razonable, claro.

Para poder hacer cambios positivos y duraderos en su plan de gastos es importante ser realista. El presupuesto de lo necesario comienza cuando el hombre se acerca a la esposa y le pide que juntos elaboren un presupuesto: «Comencemos por las necesidades básicas: comida, techo y vestido. Elige dos».

El presupuesto de lo deseado se confecciona cuando su esposa le responde entregándole una «Lista de cosas que queremos». Sin embargo, esta lista no deberá incluir visitas semanales al gimnasio en una limosina con chofer.

Luego, pasaremos al presupuesto de lo accesible. Esta lista realista se establece sustrayendo los aspectos en la lista de lo necesario del ingreso familiar. Lo que queda se podrá aplicar a algunos de los puntos en la lista de lo deseado. Esto le ayudará a definir cuán preciado es lo que desea. Al final, aprenderá a decidir cuántas de estas cosas podrá incluir en el presupuesto, basándose en el dinero que queda después de cubrir las necesidades.[5]

Recuerde esta regla. Pocas veces encontrará algo tan divertido de tener como el deseo de tener algo.[6]

La vida es más que deseos. No cometa el error de hacer siempre de sus deseos sus metas. A medida que consigue deseo tras deseos, estos se convertirán en sus ídolos y descubrirá que conseguir lo que desea no le produce satisfacción alguna. La satisfacción nunca será encontrada.

Descubrirá que el equilibrio entre la provisión económica y la emocional, física y espiritual, no existen.

Cuando esto sucede, el marido y la mujer van separándose, consumidos por sus deseos individuales. Los niños reciben solo lo residual del tiempo y el afecto de sus padres. Estos padres de la «autogratificación» estarán siempre ocupándose de cubrir sus deseos primero, esperando que sus hijos se beneficien.[7]

## EL SEÑOR PROVEE EL EQUILIBRO EN SU PRESUPUESTO

Apóyense mutuamente mientras cumplen el plan de gastos que han acordado. No creen tensión o conflictos innecesarios en su matrimonio. Estén satisfechos con su plan de gastos y establezcan metas para el futuro que les ayuden a construir un matrimonio fuerte y un ejemplo para que los niños sigan en sus propias vidas.

Pídale a su esposo que le perdone sus malos hábitos de gastar dinero que han causado deudas para la familia. Pídale que se una a usted en oración, para que ya no gaste demasiado ni utilice el dinero como placebo para evitar enfrentarse con los temas emocionales que estén molestándola.

Puede ser que descubra que necesita entregar el control del presupuesto familiar a su esposo, o al menos llegar a un acuerdo mutuo antes de gastar dinero fuera del plan de gastos. Quizá le cueste delegar el control al principio, pero será mucho más fácil que reunir los pedazos de un matrimonio destruido.

Agradezca a su marido a menudo por proveer para usted y su familia. Es difícil ir a trabajar día tras día, enfrentando los conflictos o viviendo en un ambiente de no creyentes. Hágale saber que aprecia mucho su sacrificio.

Al momento en que salga de la casa, bendígalo con protección, sabiduría y discernimiento para realizar su trabajo. Se sorprenderá ante lo que la Palabra de Dios en sus labios puede hacer cuando la proclama para su esposo a diario.

> **ÉL DICE...**
>
> Cuando menos sintamos la paz interior, tanto más querremos símbolos materiales, como una casa más grande, un auto más veloz, un bote más grande o un salario mejor para satisfacer nuestra sed de felicidad.

Apoye a su esposo en el diezmo. Enseñe desde temprano a sus niños la importancia de dar a Dios una porción de lo que Él tan generosamente les permite producir. Sepa que cuando obedecemos al Señor y escuchamos su voz, Él derrama sobre nosotros abundante bendición.

*Traed todos los diezmos al alfolí y haya alimento en mi casa; y probadme ahora en esto, dice Jehová de los ejércitos, si no os abriré las ventanas de los cielos, y derramaré sobre vosotros bendición hasta que sobreabunde.*

—MALAQUÍAS 3:10

Esta porción de las Escrituras es el único lugar en la Palabra de Dios donde Él le pide a su pueblo que le ponga a prueba. Cuando le damos al Señor su porción, Él bendecirá lo que nos queda y lo multiplicará, proveyendo más allá de lo que podemos imaginar. ¡Prepárese para Sus bendiciones, porque nuestro Dios es fiel!

## Consejos para él

Debe aceptar la verdad de que no hay más opción que proveer para su familia. Si le cuesta pasar de la vida «centrada en mí» a la vida «centrada en los demás», actúe para corregir su actitud.

1. *Identifique el problema.* Es natural que todos sintamos cierto interés en nosotros mismos. Pero si este interés le impide proveer para su esposa física, emocional, espiritual o económicamente, deberá identificar el problema y solucionarlo.

2. *Confíe en la gracia de Dios.* Su Creador jamás le revelará a usted su pecado, ni lo condenará, sin proveer la medida de gracia necesaria para que cambie lo que Él quiere que cambie.[8]

3. *Comunique.* Su cónyuge ha estado orando por un cambio en su matrimonio, en especial por la actitud que tiene usted con respecto a la provisión. Dígale que sus vidas serán diferentes desde hoy, y que juntos pueden lograr un impacto positivo en su relación.

4. *Actúe.* La Palabra de Dios nos dice: «Escribe la visión, y declárala en tablas» (Habacuc 2:2). Es importante cumplir con el «plan de provisión» que han establecido, usando las Escrituras como guía. El Señor es fiel, y le mostrará cómo proveer para su esposa y sus hijos espiritual, emocional, física y económicamente. Sea paciente y confíe en que su plan se cumplirá con su dedicación y la ayuda de Dios.

5. *Tenga compasión.* Su familia ha sufrido a causa de su desobediencia a la Palabra de Dios. Han visto que alguien a quien aman no recibe bendición a causa de su

desobediencia. Sepa ponerse en el lugar de ellos para entender el difícil camino que han andado con usted. Esto le ayudará a avanzar en su camino de recuperación.

La provisión tiene diferentes formas. Aunque la provisión económica es muy importante, la física, la emocional y la espiritual también lo son. La esencia de la provisión es dar a otros lo que le ha sido dado a usted por el Padre celestial: amor incondicional.

Charles Spurgeon contó la siguiente historia: «En cierta ocasión, mientras cabalgaba por el campo, vi sobre el granero de un campesino una veleta en la que estaban escritas las palabras "Dios es amor". Me dirigí a la puerta de entrada y le pregunté al granjero: ¿Qué quiere decir con eso? ¿Piensa que el amor de Dios es inconstante, que cambia tanto como lo hace la flecha en el viento?" El campesino contestó: "¡Oh, no! Esto significa que sin importar de dónde sople el viento, Dios sigue siendo amor"».9

*Respondió Jesús y le dijo: El que me ama, mi palabra guardará; y mi Padre le amará, y vendremos a él, y haremos morada con él.*

—JUAN 14:23

## De la Dra. Anne

Durante mis años de consejería he descubierto que la seguridad en todos sus niveles es lo que más desean las mujeres. Quizá disfracen esta necesidad de diferentes maneras, pero siempre se trata de la seguridad. Dios nos hizo así, y proveyó para cubrir nuestras necesidades definiendo los roles del hombre y la mujer como lo hizo en su Palabra.

Es importante que sepa hacerle sentir a su esposo que lo necesita. El hombre que no se siente necesario no proveerá. Si usted es tan independiente como para no necesitar de su marido, ¿le extraña el hecho de que no sean felices? Quizá él se pregunta para qué sigue teniéndolo a su lado. Si no muestra satisfacción y aprecio por el esfuerzo que él hace para ustedes, ¿por qué intentaría satisfacerla aun más?

Hay tres tipos de mujeres que jamás tendrán el proveedor que dicen querer:

1. *La mujer demasiado exitosa que descuenta la capacidad de provisión de su esposo.* La mujer que deja en claro que no necesita nada de su esposo que no pueda conseguir por sí misma, tendrá un esposo que provee poco o nada.

2. *La mujer que se aferra demasiado y agota a su esposo.* La esposa que se aferra tanto a su esposo todo el tiempo, que no quiere que trabaje ni pase tiempo apartado de ella, logrará que lo despidan muy pronto.

3. *La mujer que tiene tantos caprichos que su esposo jamás logra adelantarse a sus expectativas.* La esposa con interminables deseos frustrará a su esposo. Ella siempre quiere algo que está más allá de lo que él puede proveer, y entonces usa la tarjeta de crédito. Le interesa más tener un estilo de vida como el de sus amigos que el que pueden pagar ella y su esposo. Él se siente sobrecargado por las deudas, y aun así, tiene una esposa que nunca está satisfecha. Pronto dejará de esforzarse.

Por otra parte, la fe y la confianza en la capacidad de su esposo para ser el proveedor de su familia creará el ambiente propicio para que él reúna las fuerzas y la confianza en sí mismo que le hacen falta.

La esposa que administra bien lo que gana su esposo es la mujer de Proverbios, llamada *bendita* por su marido. La casa limpia y arreglada, la esposa sonriente y prolija, los niños bien educados y el auto sin basura son cosas que alientan al esposo. Cuando la esposa, los hijos, el hogar y el auto se ven «en sus últimas», el marido comienza el día con actitud de fracaso.

Aprenda a ser creativa de manera que satisfaga los deseos y necesidades de toda la familia. ¡Hay cosas buenas a precios bajos en todas partes! Las ventas de garaje y las tiendas de artículos de segunda mano han sido de bendición para todos nosotros. Sienta entusiasmo por el accesorio o el lindo vestido que encuentra en una de estas tiendas a solo cincuenta centavos. El Espíritu Santo le mostrará dónde encontrar estas cosas.

Dios les dijo a los hombres en su Palabra que debían proveer protección (emocional y física), comida, techo, vestido, consuelo espiritual y enseñanza. Los hombres deben proveer a sus familias las cosas que Dios ha puesto al alcance de todos. Aprenda a ser la compañera que aprecia y ayuda, la esposa que Dios tiene en mente para su esposo.

## ORACIONES DE CIERRE

Hay un dicho que dice: «Una jaula, aunque sea de oro, sigue siendo una jaula». La vida es mucho más que las posesiones materiales. Cuando mi esposo realiza el servicio funeral para un miembro de la iglesia, los familiares del fallecido nunca hablan del dinero que ganó esta persona, o de lo que les dejó. Recuerdan el tiempo y el amor que compartieron juntos.

Permanezca dentro del equilibrio de la Palabra de Dios. su Proveedor promete cuidar de usted. A la vez, deberá cuidar a sus seres queridos oyendo su voz y obedeciendo sus mandamientos.

## ORACIÓN DE ARREPENTIMIENTO

*Padre, perdóname porque he desperdiciado los recursos que nos diste. He malgastado nuestro dinero; he sido materialista y compré cosas que no necesitábamos, con dinero que no teníamos. No fui buena administradora de nuestras bendiciones. No he apreciado el esfuerzo que hace mi esposo para proveer para nuestra familia. No he sido partícipe de su éxito. Le he impedido proveer para nuestra familia y no les he enseñado a mis hijos a gastar con sabiduría o a dar el diezmo al Señor. Me arrepiento de mis actos y con tu ayuda cambiaré y andaré en el camino que tú has elegido para mí.*

## ORACIÓN POR UN NUEVO COMIENZO

*Dios Padre, te reconozco como mi Proveedor. Eres la fuente de todo lo bueno y perfecto que recibo. Cubres todas mis necesidades y las de mi familia. Te agradeceré cada día por tu provisión. Declaro este día, en el nombre de Jesús, que prepararé un plan de gastos con mi esposo y me comprometeré a seguir este plan con gozo y disciplina. Te daremos una décima parte de lo que nos permites producir. Confiaré en que tú nos bendecirás de manera que no podamos contener ya más. Le comunicaré a mi esposo que necesito que provea para mí emocional, física y espiritualmente. Y me comprometeré a cumplir también con sus necesidades para que juntos hagamos de nuestro matrimonio una unión de satisfacción y gozo. Agradeceré a mi esposo y apreciaré su sacrificio por mi familia y por mí cuando sale hacia el trabajo y proclamaré bendición sobre él a diario. Gracias, Señor, por la gracia y la fuerza que tú proveerás para que todo esto sea posible. Amén.*

*Orad por nosotros; pues confiamos en que tenemos buena concien-
cia, deseando conducirnos bien en todo.*

—HEBREOS 13:18

*Manteniendo buena vuestra manera de vivir entre los gentiles;
para que en lo que murmuran de vosotros como de malhechores,
glorifiquen a Dios en el día de la visitación, al considerar vuestras buenas obras.*

—1 PEDRO 2:12

La verdad es angosta. ¿Qué haría usted si estuviera caminando y
llega a un ancho río, y descubre que hay solo un puente para cru-
zarlo a una o dos millas de distancia? ¿Patearía el suelo con ira y
se quejaría por la mala planificación de su caminata? ¿Diría que el puente está demasiado lejos y que tendrían que haberlo construido justo
donde está usted? ¡Lo dudo! Por el contrario, agradecería que hubiera
un puente, y con gusto caminaría hasta allí para cruzar del otro lado.

Si fuera a ver al doctor y descubriera que necesita una prescripción
para tomar un medicamento, ¿no querría usted que tanto el doctor
como el farmacéutico prepararan la dosis exacta antes de comprar el
remedio, confiando en que todo estará bien?

Cuando sube a un avión, ¿tiene fe en que el piloto escuchará a los
operadores de control de tráfico, quienes además seguirán los paneles
de instrumentos con total exactitud para guiar al avión en su camino
por el cielo?

La sinceridad y la honestidad son absolutos de la vida, y nunca
deben ser comprometidas. La verdad y la honestidad son como la porcelana. Pueden romperse. Se pueden remendar. Pero jamás volverán a
ser como eran sin la restauración de nuestro Señor Jesucristo.

La vida necesita absolutos. En un mundo donde los hombres han redefinido la historia, los valores y los objetivos, necesitamos ver a alguien o a algo y saber que siempre será igual, hoy, ayer y siempre. Sabemos que ese alguien es Jesucristo. Él nunca cambia. Él nunca falla. Y debemos seguir su modelo.

La *honestidad* se define como «negarse a mentir, a falsificar y a engañar de modo alguno». La persona honesta muestra justicia y sinceridad. La persona honesta es genuina.

El Señor nos habla claramente en el libro de Miqueas: «Oh hombre, él te ha declarado lo que es bueno, y qué pide Jehová de ti: solamente hacer justicia, y amar misericordia, y humillarte ante tu Dios» (Miqueas 6:8).

La verdad y la sinceridad son esenciales en la vida, seamos hombre o mujer. Una de las cosas que toda mujer necesita en su matrimonio es un sentido de seguridad. El Dr. Harley afirma: «La seguridad es el brillante hilo dorado que se entreteje en las cinco necesidades básicas de la mujer (afecto, conversación, honestidad, apoyo económico, compromiso con la familia). Si un marido no mantiene comunicación sincera y honesta con su esposa, está minando su confianza y finalmente destruirá su seguridad».[1]

## MARIDOS QUE MIENTEN

Es de importancia crucial que la mujer pueda confiar plenamente en el hombre con quien se casa... antes de casarse, cada día y en todo momento en el futuro. Debe poder confiar que la información que su esposo le da sobre su pasado, presente y futuro es cierta. Porque sin confianza ella no podrá construir un cimiento sólido para el matrimonio. Si no puede confiar en su esposo, comenzará a sentirse apartada de él y al final se apartará cada vez más, emocional y físicamente.

La honestidad debe ser la piedra fundacional del matrimonio. Según nuestra encuesta, las mujeres desean honestidad de parte de sus esposos por encima de las otras cinco cualidades que hemos tratado en los capítulos anteriores, incluyendo la fidelidad, el liderazgo, el respeto, la capacidad de ser un hombre de familia para Dios y el ser buen proveedor.

Sin embargo, a algunos hombres les cuesta ser sinceros. Hay esposos que mienten a sus esposas con toda facilidad, muchas veces sobre cosas sin importancia. Otros manipulan o controlan a sus esposas con las mentiras que dicen. Algunos podrían catalogarse como «mentirosos de nacimiento».

Este tipo de hombre miente de continuo sobre las cosas más pequeñas, incluso desde que era niño. Quizá dice que estaba leyendo cuando en verdad estaba durmiendo. Y sus mentiras se descubren con hechos, pero entonces las explicará con un chiste, o alegando «mala memoria». Este hombre encuentra que le es difícil cambiar, porque no reconoce que tiene un problema. Nunca llegó a conocer la voz de su conciencia. Hasta un niño conoce la importancia de la sinceridad y la honestidad.

Una joven tomaba sol en una playa tropical. Se le acercó un niño con un balde de arena y una toalla. Permaneció parado sin decir palabra, hasta que ella se dio cuenta de que estaba allí:

—¿Puedo ayudarte en algo? —preguntó la joven con curiosidad.

—¿Cree usted en Dios? —espetó el niño

Sorprendida por su atrevimiento, la muchacha dijo enseguida:

—Sí.

La siguiente pregunta no se hizo esperar:

—¿Va a la iglesia los domingos?

—Sí —dijo la joven.

—¿Lee su Biblia y ora todos los días?

—¡Sí! —volvió a decir ella.

Ahora la sobrecogía la curiosidad, pero el niño enseguida formuló su última pregunta:

—¡Qué bueno! Entonces, ¿podría cuidar mis veinticinco centavos mientras voy a nadar?[2]

Cuando un hombre se niega a reconocer la importancia de la honestidad y la sinceridad en su vida, hará que sea casi imposible la confianza en su matrimonio.

A veces un hombre le dice mentiras a su esposa porque cree que así evitará problemas. Le es muy fácil mentirle, y no expresa remordimiento a menos que se descubra la mentira. A menudo, como no siente verdadero arrepentimiento, fingirá estar arrepentido para que la otra parte esté dispuesta a «perdonar y olvidar». A diferencia del mentiroso de nacimiento, por lo general mentirá si está bajo presión.

Un hombre joven recibió veinticinco dólares de más en su salario y no dijo nada a su empleador. Pasaron unos días y el empleador notó el error, y descontó veinticinco dólares del siguiente salario.

Cuando el joven notó esto, inmediatamente acudió a la oficina de su jefe.

—Disculpe, señor, pero esta semana recibí veinticinco dólares menos.

—No te quejaste la semana pasada —respondió su empleador.

Pensando con rapidez, el joven respondió:

—No, claro. No me importa pasar por alto un error, pero cuando son dos los errores, entonces hay que decir algo al respecto.[3]

Cuando se reconoce el problema de la insinceridad, el hombre puede con ayuda del Señor y de su esposa aprender a ser honesto en la relación matrimonial. Puede aprender a evitar las situaciones de tensión que le hicieron fallar en tener comunicación sincera con sus seres queridos.

Algunos hombres creen que hay verdades demasiado dolorosas como para que sus esposas puedan soportarlo, así que mienten «para protegerlas». A este tipo de hombre le molestan en realidad sus mentiras. Piensa que la mentira es un mal necesario, para proteger a su esposa y su familia. Por ejemplo, quizá sea la persona que se encarga de las finanzas y que necesita pedir dinero prestado para poder cubrir todos los gastos. Tiene pensado pagar su deuda, así que le dice a la esposa que todo está bien para que no se preocupe.

Miente para protegerla. Y aunque le moleste, piensa que vale la pena. Esto crea un falso sentido de seguridad en la relación, y apenas se descubra la mentira (lo cual siempre sucede al fin), su mundo se derrumbará. Sus mentiras causarán daños irreparables al matrimonio.[4]

Es posible que el viudo de la historia que sigue dijera que estaba mintiendo para «proteger» los sentimientos de la mujer a la que conoció. Este viudo había invitado a salir a una señora en una cita a ciegas a instancias de sus hijos casamenteros. La dama era soltera, y comenzó a confesarle sus sentimientos de inseguridad al Sr. Thompson, el viudo:

—No estoy en un buen momento de mi vida. No tengo autoestima. No me siento atractiva.

Con voz de afirmación, el amable caballero le dijo:

—Permítame asegurarle, querida señora, que es usted muy bella. He pasado muy buenos momentos con usted.

Obviamente alentada por sus elogios, la señora respondió con voz juvenil:

—Oh, Sr. Thompson, ¿es verdad eso?

El hombre suspiró y dijo sinceramente:

—No. Pero habrá tiempo para la verdad cuando esté usted emocionalmente fuerte como para oírlo.[5]

Si está saliendo con un hombre que tiene el hábito de mentir, corra. No logrará que cambie. Solo el Señor puede hacerle cambiar, y solo si el hombre está dispuesto a aceptar y reconocer que tiene un problema de falta de sinceridad.

Si está casada con un hombre que tiene problemas para decir la verdad, entonces busque ayuda. Si su nivel de seguridad se ve afectado durante demasiado tiempo, comenzará a querer terminar con su matrimonio.

Dé los pasos necesarios y pregúntese cómo está su nivel de verdad y confianza. ¿Es siempre sincera con su esposo? ¿Es la sinceridad y la honestidad un problema para ambos?

No se desaliente si descubre que uno de los dos lucha con uno o más tipos de mentiras como los que describo en este capítulo. Nunca es demasiado tarde para hacer los cambios que se requieren para fortalecer el cimiento de sinceridad en su matrimonio. Muchas parejas luchan contra este problema. Sin embargo, no hay matrimonio que pueda sobrevivir en un clima continuo de insinceridad.

Siempre recuerde que «la sinceridad es la mejor póliza de seguros para el matrimonio».

En su libro *Love Busters* [Reforzadores del amor] el Dr. Harley presenta una serie de guías definidas que le ayudarán a mantener una relación pura y sincera con su esposo y con el Señor.[6]

Recuerde que para *lograr* una relación sincera, deberá usted *contribuir con sinceridad* a la relación.

Siga esta regla de sinceridad: Revele a su esposo toda la información posible sobre usted: sus pensamientos, sus sentimientos, hábitos, gustos, disgustos, historia personal, actividades diarias y planes para el futuro.

## SEA SINCERA ACERCA DE SUS EMOCIONES

Muchas veces oímos decir a los hombres que somos más «emocionales» que ellos ante los acontecimientos de nuestras vidas. A causa de ello, a veces le es más fácil a una esposa ocultar sus sentimientos. Pero será difícil para su esposo brindarle el apoyo emocional que usted necesita y quiere si no le expresa abiertamente sus emociones, positivas y negativas. El Dr. Harley lo describe como *honestidad emocional*.[7] Si usted no brinda honestidad emocional, él la decepcionará por su falta de comprensión ante sus emociones.

Recuerdo cuando se acercaba nuestro primer aniversario de bodas. Comencé a fantasear sobre la celebración. Me imaginaba una cena con velas en un restaurante romántico como sorpresa de aniversario. O quizá me sorprendiera con un viaje. ¡Eso sería genial!

Comencé a pensar en los lugares posibles donde podría llevarme. Pensé en qué ropa llevaría y cómo reaccionaría ante tan fabulosa sorpresa.

Pasó el tiempo, y nada se decía sobre una posible celebración. Apenas podía aguantar el suspenso que mi excitación creaba. Luego llegó el día. Mi esposo entró por la puerta con una docena de rosas rojas. Busqué la tarjeta: «A la mujer más hermosa del mundo. Te amo. Juan».

¿Qué? ¿Y el viaje? Mi esposo notó mi desilusión:
—¿Hay algo que no está bien? —preguntó, casi con temor.
—No, claro que no —respondí—. Las flores están bellísimas.
No dije la verdad en mi respuesta. Fuimos a cenar y pasó un año entero antes de que le confesara lo que había estado esperando para nuestra primera celebración.
Lo primero que me dijo fue:
—¡No lo sabía!

**ÉL DICE…**

Si hay algo en su corazón, su alma o su mente que lo frustra en su matrimonio y en su relación con su esposa, comience a hablar de ello hoy mismo.

Por supuesto, porque yo no se lo había hecho saber. No fui sincera.

Bueno, ¡debo admitir que he cambiado! Soy tan sincera con respecto a lo que deseo y espero de él que se lo escribo en el espejo del baño con lápiz labial. Le dejo notas en su portafolio y en las páginas de sus sermones. En su agenda anoto a veces: ¡Diana necesita salir a cenar contigo ahora!

Satán está presente para destruir la obra del Señor en su pueblo. Quiere que usted no se comunique con su esposo de manera sincera. Si es deshonesta, estará cayendo en la trampa del malvado que quiere robar, matar y destruir su matrimonio.

## SEA SINCERA CON RESPECTO A SU PASADO

Después de una de mis sesiones de enseñanza, una mujer muy bella pidió hablar conmigo. Esperó a que el salón quedara vacío y luego me habló entre sollozos. Esperé a que se recompusiera un poco, y allí pudo contarme sobre su hermoso matrimonio de diez años y sus maravillosos hijos. Mientras la escuchaba, no podía imaginar cuál sería el problema. Finalmente, reunió coraje para decírmelo.

Años antes de haber conocido a su esposo había salido con un hombre y quedó embarazada. Abortó. Nadie lo sabía, ni siquiera su esposo. Esto la había atormentado durante años. Su peor miedo era que si se lo decía a su marido, él la dejara. Esta forma de chantaje es un «modus operandi» típico del diablo. La abracé mientras se calmaba y oré con ella hasta sentir que la paz del Señor entraba en su corazón.

La convencí de que le dijera a su marido toda la verdad acerca de su pasado. Sabía que el maravilloso marido y padre que ella describía tendría también un corazón compasivo. Le dije que la iglesia estaba preparada para ayudarlos después de que le revelara su pasado. Si hacía esto, Satanás ya no podría mantenerla como rehén a causa de su secreto. Estuvo de acuerdo. Unos días después vino a verme de nuevo. Estaba radiante. Le había contado todo a su esposo. Dijo que la mayor desilusión de su esposo había sido que no le hubiera confiado este traumático suceso de su vida.

Pasó el tiempo, y volvió a verme. Me dijo que después del impacto inicial del secreto, y a causa de su espíritu de arrepentimiento ante su esposo, la relación de ellos era mejor que nunca antes. Sentía una liberación que jamás había imaginado como posibilidad. Había sido liberada del acusador. La única manera de dejar de pagar el rescate que le exigía era exponiéndolo. Esta mujer y su esposo ahora tenían un matrimonio puro y sincero ante ellos y a los ojos del Señor. Haga de la *honestidad histórica* un componente de su relación con su esposo.[8]

Recuerde que no es la sinceridad la que abre una brecha en su matrimonio, sino la falta de esta. Esté dispuesta a compartir las cosas del pasado, aun cuando sienta que fueron fracasos o debilidades. Y permítale compartir su pasado con usted también, todo lo bueno y todo lo malo.

## SEA SINCERA CON RESPECTO A SU PRESENTE

¿Cuán dispuesta está usted a que su esposo sepa todo lo que sucede hoy en su vida? ¿Hay cosas que piensa que son «pequeñeces» que no necesita saber? ¿Hay cosas que usted ha decidido que «no hace falta decirle»?

Dé a su cónyuge un calendario con sus actividades, poniendo especial énfasis en aquello que le afecta a él. Encuentre un momento a diario para conversar y darle la oportunidad de que le cuente sobre su día. Recordar los incidentes del día nos permite poner en práctica la *honestidad presente*.[9]

Esto es difícil, especialmente para mi marido y para mí. Yo soy detallista y recuerdo bien las cosas. Son dos características que a los hombres les cuesta aceptar. Además, siempre quiero saberlo todo, ¡y al momento! Mi esposo tiene que soportar estas tres características.

La información contenida en mi agenda diaria atragantaría a un caballo. Tengo cinco hijos, cuatro «hijos políticos», tres nietos y dieciocho mil miembros en la congregación. Coordino las actividades especiales de la iglesia, encabezo el equipo de gente de la rama televisiva de nuestro ministerio y mantengo nuestra casa, donde se realizan muchos programas sociales a lo largo del año. ¡Y quiero que mi esposo esté enterado de todo!

Sé que mi marido siente que ha de haber cometido algún pecadillo de niño como para merecer tal penitencia. Trato de informarle sobre los acontecimientos del día cuando vamos a la cama por la noche. Encuentro que este ritual es el mejor somnífero, porque mucho antes de que termine mi relato oigo sus ronquidos del otro lado de la cama.

**ÉL DICE...**

Toda persona casada comete errores a pesar de sus mejores intenciones y de toda la sabiduría que pueda tener.

Por otra parte —y siempre hay otra parte— mi esposo no provee toda la información que quiero oír. A menudo me entero de cosas que suceden en la iglesia por medio de los líderes o asistentes. Esto solía molestarme mucho. Ahora ya no tanto, aunque si he de ser sincera, sí sigue molestándome *un poco*. Los hombres son muy diferentes a las mujeres. No pueden evitarlo. Las cosas que a mí me parecen importantes, a veces ni siquiera merecen su atención y por ello olvida contármelas.

Lo más importante es la sinceridad. Olvidar algo no es lo mismo que evitar contarlo, o dejar de ser sincero con respecto a cómo lo contamos. Si aprendemos a entender esto, nos ahorraremos muchos dolores de cabeza y muchas discusiones. Cuanto más tiempo haya estado casada, tanto más conocerá acerca de este hecho: cuantas menos discusiones haya, tanto mejor será su vida.

## SEA SINCERA CON RESPECTO A SU FUTURO

Hay algo especial en hablar del futuro con la persona que amamos. De noche, sentados en la cama en la intimidad del dormitorio, o afuera en el jardín, revelar nuestros sueños al otro es una de las experiencias de sinceridad más íntimas y bellas. Los sueños son un terreno sagrado que jamás deberá despreciarse o subestimarse.

Cuando aprendemos a revelar nuestra intimidad a nuestro esposo y él hace lo mismo con nosotras, nuestro matrimonio alcanza un nuevo nivel de confianza. Muchos hombres y mujeres no comparten esta parte tan íntima de su ser por temor a que la persona amada rechace sus sueños, sus esperanzas y aspiraciones, que a menudo quedan sin concretarse porque jamás las comunicaron ni las reconocieron.

Los pensamientos, planes, esperanzas y sueños, metas y aspiraciones que compartimos con nuestro marido forman parte de la *honestidad futura*.[10]

Hasta el Señor comparte con nosotros sus planes para el futuro: «Porque yo sé los pensamientos que tengo acerca de vosotros, dice Jehová, pensamientos de paz, y no de mal, para daros el fin que esperáis» (Jeremías 29:11).

## CREE UN CLIMA DE COMPLETA SINCERIDAD

Con demasiada frecuencia he oído la siguiente frase en almuerzos o reuniones de mujeres: «Ojos que no ven, corazón que no siente», afirmando que es mejor no contarle todo al marido. Por el contrario, esto no solo hará sufrir su corazón, sino su futura confianza en usted. Y esto también contribuirá al deceso de su matrimonio.

Jamás tuve este problema. Era una niña aburrida, que no hacía grandes cosas... siempre hacía lo que me decían. Porque siempre tuve un afilado sentido de la conciencia.

Mi madre tenía una paleta de ping-pong detrás del sillón de la sala que usaba para castigarnos. Cuando sentía que había hecho algo malo, comenzaba a llorar, corría a la sala, tomaba la paleta y buscaba a mi madre. Le daba la paleta y ella me daba una paliza, y en ese momento mi llanto crecía en decibeles. Luego guardaba la paleta otra vez. En el día de hoy, ninguna de las dos podemos recordar cuáles eran los motivos. Lo que sí recordamos bien es que yo sentía arrepentimiento.

Sigo funcionando de la misma manera. Cuando he dicho o hecho algo que sé que mi esposo no aprobará (no se entusiasme, sigo siendo aburrida como antes), agarro el teléfono y comienzo la conversación con: «Amor, acabo de decir algo que debieras saber».

¿Por qué lo hago? No porque soy una santurrona, y no porque tenga miedo de mi esposo. Lo hago porque no quiero decepcionarlo. No quiero que nada se interponga en la preciada relación que tengo con él.

> **ÉL DICE...**
>
> La comunicación se da cuando ambos, marido y mujer, pueden decirse con sinceridad quiénes son, qué piensan, qué sienten, qué aman, qué honran, qué estiman, qué odian y a qué le temen, qué desean, qué esperanzas tienen, en qué creen y qué compromisos tienen sin temor a dar lugar a una discusión prolongada.

Ocultar la verdad es lo mismo que mentir. Dar información parcial que aleje a nuestro cónyuge de la verdad total es engaño. Manipular los datos para dar una impresión falta es deshonesto. Construya su matrimonio sobre el cimiento de la *honestidad completa*.[11]

## Consejos para él

No hay mayor elogio que el saber que otros nos consideran un *hombre honesto*: un hombre de integridad, uno que siempre dice la verdad, no solo a su esposa, sino también a sus hijos y a todos los que se relacionan con él.

No hay tal cosa como una mentirita inocente. Estas mentiras se acumulan para crear una imagen que no es la imagen de Cristo, y además, al final nos tienden una trampa. Una vida entera de integridad puede destruirse tan solo por decidirse a mentir una sola vez.

La relación de confianza podrá derrumbarse si elige ser deshonesto con su esposa. No corra ese riesgo. La Biblia con toda claridad le dice que elija la vida y la bendición (ver Deuteronomio 30:19). Mantener un estilo de vida sincero ante el Señor y sus seres amados siempre dará como resultado larga vida y abundantes bendiciones.

Mi esposo suele relatar la historia de John Smith, un leal carpintero que trabajaba para un contratista constructor muy exitoso. Un día, el jefe llamó a John a su oficina y le dijo: «John, mi esposa y yo viajaremos a Europa. Estaremos ausentes durante seis meses. Luego regresaré y me jubilaré. Te pongo a cargo de la última casa que construiremos. Quiero que encargues los mejores materiales, los mejores accesorios y que supervises el trabajo desde el principio».

John aceptó el encargo con gran entusiasmo y excitación. Durante diez días, antes de que se realizaran las excavaciones, estudió los planos. Verificó todas las medidas y especificaciones. Luego pensó: *Si estoy a cargo de esto, podría recortar algunas medidas, usar materiales más baratos, y guardarme una buena parte del dinero. Nadie lo sabrá. Cuando esté pintada, se verá como las demás casas.*

John inició un camino que nunca antes había tomado: el camino del engaño. Encargó madera de segunda calidad, pero en sus informes indicó que era de primera. Encargó cemento barato para los cimientos, puso cables de mala calidad y achicó las medidas todo lo posible. Pero informó que compraba los mejores materiales.

Cuando la casa estuvo terminada y pintada, le pidió a su empleador que viniera a inspeccionarla. «John —dijo el contratista— ¡qué magnífico trabajo has hecho! Has sido un amigo y carpintero tan honesto, bueno y leal todos estos años que he decidido mostrarte mi agradecimiento ¡regalándote esta casa que has construido como prueba de mi aprecio!»[12]

La verdad nos pondrá al descubierto. La Palabra de Dios nos advierte que lo que hacemos en secreto Él lo gritará desde las azoteas.

*Porque nada hay encubierto, que no haya de descubrirse; ni oculto, que no haya de saberse. Por tanto, todo lo que habéis dicho en tinieblas, a la luz se oirá; y lo que habéis hablado al oído en los aposentos, se proclamará en las azoteas*

—LUCAS 12:2-3

Recuerde, el Señor, su Creador, conoce su corazón. Él registra las palabras de su boca. Que su esposa, hijos y seres amados le conozcan como hombre honesto y sincero será el mayor testimonio que pueda dar, el mayor legado que pueda dejar.

## *De la Dra. Anne*

Si existe una cualidad que pueda influir enormemente tanto en la construcción como en la destrucción de un matrimonio es la honestidad. Es un valor de muchas facetas que podrá formar o destrozar el matrimonio.

La honestidad es una virtud que las mujeres quieren en sus esposos, pero puede ser la cualidad más frustrante que posean. La honestidad debe ser definida con cuidado, especialmente desde el punto de vista de Dios.

«Ser honesto» o «ser sincero» no debe confundirse con ser brutal o falto de compasión. La persona sincera no pone en peligro sus valores si atempera su sinceridad con el ingrediente del tacto, la consideración y el afecto. Recuerde que los esposos deben amar a sus esposas como Dios ama a la iglesia. Y Dios nunca es abusivo.

No hay mujer que no le haya preguntado a su marido: «¿Se ve bien mi cabello?» o «¿Está bien este vestido para la fiesta de hoy?»

Se podrá evitar el herir los sentimientos y su esposo todavía seguirá siendo sincero si responde: «Te ves muy hermosa. Pero sabes, tienes otro estilo que me gusta aun más». Dios nos muestra misericordia y gracia. ¿No debiéramos mostrar gracia y misericordia a nuestro cónyuge también? Esto es especialmente cierto cuando Dios nos ha regalado este cónyuge. Encuentre cómo responder con sinceridad, pero balanceada con gracia, compasión y afecto.

La honestidad se equilibra con el tacto y la compasión que Jesucristo mismo nos muestra.

El amor que Jesús sentía por aquellos a quienes ministraba se reflejaba en sus afirmaciones y su posición personal. Jamás puso en riesgo la verdad, pero tampoco buscó herir ni destruir, solo echar luz sobre las tinieblas.

¿Cuán honesta es usted como mujer de Dios? ¿Es lo suficientemente fuerte como para recibir y aceptar un liderazgo sincero, sin compromisos? ¿Será sincera consigo misma y con su esposo? ¿O mostrará los dientes cuando la sinceridad de su pareja no concuerde con lo que usted quiere oír?

En toda transacción verbal participan dos personas, y la sinceridad ha de ser un componente principal. Una de las personas es la que será sincera con usted; la otra persona, ¡es usted! Todo matrimonio necesitará que las dos partes se comprometan por completo a ser honestas y sinceras, ya sea para dar una opinión o para recibir la opinión del otro.

El hombre sincero y honesto se gobierna con el sentido de lo que está bien y lo que está mal, lo cual hace que nunca se aparte de esta ley, ni siquiera ante los caprichos de su esposa. No se deja manipular por las circunstancias y el ego. Cuando está lejos, no sufre la presión de la corrupción de los demás ni de la conformidad social. No le miente a su esposa ni a los demás. Es correcto en sus principios morales y su conducta.

El equilibrio en todas las virtudes maritales, incluyendo la sinceridad, alienta y enaltece sin poner en riesgo los hechos. La sinceridad, combinada con la compasión, aliento y apoyo, construirá la confianza.

Señoras, utilicen con sabiduría toda oportunidad que tengan de apoyar y exaltar a sus esposos. Su esposo sí le da importancia a lo que usted piense de él. Basándose en sus respuestas, él irá a trabajar sintiéndose ganador... o perdedor. Siga el ejemplo de Cristo, quien ministró a cada persona que conoció con la verdad equilibrada con la gracia la compasión.

## ORACIONES DE CIERRE

¿Por qué seguir cautivo de las maneras del mundo? Acepte la libertad de la verdad. La Palabra de Dios nos dice que conocer la verdad nos hará libres... libres de las cadenas del pasado, y libres de los miedos de mañana.

No hay nada tan liberador como la verdad. La verdad debe tener una alianza con el amor, y la sinceridad debe ir entrelazada con la confianza para que sea exitosa la unión del santo matrimonio.

### ORACIÓN DE ARREPENTIMIENTO

*Padre Dios, hoy mentí, y lo siento tanto. He mentido mucho últimamente. Casi es mi estilo de vida. Invento un cuento para evitar problemas y conflictos. No soy sincera con mi esposo, aunque exijo que él sí sea sincero. Miento al no decirle cosas que debiera decir. A veces manipulo la verdad exagerando o minimizando los hechos. También pregunto cosas que sé que causarán una discusión si él me responde con sinceridad. No he sido sincera con él con respecto a mis necesidades y deseos y lo he acusado luego de no satisfacerlos. Pido tu perdón, Señor. Sé que puedo comenzar de nuevo y apartarme de mi pasado si me arrepiento ante ti y ante aquellos a quienes he herido.*

## ORACIÓN POR UN NUEVO COMIENZO

*Señor Jesús, quiero ser uno con mi esposo, así como tú eres uno con el Padre. No mentiré a mi esposo con respecto a mis sentimientos, necesidades y deseos. Prometo ser honesta y sincera. Seré amable y gentil en mi conversación con mi esposo para que él también pueda serlo conmigo, como lo deseo. Quiero compartir con él todo lo que soy, así como lo comparto contigo. Deseo que se sienta seguro al ser sincero conmigo. Juntos podemos presentarte nuestras necesidades en oración. Quiero estar cada día más cerca de mi esposo, y que nuestras vidas reflejen el ejemplo que tú nos has dado. Deseo que mi esposo confíe en mí, y quiero confiar en él. Este será un ejemplo de nuestro amor y devoción mutuos y hacia ti. Te honro y alabo, mi Dios. No podré hacer esto sin ti. Deseo agradarte. Quiero que el deseo de mi corazón, de ser pura, se refleje en las palabras que salen de mi boca. Amén.*

*Hijo mío, si tu corazón fuere sabio, también a mí se me alegrará el corazón; mis entrañas también se alegrarán cuando tus labios hablaren cosas rectas.*

—PROVERBIOS 23:15-16

Las mujeres suelen acusar falsamente a los hombres de no escucharlas. Sabemos que pueden oírnos bien, solo que no nos prestan atención. Y en verdad, esto es un don. El hombre puede seguir el movimiento del defensa de su equipo de fútbol mientras mira la televisión, o seguir el trayecto de una pelota en la cancha de golf hasta que llega al hoyo, mientras asiente y ocasionalmente dice un monosílabo a su esposa, quien mantiene una apasionada, catártica y unilateral conversación con él.

He llegado a la conclusión de que los hombres son de veras diferentes. El viejo adagio dice: «¡Gracias a Dios por las diferencias!» Como mujeres, es importante que identifiquemos las diferencias y reconozcamos que Dios creó la mayor parte de ellas. No es asunto nuestro cambiar lo que Dios ha ordenado. Debemos aprender a adaptarnos a estas diferencias. Cuando estaba recién casada, asistí a un estudio bíblico dirigido por una señora mayor de la iglesia. Nos dijo a las jóvenes que si queríamos cambiar ciertas características de nuestros esposos debíamos orar. Al final, Dios haría los cambios que pedíamos.

Estaba segura de que lo que decía debía ser acertado. Pensé: *¡Vaya! ¡Mi madre nunca me lo dijo!* Volví a casa, escribí mi «Orden de cambios», y la entregué a Dios.

Puse la lista en mi Biblia y a diario oraba diciendo: «Señor, haz que mi esposo sea más espontáneo y menos metódico. Hazlo más flexible, menos rígido. Haz que quiera oler las rosas en lugar de pisarlas». Todos los días oraba y esperaba *el cambio*.

Una mañana la respuesta llegó. Ahora, debo decirle que no soy el tipo de persona que busca lo espectacular. No es que oiga la voz de Dios con mis oídos. No veo imágenes de colores frente a mis ojos. Pero sí soy sensible al Espíritu Santo que vive en mí, e intento escuchar su voz cuando me habla.

Esa mañana, mientras oraba, un pensamiento llegó a mi miente: *Hoy recibirás el hombre por el que has estado orando. Haré en él los cambios que pediste.* Supe que el pensamiento venía de Dios porque apareció de la nada. Sentí entusiasmo. Y pensé: *No fue nada difícil.* Mientras celebraba mi oración respondida, otro pensamiento surgió, tan inesperadamente como el anterior. Parecía que Dios no había terminado de hablar: *Hoy te daré el esposo que quieres, pero ya no podré usarlo.*

Mi celebración se tornó en espontánea humildad. Comencé a llorar. Me arrodillé y le pedí perdón a Dios. ¿Mi marido ya no sería más útil a Dios? ¡No podía soportar la idea! «¡Todo porque yo lo pedí! ¡Por favor, Señor, no!», oré con fervor. Después de mi arrepentimiento, la dulce presencia del Espíritu Santo me consoló mientras me mostraba cómo utilizaba las características que puso en mi esposo para sus propósitos.

La forma metódica que tiene para enfrentar la vida es lo que Dios moldea para lograr la disciplina que se requiere para las horas de estudio y preparación en la Palabra de Dios. Esto le permite a mi marido presentar su mensaje a las ovejas de su prado todos los domingos. Su postura rígida es la fuerza que necesita para poder dar el mensaje firme del evangelio de Jesucristo. La determinación que le impulsa es la tenacidad que el Creador puso en él para pelear contra la injusticia y defender el bien, sin que importe el precio. Quería cambiar lo que el Creador había puesto en él para sus propósitos. ¡Era yo la que tenía que cambiar!

## Los hombres se comunican de manera diferente a las mujeres

Queremos que nuestros maridos se comuniquen con nosotras de la misma manera en que nos comunicamos con otras mujeres. No pueden hacerlo. Los hombres se conforman con la calidad de comunicación que tienen con otros hombres. A nosotras, esto no nos alcanza.

Los estereotipos son muy conocidos: los hombres dominan el control remoto y disfrutan del poder de pasar los canales, mientras las mujeres disfrutan de mirar los anuncios. Cuando los hombres están bajo presión, suelen estar callados o van a un juego de hockey para gritar salvajemente. Las mujeres comen chocolate o van de compras. Un hombre puede llegar a un lugar lleno de gente y salir después de dos horas sin haber conocido a nadie. La mujer va al baño en una reunión, se hace amiga de una perfecta extraña, y comparte con ella sus cosméticos. ¡Somos diferentes!

A mi esposo le cuesta recordar que cuando éramos novios hablábamos por teléfono durante horas, todas las noches. Yo, por supuesto, lo recuerdo todo. Es un recuerdo dulce y romántico de nuestro pasado. Cuando le pido que me cuente más sobre sí mismo y sobre lo que piensa, su respuesta es: «Ya te he dicho todo lo que había para contar sobre mí. Era diferente entonces».

Diferente, pero igual. El mismo tiempo, esfuerzo y atención que le llevó a un hombre el cortejar a su esposa es el que necesita para hacer que ella siga sintiéndose feliz y segura en el matrimonio.

> **ÉL DICE…**
>
> Las mujeres disfrutan el proceso de ir tras un objetivo. Los hombres quieren llegar al objetivo lo más rápido posible y olvidar el proceso.

La comunicación debe ser una bendición en el matrimonio, no un tormento. Cuando oigo chistes acerca de la comunicación entre hombres y mujeres, llego a la conclusión de que el matrimonio es las dos cosas: una bendición para la mujer y un tormento para el hombre. No tiene por qué ser así. Cuando miramos a través de los ojos del amor, la comunicación es la línea de vida de todo matrimonio.

## REGLAS DE COMUNICACIÓN

El viejo adagio dice: «Mejor *sentirlo* que *decirlo*». Hay algunas reglas de la comunicación que quisiera compartir con usted para demostrar la verdad acerca de la comunicación *por medio de las experiencias.*

Algunas de las experiencias que nos enseñan a comunicarnos adecuadamente con nuestro cónyuge son ejemplos positivos, «de primera mano», sobre cómo comunicarse bien. Otras son… bueno, otras nos enseñan cómo comunicarnos mejor *la próxima vez*, para hacerlo mejor que *la vez anterior.*

Al invitarle a conocer parte de la vida de mi matrimonio en estos párrafos, verá que también nosotros hemos aprendido a través de la experiencia. Quizá después de compartirlas con usted decidirá incorporar estas reglas en su propia vida. ¡Le aseguro que funcionan!

**Regla de comunicación: Comunicarse no es protestar, quejarse o vanagloriarse.**

Cuando decidimos hacer nuestro primer viaje a Israel estábamos muy excitados. Yo estaba embarazada de cuatro meses de nuestro hijo Matthew, pero igual sentía gran entusiasmo por el viaje. Sería una segunda luna de miel. No sabía cuánto duraría el viaje. No éramos los expertos viajeros que somos hoy. Mi marido, como es muy decidido, decidió ir a Israel un domingo por la noche. El lunes por la mañana llamó a Nueva York para hacer los arreglos de una experiencia que nos cambiaría la vida.

Comenzó la conversación telefónica diciendo: «Nueva York, quiero ir a Israel en el próximo tour». Por la tarde, ya teníamos nuestra reserva. Comenzamos nuestro viaje casi un mes más tarde, partiendo de San Antonio en un vuelo a Houston. Desde Houston volamos a Nueva York, de Nueva York a Amsterdam, de Amsterdam a Atenas en Grecia, y desde Atenas a Lanarca, Chipre. En Chipre abordamos un barco griego y cruzamos el Mar Mediterráneo a Port Said, Egipto. Después de pasar tres días en Egipto, volvimos a abordar el barco y navegamos hasta el hermoso puerto de Haifa en Israel.

¿Se cansó? Yo sí. Para cuando abordamos el barco en Chipre habíamos estado viajando durante treinta y seis horas. La historia se pone mejor aun.

**Regla de comunicación: «Si mamá no está contenta, ¡nadie lo está!»**

Abordamos el barco, que no era exactamente el Crucero del Amor, podría añadir. No encontrábamos nuestro camarote. Preguntamos a los miembros de la tripulación, pero la mayoría no hablaba inglés. Finalmente, uno de ellos entendió lo suficiente como para guiarnos al piso que estaba justo sobre la sala de calderas. Acaba de adivinar: nuestro camarote estaba justo sobre las calderas. Mi esposo abrió la puerta y entré, mirando el lugar que sería el escenario de nuestra segunda luna de miel: no tenía cama.

—John, esta habitación no tiene cama —anuncié como si fuera una brillante deducción.

—Sí, amor, claro que tiene —respondió mi esposo mirando una de las paredes del cuartito.

—No —respondí—. No veo una cama aquí. Se han equivocado.

Entonces John avanzó hasta la pared y tiró de dos correas que colgaban sospechosamente. De repente, aparecieron dos literas en la habitación.

Quedé boquiabierta. Me miró e hizo lo que me pareció una observación imprudente:

—¡Te doy la litera de arriba!

Lo perforé con la mirada mientras sostenía mi vientre de embarazada de manera tal que viera que yo era la mujer que llevaba a su hijo dentro de mí, y que no estaba muy contenta en ese momento.

> **ÉL DICE...**
>
> Las expectativas en conflicto son la fuente de casi todos los problemas en el matrimonio.

—¡Era una broma! Te ayudaré a meterte en la cama —dijo, compadeciéndose de mí e intentando arreglar lo que ahora sabía había sido una propuesta de lo más tonta.

**Regla de comunicación: La buena comunicación tiene que ver con la calidad, no con la cantidad.**

Mientras mi esposo trepaba a la litera superior, yo estaba acostada recordando mi último viaje en barco. No era un recuerdo agradable. Habíamos hecho lo que luego solíamos llamar «el infame viaje de pesca de la familia Hagee» en el golfo de Texas, tres años antes. Aunque en ese momento no lo sabíamos, también estaba embarazada en esa oportunidad. Nunca había viajado por el mar, y no me sentía bien. Sentía náuseas y sé que debí aparecer en el Libro Guinness por haber estado vomitando durante ocho horas sin parar. Fue una experiencia poco divertida.

Ahora, en este primer viaje a Israel, estaba por iniciar mi segundo viaje en barco. Me preocupé y decidí pedir ayuda a mi esposo.

Lo llamé desde abajo, porque acababa de posicionarse en su estrecha litera:

—Amor, necesito que ores para que no me descomponga.

Un tanto impaciente, me respondió:

—No te descompondrás. Es todo cuestión de tu mente. No pienses en ello y te dormirás enseguida.

—¡No me importa dónde esté la cuestión! —respondí con determinación—. Necesito que ores por ello, sea donde fuere que esté el problema. ¡Ora que no me sienta mal!

La oración que vino de la boca de mi esposo no era lo que yo esperaba:

—Querido Señor, haz que mi esposa no se sienta mal. Amén.

—Eso no es una oración —grité—. Ni siquiera quitaste el polvo del techo con eso.

Ahora John estaba ofendido:

—Mira, Diana, quité el polvo del cielorraso, porque lo estoy tocando con la nariz.

Yo no iba a claudicar:

—John Hagee. ¡Necesito una oración de verdad! —exigí, y con disgusto pude oír que ya estaba roncando. ¿Cómo podía dormir? Esta historia es un clásico ejemplo de las diferencias en la comunicación de los hombres y las mujeres. Yo quería una oración poderosa, larga, potente, del tipo de las Charlton Heston, capaz de echar la casa abajo o abrir el Mar Rojo. Él quería ser más prudente. Le bastaba con una oración breve y al punto. Mi esposo siente que Dios no necesita ruegos. Solo necesita fe... ¡Imagínelo! Yo estaba demasiado exhausta como para despertarlo y continuar la discusión sobre la oración por sanidad, algo que no me parecía indicado.

El barco comenzó a moverse en su cruce del Mar Mediterráneo. Aburrida, comencé a mirar el diminuto espacio en que nos hallábamos. Mis ojos se adaptaron a la poca luz que entraba por la claraboya. Había un mueble pequeño en el camarote, a la derecha de mi cama, y apoyado contra la pared opuesta.

Había dos puertas en este «camarote con vista al océano». Una llevaba al pasillo y la otra al baño. Solo había eso, y las dos literas que durante el día se plegaban y quedaban ocultas en la pared. Estábamos apretados, claro. Finalmente el movimiento del barco, junto con la serenata de los motores debajo de nosotros, y los ronquidos de mi esposo, me hicieron dormir; un milagro de verdad.

**Regla de comunicación: No hable sin pensar en la magnitud de las consecuencias.**

De repente, mi «sueño milagroso» se vio interrumpido porque mi cabeza golpeó contra el mueble que estaba junto a la cama. Luego, por un anuncio del capitán, nos enteramos de que había sido la peor tormenta de su carrera. Al aclararse mi mente, podía oír los ruidos que provenían de la «letrina naval». Escuché con atención y pronto me di cuenta de que era mi esposo vomitando su cena.

Este es el momento de la confesión. Cuando oí el ruido, pensé qué sería lo que sucedía, e inmediatamente comencé a sentir que era la reivindicación por la oración a medias que había ofrecido por mí antes esa noche. Desde mi cama pregunté:

—Amor, ¿te sientes mal?

No hubo respuesta.

—John. ¿Necesitas ayuda? —no oí respuesta descifrable, sino solo ruidos de vómito y arcadas.

Fui a la puerta del camarote dispuesta a decir orgullosamente: «¡Te lo dije!» Pero al instante sentí compasión por el hombre que se hallaba echado ante el sanitario metálico. No era un espectáculo agradable. Con los brazos y las piernas abrazando la letrina como si fueran su salvavidas, tenía la cabeza metida dentro. Solo podía oír sonidos apagados, arcadas, que interrumpía solo para recuperar el aliento. Sin pensar, dije:

—¿Sabes una cosa? Creo que tu oración funcionó, porque ni siquiera siento nauseas.

Usted podrá imaginar su mirada. Con la cara enrojecida, me miró directamente a los ojos y supe que luego debería arrepentirse de lo que estaba pensando.

**Regla de comunicación: El momento justo es todo.**

Callada, salí del cubículo y me senté en la angosta litera hasta que ya no hubo ruido de arcadas. Mi esposo salió del baño y comenzó a vestirse. Me sorprendió, porque eran las cuatro de la mañana. Dios sabe cuál era el huso horario en ese momento:

—¿Y a dónde irás? —pregunté.

—Le preguntaré al capitán cuánto falta para bajar de esta tina —respondió ofendido.

Permanecí sentada en el borde de mi cama, que para ese momento me daba una leve sensación de seguridad, hasta que volvió. Al entrar en el camarote le pregunté con cautela cuánto faltaba.

—¡Ocho asquerosas horas más! —dijo con furia.

Quitó el colchón de su litera y lo puso en el piso junto a mi cama. Yo me acosté. Mientras estaba allí, en el piso, extendió su mano para tomar la mía. Yo apreté su mano con todo mi amor. De todo lo que sentía que podía decir en ese momento, y de todo lo que podría haber dicho, elegí susurrar con dulzura:

> **ÉL DICE...**
>
> En la salud y la enfermedad, la riqueza y la pobreza, el matrimonio requiere de la devoción y la capacidad madura para comprometerse, cuando es lo último que uno querría hacer.

—Te amo.

—Yo también te amo —fue su tierna respuesta.

Había comenzado nuestra segunda luna de miel.

### La oración: la mejor herramienta de comunicación

Podría seguir y seguir, llenando varios libros con pensamientos sobre la comunicación y los consejos de los expertos, pero puede leer esos libros si lo desea. Lo que yo quiero compartir con usted es que he encontrado la mejor forma de comunicación que jamás podamos utilizar con nuestro cónyuge. Es la comunicación que se tiene en la oración el uno con el otro y con Dios.

El Señor utiliza la comunicación para mantener una línea abierta con su pueblo. Utiliza diversas formas de comunicación. Una es su Palabra escrita. Otra es su voz, que se manifiesta a través de nuestra conciencia. Nos habla a través de su pueblo, los pies y las manos del Dios vivo. Nosotros, a la vez, nos comunicamos con nuestro Padre con súplicas, alabanza y adoración. Sin participar de esta forma de comunicación, el cristiano se apartará de Dios y su alma pronto se marchitará.

Cuando venimos ante Dios unidos, con un solo sentir, como marido y mujer, y ponemos nuestras necesidades ante su altar, nuestro Señor nos hace una promesa. Jesús es el Guardián de Promesas más grande de todos:

*Otra vez os digo, que si dos de vosotros se pusieren de acuerdo en la tierra acerca de cualquiera cosa que pidieren, les será hecho por mi Padre que está en los cielos.*

—MATEO 18:19

¿Puede imaginarlo? *¡Lo que sea! ¡Todo lo que sea!* Las palabras operativas en esta promesa son «acuerdo», «armonía», «conformidad». ¡Qué bella música ha de sonar en los cielos cuando oramos con nuestro cónyuge en unidad!

Cuando mi esposo y yo oramos juntos, la respuesta del cielo no se hace esperar. ¡Simplemente, es imposible enojarnos cuando oramos juntos!

*Por tanto, os digo que todo lo que pidiereis orando, creed que lo recibiréis, y os vendrá. Y cuando estéis orando, perdonad, si tenéis algo contra alguno, para que también vuestro Padre que está en los cielos os perdone a vosotros vuestras ofensas.*

—MARCOS 11:24-25

Encuentren un lugar y un momento privado para la oración. Satanás se asegurará de que suene el teléfono, de que los niños llamen o lloren, o de que suene el timbre. A mi esposo y a mí nos gusta orar mientras caminamos. Nadie puede interrumpirnos, y podemos hablar con el Señor con toda libertad. Estoy segura de que usted y su esposo pueden encontrar un lugar y un momento en que puedan estar de acuerdo.

Haga una lista de oración. Mi esposo y yo hemos orado juntos durante casi treinta años; por eso, nuestra lista está grabada en nuestras mentes. Primero, tenemos un momento de arrepentimiento, pidiendo perdón por lo que hayamos dicho, hecho o pensado que apenara el Espíritu Santo. Luego comienza nuestra lista: oramos por nuestros hijos, mencionando sus nombres, por sus cónyuges, por nuestros nietos: los que están y los que vendrán. Oramos pidiendo protección, dirección y prosperidad para nuestra iglesia, el ministerio televisivo y la escuela, y por todos los que tienen que ver con cada una de estas áreas. Luego presentamos toda petición personal que podamos tener. Finalmente, pedimos por la paz de Jerusalén y terminamos alabando a nuestro Señor por sus bendiciones.

Aprendan a orar *en acuerdo*, y no en competencia. No hay sonido más dulce en el cielo que el de un esposo y su esposa en armonía ante el trono de Dios. No hay nada más poderoso.

Cuanto más ocurra esta divina comunicación, tanto más querrán hablar entre ustedes sobre otras cosas. Encontrará que las «cosas» de las que habla con su cónyuge no incluyen chismes ni cuentos sobre los demás. Su conversación se centrará en las peticiones que ponen ante el Señor y los testimonios relacionados con esas oraciones. Compartirá con su esposo los sueños y aspiraciones que tienen de común acuerdo. Sus hijos sabrán que cuando mamá y papá oran, suceden cosas. Esta enseñanza es mucho más importante que cualquier libro o curso que puedan ofrecerles. Sin comunicación, su matrimonio se marchitará, como sucede con el alma cuando no pasa tiempo con Dios.

## Consejos para él

En el capítulo del liderazgo en este libro, hablé sobre la mujer que se somete al liderazgo del esposo y el hombre que se somete a las necesidades de su esposa. Tanto los hombres como las mujeres necesitan de la comunicación. Como líder del hogar es importante que usted entienda la importancia de comunicarse con su esposa.

*Consejo número 1*: No hay nada más dulce que oír que el marido dice al llegar: «Amor, ya llegué. No puedo esperar a contarte cómo fue mi día. ¿Cómo fue el tuyo?» Seguro esto es mejor que tener que sacarle la información con tirabuzón, lo cual coloca a su esposa en el papel de un interrogador, ¿verdad?

*Consejo número 2*: Su esposa se encantará con una llamada telefónica «porque sí». Termine esta conversación con: «Te amo, y te bendigo en el nombre del Señor». Cuando las expresiones de amor son sin motivo alguno, son invaluables.

*Consejo número 3*: Escuche. A las mujeres les gusta que las escuchen, igual que a los hombres. Uno de los mayores regalos que puede darle a su esposa es su atención, entera y sin interrupciones. Sé que es algo precioso. Y ella también lo sabe.

*Consejo número 4*: Como sucede con Dios, la comunicación tiene diversas formas. Para algunos hombres es difícil expresas sus sentimientos en una conversación. Algunas de las formas más bellas de la comunicación son las cartas o tarjetas. Yo guardo las cartas, notas y tarjetas que mi esposo me ha dado a lo largo de los años en un cajón específico, y cuando necesito una bendición especial, voy a ese archivo y tomo algo del amor que está guardado en esas páginas. Son invaluables para mí.

*Consejo número 5*: Otras formas de comunicación que las mujeres suelen apreciar son las «palmaditas de amor», o las «sonrisas de amor». Esto puede suceder en cualquier momento del día o de la noche. En público o en privado. Son simplemente formas personales de decirse que se aman. Recuerde, muchas de las inversiones más preciadas que pueda hacer en su esposa, no cuestan absolutamente nada.

Al satisfacer las necesidades de su esposa por medio de la comunión de sus corazones, podrá ayudar a que su matrimonio sea la hermosa unión que Dios quiere que sea.

## De la Dra. Anne

Comunicarse es *compartir* ideas. Esto implica que hay dos personas, o una, que obtienen conocimiento de una fuente externa. La comunicación también es *expresar* ideas. La verdadera comunicación es un diálogo, no un monólogo. La comunicación sucede cuando una persona habla y la otra escucha.

Algunas mujeres tienen el hábito de hablar sin parar, ni siquiera se detienen para recuperar el aliento o para permitir el diálogo. Hacen una pausa lo suficientemente larga solo para prepararse para volver a la carga. ¿Quiere usted que su esposo «sea comunicativo»? Si es así, deberá darle la oportunidad de responder a su monólogo. Esto es lo que lo convertirá en diálogo. La comunicación es más que un eco de su propia opinión. La opinión que difiere de la propia no debiera dar pie a una discusión. El intercambio de opiniones no terminará con la comunicación mientras ambas partes respeten las reglas. Permítanse tiempo para escucharse sin interrupciones. Cuando vean que está por iniciarse una discusión, tómense un tiempo para calmarse y determinen cuándo retomarán la conversación. Recuerden que durante la pausa, ninguno de los dos intentará discutir el tema sobre el que están en desacuerdo.

En nuestra consejería matrimonial, suelo darle a la persona una lista de reglas al hablar sobre la comunicación:

- Nada de insultos.
- Nada de ataques a la persona, solo al tema.
- Nada de violencia.
- Siempre ofrezca la oportunidad de repetir lo que dijo con otras palabras.
- Siempre preste atención.
- No interrumpa jamás.
- Mantenga la conversación en el tema.
- Dispongan un momento para hablar de esto seriamente (para evitar distracciones).
- Si la conversación se hace demasiado larga, acuerden un momento unos días más tarde para continuar.

¿Cuánta comunicación, información y conversación son suficientes? ¿Cuál es el mejor momento para compartir un tiempo de calidad? Cuando han tenido un día duro, cuando están relajándose de las presiones del día, cuando entran en el lugar que comparten (probablemente el hogar), NO será el momento indicado para exigir respuestas ni descargarse de sus problemas.

Ambos necesitarán utilizar la sabiduría para dejar que el otro tenga su «tiempo de reingreso». El ambiente tranquilo será increíblemente calmo. La descompresión no requerirá de mucho tiempo si ambos cooperan. Los niños deben ver este momento como un tiempo de calma familiar, no de competencia por la atención de sus padres.

El amor y la comunicación genuinos no se definen por la experiencia emocional. La experiencia emocional no podrá sellar su relación con su esposo o con su Padre en el cielo. Si la Palabra de Dios no señorea en su vida, entonces Dios no es el Señor de esta.

Nuestro deseo de una relación íntima con nuestro cónyuge es un deseo dado por Dios. No podrá lograrse sin conocer las motivaciones, pensamientos y motivos de su cónyuge. Jesús dijo: «Yo y el Padre uno somos» (Juan 10:30). Los pensamientos y motivos del Padre le habían sido comunicados. Jesús pasaba tiempo en dulce comunión y comunicación con Dios. Jesús hablaba con Dios. Dios hablaba con Jesús. Compartían un corazón, una visión y el amor.

¿Hace usted una prioridad del tiempo que pasa con Dios? ¿Y con su esposo? ¿Valora el tiempo que pasa con su pareja? Haga de esto un objetivo y vea si no mejora drásticamente la comunicación con su esposo.

## ORACIONES DE CIERRE

No es coincidencia que la palabra *comunicar* se derive de la palabra *comunión*, que significa «conversar íntimamente, dar y recibir o tener Santa Comunión». Dar el uno al otro, compartiendo los pensamientos y sueños de manera desinteresada, sin buscar ganancia ni retorno más que la relación más íntima con quien amamos, es una de las más preciosas expresiones de amor que podemos dar a nuestro cónyuge.

## Oración de arrepentimiento

*Señor, me siento muy sola a veces. Olvido que tú también te sientes solo porque no oyes mi voz con frecuencia. Perdóname por no hablarte. Sé que si me arrepiento ante ti, borrarás lo que haya hecho para decepcionarte. Perdóname, Señor. Te pido también que me perdones por las veces que le hablé a mi esposo en tono crítico o acusador, lo cual sé que no lo edificará, ni fortalecerá nuestra relación, ni será buen ejemplo de mi relación contigo. También soy culpable de no escucharlo cuando intenta hablarme de sus necesidades o deseos. Te pido perdón. Quiero cubrir mis propias necesidades, y no soy sensible a las suyas ni a sus pensamientos. Ayúdame, Señor, a calmar mi pensamiento y a comunicar mis sentimientos sin que la nube de mis emociones me lo impida. Necesito hablar con mi esposo de cosas buenas, esas cosas bellas que traen esperanza a nuestro futuro. Ayúdame a hacerlo. Amén.*

## Oración por un nuevo comienzo

*Ante todo, Señor, permíteme alabarte por la oportunidad de poder comenzar de nuevo. Es lo que necesito. He leído tu Palabra, Dios Padre, y sé que refleja tu deseo de comunicarte conmigo. Tú quieres oír mis peticiones, y quieres que escuche tus respuestas a mis oraciones. ¡Te lo agradezco tanto! Ayúdame, Señor, a aplicar las reglas que definen mi comunicación contigo y con mi marido. Prometo estar en calma y saber sin duda alguna que tú eres mi Dios. Prometo estar en calma y escuchar las palabras y pensamientos de mi esposo. Aplicaré sus palabras al conocimiento que tengo de él y de su forma de ser. Te conozco a ti, y conozco cómo obras. Ayúdame a entender la comunicación de mi esposo hacia mí. Sé que intenta hacerlo, y juntos, con tu ayuda, podremos comenzar de nuevo y cambiar nuestra actitud con respecto a la comunicación entre nosotros. Oraré en acuerdo con mi esposo y vendremos juntos ante tu trono en armonía. Te agradezco, Padre, por estar allí para mí y para los míos siempre que invocamos tu nombre. Eres muy precioso para mí. Amén.*

# DESEO NÚMERO TRES:
## SENTIDO DEL HUMOR

*El corazón alegre constituye buen remedio; mas el espíritu triste seca los huesos.*

—PROVERBIOS 17:22

El humor se define de varias maneras. El humor puede describir el temperamento y el estado de ánimo de una persona, y su capacidad para expresar o apreciar lo que es gracioso o divertido.

La vida es demasiado corta como para no llenarla con risas y buenos momentos. Aunque claro, la risa y los buenos momentos significan cosas distintas para diferentes personas. En su libro *Being Happy in an Unhappy World* [Ser feliz en un mundo de infelicidad], mi esposo describe lo que no es la felicidad.[1]

Sé que las mujeres no buscan un eterno comediante. He conocido hombres extremadamente talentosos para hacer reír a los demás. Sin embargo, a veces un poco se hace demasiado, y después de un rato uno busca la conversación seria, con sentido. Se puede mirar a los ojos a las personas que viven la vida como si fuera una fiesta y ver una tristeza que no se corresponde con su fachada exterior. Es difícil tener un gran sentido del humor cuando no se es feliz.

Algunas personas sencillamente no tienen talento para el humor. Yo, por ejemplo, soy de genio rápido, pero no sabría contar un chiste bien ni siquiera si me pagaran por hacerlo. Por su parte, mi esposo tiene ambos talentos. Nuestros hijos tienen todos mentes ágiles y un gran sentido del humor, y el tiempo que compartimos muchas veces está lleno de risas. Sin embargo, sé que no en todos los hogares las familias disfrutan esto.

Es importante aprender a reír juntos, no del otro sino con el otro.

El humor no es reírse a expensas de otros. He estado en reuniones sociales donde el marido o la mujer se burlan de su cónyuge de alguna forma u otra. El que hace los chistes quizá sea el centro de atracción en ese momento, pero yo siempre miro a la persona que es objeto del humor. Quizá se esté riendo por fuera, pero por dentro ha de estar conteniendo el llanto.

## Definición de una persona feliz

¿Quién es feliz? Conozco mujeres y hombre que buscan a alguien con quien puedan disfrutar de la vida, un compañero que vea el lado brillante de las cosas aun cuando las circunstancias no conduzcan exactamente a la risa. En su Palabra, el Señor nos da la respuesta a esta pregunta, enumerando al menos nueve tipos de personas felices o bienaventuradas (ver Mateo 5:1-12).

### 1. Felices son los pobres en espíritu.

Cuando mi suegra se casó con mi suegro, ella era una muy buena maestra de la Biblia y conferenciante. Su agenda tenía reservadas fechas con años de anticipación. Amaba enseñar la Palabra de Dios, y lo hacía con una potencia y una unción que electrizaba.

Mis suegros tomaron la decisión de fundar una iglesia en Channelview, Texas. Ella cumplió con los compromisos que tenía para ese año y humildemente canceló los de los años subsiguientes.

Mientras pastoreaba la iglesia junto a su esposo, descubrió que su talento para hablar ante las multitudes atraía a más personas de las que atraía su marido. Entonces decidió retirarse del púlpito para que él pudiera maximizar su potencial ministerial.

Cuando mi suegro había ya partido al cielo, ella me contó de las bendiciones que había recibido por medio de la respuesta a la oración relacionada con su decisión de retirarse de su puesto como maestra de la Palabra de Dios, algo que le gustaba mucho. Su decisión no había sido fácil. Cuando llegó a la conclusión de que debía cerrar esa parte de su vida, tuvo una larga conversación con el Señor. Compartió con Él su deseo.

«Señor, dejo mi ministerio para ayudar a mi marido en el desarrollo del suyo. Quiero que me des un hijo que tome la bandera del evangelio. Quiero que predique a esta nación y a las naciones del mundo. Quiero tener el privilegio de verlo en vida».

Mi suegra tiene una relación única con el Señor. Cuando ella habla, Él escucha. Él conoce su corazón. Sabe de su amor por Él. Sabe de la dedicación que siente por las cosas de Dios.

Sesenta y cuatro años más tarde, a los noventa y un años de edad, es testigo de la vida de su hijo, mi marido, que predica la buena nueva de Jesucristo a esta nación y a las naciones del mundo. Este invierno, si Dios quiere, mi esposo irá a Nigeria, donde predicará a más de dos millones de personas cada noche. ¡Quién lo habría pensado! Vada Hagee ha de haberlo pensado. Humildemente entregó su don. Con humildad dejó a un lado su deseo de predicar la Palabra de Dios. Humildemente le pidió algo a su Dios. Y tuvo fe en el Dios que nunca falla.

Recibió el deseo de su corazón. Es muy feliz escuchando a su hijo y a su nieto Matthew cuando predican el evangelio de Jesucristo mientras ella espera con ansias a los ángeles del Señor que la escoltarán a su hogar celestial. Dios se lo ha concedido por partida doble.

**2. Felices los que lloran.**

¿Quiénes son los que lloran? ¿Son los que sufren por la muerte de un ser querido? Sabemos que nuestro Salvador da la paz que sobrepasa todo entendimiento a quienes lloran.

No. Llorar significa más que expresar dolor por la muerte o por otra tragedia humana. Se refiere a quienes expresan pena por el pecado. Es decir, quienes están de duelo son quienes se arrepienten ante el Señor con lágrimas de quebranto.

Hace años, en Estados Unidos el altar era llamado «el banco del duelo». Estaba allí, domingo tras domingo, para que los que oían el evangelio de Jesucristo pudieran arrodillarse y confesar sus pecados. El altar de madera tenía manchas de las lágrimas de muchas personas, y cada mancha valía su peso en oro.

Para arrepentirnos debemos mirarnos con toda honestidad y admitir que hemos obrado mal. Debemos sentir remordimiento por nuestras acciones y decidir nunca volver a repetirlas.

Arrepentirse ante Dios es uno de los más bellos actos de sumisión que podamos realizar. Rebbetzin Jungreis relata la historia de un hombre presentado en el Talmud como Eleazar.

Él era conocido como el hombre más inmoral de toda la historia. Un día, en compañía de una prostituta, experimentó un momento de verdad cuando ella lo acusó de estar más allá de toda esperanza, afirmando que seguramente pasaría la eternidad en el infierno.

¡El hombre estaba atónito! Si una mujer de tan mala reputación lo acusaba de inmoral, entonces necesitaba ayuda. Salió de la casa de la mujer y clamó por ayuda en las colinas y las montañas. Solo oyó silencio. Llamó al cielo y a la tierra pidiendo misericordia, pero solo oyó silencio. Se volvió a las estrellas y las constelaciones pidiéndoles que intercedieran por él, pero tampoco ellas respondieron. Eleazar finalmente decidió que el asunto estaba únicamente en sus manos. Era el único que podría rogar por sí mismo, y se arrepintió ante su Creador. De repente, una voz celestial dijo: «¡Eleazar, se acepta tu arrepentimiento!»[2]

Rebbetzin Jungreis explica entonces el simbolismo de la historia. Las colinas y las montañas eran los padres de Eleazar. Intentó pasar la culpa de su corrupción y su inmoralidad a sus padres, pero las cortes celestiales no aceptaban su racionalización.

Luego culpó al cielo y a la tierra, lo cual simbolizaba su entorno, su escuela, sus amigos. Pero esto también fue rechazado. Cuando se volvió a las estrellas y las constelaciones estaba culpando al mal destino que la vida le había deparado. Su ruego no encontró respuesta.

Finalmente encontró el coraje de arrepentirse ante el Señor como hizo el rey David: «Padre, he pecado ante ti y solo ante ti. Debo aceptar la responsabilidad de mis actos». Su arrepentimiento fue aceptado y Eleazar pudo ser un hombre feliz.[3]

En el caso del hombre o la mujer que han pecado antes Dios, no habrá buen humor ni chistes de mal gusto que puedan sustituir la felicidad que sentimos cuando lloramos por nuestras malas acciones y nos arrepentimos ante el Señor.

El Señor describe esta felicidad como el resultado de experimentar el favor de Dios, y condicionado en especial por la revelación de su gracia sin igual.[4] Esto sí, mis amigos, es la verdadera felicidad.

### 3. Felices los mansos.

El obispo Charles Blake, de la Iglesia de Dios en Cristo al oeste de Los Ángeles, relata la historia de una mula que había servido a su amo durante años. La mula era ya vieja y se cayó un día en un pozo profundo. El amo malvado y egoísta pensó que la mula ya no valía siquiera el gasto que implicaría el alimento para sostenerla o la bala que la mataría. Por lo tanto, decidió apilar basura sobre la mula, esperando que pronto quedara sepultada y muriera.

Pero la mula se resistía ante el destino que le imponía el amo malvado, y se sacudía la basura del lomo a medida que caía. Luego la pisoteaba y esperaba. Día tras día, el amo echaba más basura sobre la mula. Y cada día la mula fiel se sacudía la basura del lomo, la pisoteaba y esperaba.

Finalmente, el granjero les dijo a sus vecinos que echaran toda su basura en el pozo, esperando que esto por fin definiera la muerte del obstinado animal. No importaba cuánta basura se echara, la mula siempre respondía metódicamente del mismo modo. Se sacudía la basura, la pisoteaba y esperaba pacientemente.

Un día, el granjero y sus amigos echaron una cantidad muy grande de basura. La persistente mula volvió a sacudirse, pisoteó la basura y utilizó el montículo resultante para escalar y salir del pozo. ¡La basura había sido su puerta a la libertad!

La vida no siempre es justa. Muchas veces nos hallamos en un profundo pozo de desesperanza, pero como dijo tan elocuentemente Corrie ten Boom: «Ni el pozo más profundo es todo lo profundo que es Jesús».

La paciencia es una virtud, y esperar por Dios y su provisión para nuestras necesidades jamás quedará sin recompensa. Las Escrituras describen la felicidad para el hombre y la mujer mansos y pacientes como gozosa y espiritualmente próspera. La vida se llena de gozo y satisfacción en el favor y la salvación de Dios, sin que importen las condiciones externas.[5]

## 4. Felices los que tienen hambre y sed de justicia.

La justicia solo se consigue por medio de la sangre de Jesucristo. Es a través de su sacrificio que su blanca vestidura de pureza es puesta sobre cada pecador en la cruz. No podemos ganar nuestra justicia. Nos es dada gratis. Felices son aquellos que tienen «hambre y sed» de justicia.

El hambre de hacer lo que agrade a Dios es algo que creo que Él reconoce desde su trono en el cielo. Cuando somos obedientes a su Palabra, lo complacemos. En su Palabra Dios nos ha prometido: «Gozo perpetuo habrá sobre sus cabezas» si obedecemos sus mandamientos (Isaías 51:11).

Quizá no siempre logremos complacer a Dios aunque intentemos hacerlo; sin embargo, la sinceridad con la que nos esforzamos ha de ser pura.

Se dice que una familia durante el régimen de la Alemania nazi en la Segunda Guerra Mundial fue deportada a los guetos de Polonia. De todas las carencias, la que más sufrían era el no poder continuar con las enseñanzas de la Palabra de Dios. El padre de la familia y los líderes de la comunidad se las arreglaron para seguir enseñando la Torá a los niños. Deseosos de obedecer el mandamiento del Señor de cuidar de las viudas y los huérfanos, la madre hacía todo lo posible por alimentar a todos aquellos que pudiera con las magras raciones que recibía la familia.

Finalmente fueron deportados al campo de concentración Bergen-Belsen. Bajo condiciones brutales, el padre seguía enseñando la Torá a sus hijos. A medida que se acercaba el Rosh Hashanah, los rabinos del campo reunieron a la gente con hambre de la Palabra de Dios y entre todos lograron juntar trescientos cigarrillos, que serían de gran valor en el mercado negro. No compraron comida para celebrar le fiesta religiosa. En cambio, compraron un libro de oraciones y un shofar.

El sonido del shofar llamaba a todos los que lo reconocieran a adorar junto al cerco de alambres de púas que rodeaba el campo. Los nazis acudieron corriendo. Y cuando llegaron donde estaban los jóvenes que hacían sonar el shofar, los golpearon sin misericordia. Mientras eran golpeados, los hombres clamaban a Dios: «Bendito eres, nuestro Dios, que nos han mandado a escuchar el sonido del shofar».[6]

Los jóvenes no lograron su cometido de llamar a los justos a la oración, pero su deseo de obedecer los mandamientos de Dios era puro.

> ### ÉL DICE...
>
> Pregúntese esto: «¿Soy verdaderamente feliz?» Si no lo es, ¿por qué no? La respuesta está dentro de usted.

En la iglesia moderna, muchas veces los pastores deben cancelar los servicios de la noche porque nadie asiste. Los servicios del fin de semana se agregan no para acomodarse a las masas, sino esperando atraerlas a la casa de Dios en un horario más conveniente. Esto no es sentir hambre de justicia.

Las Escrituras prometen a quienes tienen hambre y sed de justicia que tendrán prosperidad espiritual en el estado en que el hijo de Dios nacido de nuevo disfruta de su favor y su salvación. Ellos serán completamente satisfechos mientras anhelan agradar a Dios.[7]

### 5. Felices los misericordiosos.

Misericordioso es quien muestra bondad y perdona. Un joven tomó en secreto varios cientos de dólares de la compañía para la que trabajaba. Cuando se descubrió lo que había hecho, llamaron al hombre para que se presentara en la oficina del presidente de la empresa.

Al acercarse a la oficina de su superior, sintió que su corazón tenía un peso muy grande encima. Estaba seguro de que perdería su empleo y además temía que se tomaran acciones legales en contra de él. Sintió que el mundo se derrumbaba a su alrededor, y que recibiría su merecido.

Una vez en la oficina, el presidente le hizo preguntas sobre el incidente:

—¿Es usted culpable de lo que se le acusa? —preguntó el hombre de manera muy directa.

—Sí, señor, lo soy. Acepto la responsabilidad y lamento mucho lo que hice —respondió el joven tratando de mantener su voz firme.

De repente, el ejecutivo le preguntó algo que causó un gran impacto en el joven arrepentido.

—Si decido mantenerlo en su posición actual, ¿cree que podré confiar en usted en el futuro?

Atónito, pero sin dudar, el joven se iluminó con esperanza y dijo:

—Sí, señor. Claro que sí. ¡He aprendido mi lección!

El ejecutivo continuó:

—He decidido no presentar cargos contra usted. Puede mantener su posición actual.

Terminó la reunión diciéndole al joven algo que cambiaría su vida para siempre:

—Creo que debiera saber, sin embargo, que es usted la segunda persona en esta empresa que sucumbió a las tentaciones y recibió misericordia. Yo fui el primero. Hice lo mismo que usted. La misericordia que usted recibe es la que yo recibí. Es solo por la gracia de Dios que podemos continuar.[8]

Hay una cuenta bancaria de misericordia en la vida de todos nosotros. Cuanta más misericordia depositemos allí, tanta más recibiremos cuando nos sea necesaria.

## 6. Felices los de limpio corazón.

El salmista pregunta:

> *¿Quién subirá al monte de Jehová? ¿Y quién estará en su lugar santo? El limpio de manos y puro de corazón; el que no ha elevado su alma a cosas vanas, ni jurado con engaño. Él recibirá bendición de Jehová, y justicia del Dios de salvación.*
>
> —SALMO 24:3-5

No hay nada tan puro como la verdad y la sinceridad de un niño. ¡Oh, si pudiéramos conservar ese tipo de pureza durante toda la vida! Hace años tuvimos el privilegio de tener como huésped por una noche a un «gigante» del mundo evangélico. Oral Roberts había venido a ver a mi esposo, y tuvimos el privilegio de recibirlo en nuestro cuarto de huéspedes. Tengo recuerdos muy preciosos de este humilde siervo de Dios en mi cocina, comentando sobre el maravilloso aroma del guiso de frijoles que estaba preparando para la cena. Fue una visita hermosa.

Recuerdo como si fuera ayer que justo antes de partir el Dr. Roberts nos reunió a mi esposo, a nuestros hijos que estaban en casa y a mí para una oración de bendición. Nos reunimos en un círculo, nos dimos las manos, inclinamos las cabezas y cerramos los ojos. Sentí una oleada de excitación.

Oró como solo Oral Roberts puede hacerlo... ¡poderosamente! Al terminar la oración yo tenía los ojos llenos de lágrimas, y la paz de Dios llenaba nuestro hogar. Sin decir más, se volvió hacia nuestra hija Cristina, que a la sazón tenía doce años y estaba de pie a su derecha. Le preguntó: «Querida, ¿sentiste el poder del Señor que fluía de mi mano a la tuya?»

El tiempo se detuvo. ¿Qué diría ella? Por mi mente pasaron miles de pensamientos en una milésima de segundo. *Este es Oral Roberts, Dios santo. ¡Quizá debiera decirle que el poder pasó en arco hasta mí! Después de todo, estaba conmovida hasta las lágrimas.* Agradecí al Señor que no estuviera allí nuestra hija menor, Sandy, porque solo Dios sabe lo que habría respondido. *¡Oh, Señor! Te pido que intervengas,* pensé.

Cristina me miró, luego miró a su padre, y por último directamente al hermano Roberts, y respondió:

—No, señor.

Contuve el aliento y no me atreví a mirar a nadie más que a mi hija, que necesitaba saber que todo estaba bien. Le sonreí, para indicarle que no había problemas. ¿Pero qué diría el hermano Roberts?

Como era un hombre de Dios, se inclinó, abrazó a Tina y le besó la frente. Le dijo que era muy valiente por decir la verdad, y que la amaba por eso.

Ella vio el Espíritu del Señor en este hombre. Exhalé y me arrepentí por mis temores. Cristina estaba feliz.

¡Felices los que dicen la verdad y mantienen la pureza de su corazón, porque verán a Dios!

### 7. Felices los pacificadores.

Todos queremos la paz, pero pocos estamos dispuestos a hacer lo que se requiere para traer la paz a las naciones del mundo y al mundo que nos rodea. Cuando Cristo nació, el ángel les dijo a los pastores atemorizados: «¡Gloria a Dios en las alturas, y en la tierra paz, buena voluntad para con los hombres!» (Lucas 2:14).

Sin embargo, desde que Cristo, nuestro Príncipe de Paz vino, el mundo ha tenido pocos años de paz. Hay una historia sobre una conversación entre una paloma y un gorrión.

—Dime cuánto pesa un copo de nieve —le preguntó el gorrión a la paloma.

—Nada más que nada —fue la respuesta.

—Si es así debo contarte una maravillosa historia —respondió el gorrión—. Estaba posado en la rama de un pino, cerca del tronco, cuando comenzó a nevar. No nevaba demasiado, no como en una tormenta. Era como en un sueño, sin ruido, sin violencia. Como no tenía nada que hacer, conté los copos de nieve que caían sobre las ramitas y agujas de mi rama. Fueron exactamente 3,742,952. Cuando cayó el copo número 3,742,953, la rama se partió y cayó.

Habiendo contado su historia, el gorrión se alejó. La paloma, una autoridad en el tema desde los tiempos de Noé, pensó durante unos minutos y luego se dijo:

—Quizá haga falta solo la voz de una persona para que llegue la paz al mundo.[9]

Quizá haga falta solo una voz para que haya paz en su hogar. Quizá haga falta una sola voz para que haya paz en su corazón. Quizá esta voz sea la suya.

## 8. Felices los que padecen persecución por causa de la justicia

Las primeras cuatro reglas de la felicidad tienen que ver con lo que Dios quiere obrar en nosotros. Las tres siguientes nos revelan lo que emana de nosotros a causa de lo que Dios ha obrado. Las dos siguientes están relacionadas con el modo en que el mundo nos responde. Cipriano, un mártir del siglo III, escribió esta potente carta a su amigo Donato.

Es un mundo alegre el que veo desde mi jardín, bajo la sombra de mis viñas. Pero si ascendiera a una alta montaña y mirara hacia tierras lejanas, sabes bien lo que vería: ladrones en los caminos, piratas en el mar, ejércitos que pelean, ciudades incendiándose; en los anfiteatros, hombres que mueren para complacer a la multitud que aplaude; egoísmo, miseria, crueldad y desesperanza bajo cada techo. Es un mundo malo, Donato, un mundo increíblemente malo. Sin embargo, he descubierto en medio de todo esto a un pueblo calmo y santo, que ha aprendido un gran secreto. Son despreciados y perseguidos, pero no les importa. Son los amos de sus almas. Han vencido al mundo. Este pueblo, Donato, son los cristianos, y yo soy uno de ellos.[10]

¡Cipriano vivió en una época en la que ser perseguido por hacer lo correcto era casi una forma de arte! Sin embargo, todavía hoy se persigue a las buenas personas por hacer lo correcto... en ocasiones incluso en la relación matrimonial. La Palabra de Dios nos dice que serán felices los que padecen persecución por causa de la justicia. Nuestra recompensa, nuestra felicidad por hacer lo correcto no viene de las circunstancias externas, sino viene de nuestro interior. Es a causa de lo que Dios ha hecho en nosotros que podemos mantener nuestro gozo aun cuando otros nos respondan con alguna forma de persecución.

*Estas cosas os he hablado, para que mi gozo esté en vosotros, y vuestro gozo sea cumplido.*

—JUAN 15:11

**9. Felices sois cuando por mi causa os vituperen y os persigan**
El Señor es muy claro sobre cómo debemos responder cuando nos vituperen:

*Pero yo os digo: Amad a vuestros enemigos, bendecid a los que os maldicen, haced bien a los que os aborrecen, y orad por los que os ultrajan y os persiguen; para que seáis hijos de vuestro Padre que está en los cielos, que hace salir su sol sobre malos y buenos, y que hace llover sobre justos e injustos.*

—MATEO 5:44-45

Debemos bendecir a los que nos maldicen.
¿Qué hacemos cuando las críticas son verdades?
Mi esposo describe la diferencia entre la crítica *constructiva* y la *destructiva* de manera muy clara. Cuando criticamos a una persona, eso es crítica constructiva, pero cuando una persona nos critica a nosotros, eso es crítica destructiva.

Jamie Buckingham era un muy buen amigo nuestro. Su honestidad y candor eran tan refrescantes que uno podía quedarse escuchándolo durante horas. En una ocasión, mi esposo y yo fuimos a su casa a visitarlo a él y a su esposa Jackie, una mujer dulce que lo acompañaba en su dinámico ministerio.

Uno de los muchos libros que escribió Jamie fue *Daughter of Destiny* [Hija del destino], un relato biográfico de la vida de Kathryn Kuhlman. Después de oír varias historias sobre su ministerio, ese día le pregunté a Jamie si sabía por qué Kathryn siempre llevaba un vestido largo, con mangas amplias, que se había convertido en su rasgo distintivo.

Me dijo que un día Kathryn había recibido una carta de un caballero muy amable que la elogiaba por su programa de televisión. Pero le dijo que tenía algo que criticar: le distraía el hecho de que ella siempre tuviera que bajarse el ruedo del vestido porque se le subía por encima de las rodillas. Y sugería que llevara un vestido largo.

Kathryn, siempre sensible a las críticas, leyó la carta y admitió que el caballero tenía razón. Desde entonces, siempre vistió de largo. Jamie luego escribió un artículo con relación a su respuesta:

Una persona de menos valía habría respondido con enojo, o lo habría pasado por alto como una observación sin sentido. Pero ella no era ese tipo de persona. Escuchó. Lo enfrentó. Y permitió que le ayudara a avanzar hacia su meta en la comunicación. Todo esto fue posible porque no había dejo de amargura que estropeara el sabor de lo que entraba en su vida, aunque difiriera de su punto de vista.[11]

Norman Vincent Peale dijo una vez: «El problema que tenemos la mayoría de nosotros es que preferiríamos que nos estropearan los elogios y no que nos salvara la crítica».[12]

La actitud lo es todo. Un hombre con una actitud sana con respecto a sí mismo cumplirá con lo que dice la Biblia al pie de la letra, bendiciendo a sus enemigos cuando lo atacan, y escuchando a su conciencia para discernir cuándo ha de cambiar su rumbo. Como resultado, este hombre experimentará el reino de los cielos.

> **ÉL DICE...**
>
> Nuestra actitud nunca está conforme a menos que pueda expresarse. Determinará nuestro éxito o fracaso.

El hombre que bendice a sus enemigos y puede discernir cuándo cambiar será feliz consigo mismo y con el mundo que le rodea. En última instancia, reflejará al Dios que vive en él.

## Consejos para él

La risa sincera es la expresión externa del gozo que hay en nuestro interior. Busque la felicidad en su vida.

*Consejo:* No se puede ser comediante cuando uno no lo es. Así que no se esfuerce por serlo.

*Consejo:* No use a su esposa como objeto de sus chistes. ¡No estará honrándola, y Dios no lo honrará a usted!

*Consejo:* Aprenda a reírse de sí mismo. A veces usted será el mayor motivo de humor.

*Consejo:* Permita que la risa aleje el enojo.

El pastor Hagee y yo hemos sido bendecidos con una maravillosa familia en la iglesia. Luego de treinta y ocho años como pastores, podemos decir con honestidad que muchas personas nos han bendecido... algunas por permanecer en nuestra iglesia y otras por marcharse. Si usted es pastor o esposa de pastor sabrá muy bien de lo que hablo.

Cierto día un antiguo miembro de nuestra iglesia dijo algo muy cruel sobre nuestra congregación. Él estaba comentando que la razón por la que su familia había abandonado la iglesia se debía a su trasfondo étnico. Mi esposo se puso muy furioso y estaba decidido a «arreglar el asunto» con esta alma descarriada, por lo que se dirigió a su estudio para responder a este extraordinario insulto con una carta.

Sin embargo, esto representaba un reto. Siempre existe un desafío en casi toda situación en el ministerio. Creo que el Señor nos los envía para asegurarse de que permanecemos cerca de Él y de su instrucción.

El reto consistía en que el autor del comentario ofensivo estaba emparentado con algunos miembros muy leales y preciados de nuestra congregación. Le recordé a mi esposo este hecho tan importante, pero fue inútil, su «válvula de escape» se había disparado y no había forma de dar marcha atrás. Lo seguí a su estudio y comencé a darle todo tipo de razones por las que no debía enviar la carta... pero todo fue en vano.

—John, la Palabra dice que debemos perdonar así como hemos sido perdonados —dije, tratando de recordar las Escrituras con rapidez para apoyar mi declaración.

—¡Ya los he perdonado! Pero no he perdonado lo que dijeron sobre personas justas —respondió irritado.

—¡Recuerda que tienes que bendecir a tus enemigos! —declaré.

—¡Ellos no merecen ser bendecidos! —espetó, y continuo escribiendo en el teclado tan rápido como sus dedos le permitían... y golpeando el teclado como si fueran ellos.

Comencé a leer sobre su hombro y a respirar agitadamente. Soy la diplomática de nuestro matrimonio. John es conocido como el pastor que «llama a cada cosa por su nombre», yo soy conocida como la esposa del pastor que explica: «Lo que en realidad él quiere decir es...»

Sabía que esta carta no debía ser enviada, ya que podía lastimar a muchas personas. Pero mi esposo estaba decidido. Él es un verdadero pastor de las ovejas que Dios ha puesto bajo su cuidado, y se cometía una gran trasgresión cuando algunos de los miembros de su congregación eran agraviados.

Mientras más leía la carta, más me convencía de que no debía ser enviada.

—¡No, no puedes decir eso!

—¡Ya verás! —fue su respuesta.

—¡Debes mostrar misericordia! —le rogué.

—¡Ya Dios ha sido misericordioso con ellos, pudo haberles enviado lepra! —replicó con firmeza sin dejar de escribir en el teclado.

Me di cuenta de que no iba a ser posible convencerlo, y comencé a desesperarme. De repente, como si alguien más estuviera en control de mi cuerpo, hice algo que nunca hubiera hecho antes. Me paré detrás de él, frente a la computadora, y golpeé el teclado con mis diez dedos a la vez tan rápido y tan fuerte como pude.

El monitor de la computadora comenzó a parpadear y a rechinar, mientras los íconos aparecían por todas partes. Signos de interrogación y de exclamación, símbolos de números y asteriscos ocuparon el lugar de las palabras de condena y reprimenda. Era algo irreal, una experiencia artificial.

Mi esposo trató de recuperar su documento, pero no pudo. Miraba la pantalla con estupor y luego se viró hacia mí. La mirada que me dirigió no era buena. Lo miré y luego dirigí mi vista de nuevo al monitor lleno de galimatías electrónicas.

El silencio llenó la habitación, como si una aspiradora hubiera succionado todas las ondas sonoras del aire. No podía creer lo que había hecho.

Entonces, lo que parecía ser una eterna quietud se vio reemplazada por las palabras que salieron de la boca de mi esposo: «¡Eres una necia!», gritó.

En ese momento, como si alguien hubiera chasqueado sus dedos frente a mi rostro, desperté del trance mientras oía su reacción a lo que había hecho. Aparté mis ojos de la pantalla, apoyé mis manos en mis caderas, y también lo miré con una mirada «no tan buena». Cuando usted enfrenta a un mejicano y a un alemán enojados, la línea de batalla ha sido establecida y en realidad pueden hasta saltar chispas.

«¡Yo no soy una necia!», respondí indignada.

Nos miramos con fiereza. Ninguno de los dos quería desviar su mirada. Entonces de repente, tan inesperadamente como yo había golpeado el teclado, él comenzó a reír de forma histérica. De forma impulsiva me uní a él. En un momento ambos estábamos riendo tan fuerte que las lágrimas corrían por nuestra cara y respirábamos con dificultad.

Me incliné y basé su frente mientras me abrazaba. Una vez que dejamos de reírnos y recuperamos nuestra compostura, acordamos orar que el Señor tratara con la persona que había hecho el comentario ofensivo y que evitara que nuestra congregación escuchara los comentarios injustos que tenían la intención de lastimar.

Todos quedamos satisfechos. El Señor había intervenido. La familia de nuestra iglesia estaría cubierta por su protección. Mi esposo había liberado su frustración sobre el teclado de la computadora. Mis instintos diplomáticos fueron satisfechos, y la carta con la reprimenda se perdió en la eternidad electrónica.

Si dedicamos un tiempo para analizar los momentos de ira y frustración hacia nuestro cónyuge, descubriremos que nuestro malestar fue motivado por incidentes insignificantes que fueron valorados en exceso debido al estrés, la ansiedad, o algo que no guarda ninguna relación con nuestro esposo o esposa. No debemos abrir la puerta al enemigo para que destruya nuestra paz y nuestro matrimonio por medio de la ira.

*Airaos, pero no pequéis; no se ponga el sol sobre vuestro enojo, ni deis lugar al diablo.*
—EFESIOS 4:26-27

Permita que la risa aleje al enojo.

*Consejo:* Sea paciente. Sea paciente en su matrimonio, porque esto le ayudará a reír con su esposa cuando la vida no sea justa. Sea paciente con este mundo; vivirá más años.

Mi esposo, según lo confiesa él mismo, no es muy paciente. Yo he sido algo bueno para él. Para mí, el tiempo es un regalo. Lo atesoro. No lo malgasto, no me apuro. Las dos de la tarde de hoy, pronto serán las dos de la tarde de mañana. Simplemente disfruto del viaje. Mi esposo ha tenido que soportar mi actitud con respecto al tiempo y aprender lo que es la paciencia.

Un domingo después de la iglesia tomamos un vuelo a Houston para asistir a la boda del hijo de unos queridos amigos. Fue una ceremonia judía muy hermosa, y luego asistimos a la recepción. Mi esposo estaba cansado y no podía entender por qué la recepción se tardaba tanto en comenzar.

Unos amigos esperaban pacientemente junto a nosotros, y mi esposo comenzó a ponerse inquieto. Miraba el reloj y me preguntaba por qué no se abrían las puertas del salón. Cuando le expliqué que no era mi boda, fue al baño de hombres. Dijo que necesitaba matar el tiempo.

Preocupada porque no fuéramos a pasar una buena velada, fui a ver a los encargados de la fiesta, que estaban sirviendo refrescos. Les pregunté cuándo comenzaría la recepción.

Dijeron que calculaban que faltaría una hora. *¡Una hora!* Pensé. *¡Ahora volveremos al hotel, y nos iremos a dormir temprano!* Nuestro amigo había oído la respuesta y esperaba con ganas los comentarios de mi esposo.

Cuando salió del baño, me preguntó si sabía cuándo empezaría la fiesta.

—Sí —dije con cautela

—¿Cuándo? —preguntó él.

—Pronto —respondí.

—¿Cuán pronto? —repitió con más énfasis pero cuidando de no elevar el tono de voz.

Nuestros amigos estaban mirando.

—Muy pronto —dije sabiendo que patinaba sobre hielo delgado.

Perdiendo la poca paciencia que tiene, dijo con firmeza:

—¡Diana! ¿Cuánto falta para que empiece la recepción?

Nuestro amigo acudió al rescate.

—Bueno, reverendo Hagee, digámoslo de este modo. Comparado con la eternidad, no es mucho.

Todos reímos y pasamos una velada muy agradable. La risa puede cambiarlo todo. «¿Cuánto tiempo he de ser feliz?», podría usted preguntar. Según los términos de la eternidad, la respuesta es: siempre.

## De la Dra. Anne

En las décadas del treinta y del cuarenta había un show radial que se llamaba *Fibber Magee and Molly*. En cada episodio, Molly solía decir: «¡No es gracioso, Magee!» Esto siempre ocurría después de que Fibber riera por algo que Molly consideraba muy serio. Molly no compartía su sentido del humor.

El matrimonio puede ser muy divertido si uno no lo toma demasiado en serio. La vida es mucho más fácil cuando vemos cuán ridículos son muchos de los problemas que debemos enfrentar. El humor dispersa la tensión. Cuando podemos identificar rápida y coherentemente la interacción que lleva a una discusión reiterada entre el marido y la esposa, podemos impedir que la familia sufra. Hasta se puede utilizar esto para crear un chiste familiar, entre usted y su esposo, que aliviará la tensión cada vez que este tema asome la cabeza. Muchas parejas que llevan más de diez años de casados tienen frases cortas que motivan una sonrisa cómplice o un apretón de manos.

El humor requiere que dos personas le encuentren la gracia a una misma cosa. El chiste que solo es gracioso para uno de ellos será insensible, cruel, y a veces, de mala educación. Hay una línea entre el humor y la humillación que si no se reconoce con sensibilidad podrá destruir la confianza. El cónyuge compasivo aprende a reconocer la línea muy rápidamente y generaliza la información para utilizarla en diversas situaciones. Divertirse y compartir el humor puede ser como un pequeño descanso que trae alivio a la seriedad del día a día. Saber cuándo es el momento indicado, y cuál es el lugar o el tema, requerirá de sabiduría y madurez. Después de una pelea, la esposa le dijo a su marido:

—Sabes, fui una tonta cuando me casé contigo.

El marido responde:

—Sí, claro, querida, pero yo estaba enamorado y no lo noté.

Permita que Dios le muestre el modo en que su cónyuge puede enriquecer su vida, no reflejarla. Su cónyuge no es el reflejo de su imagen. Usted es reflejo de la imagen de Dios, y su cónyuge lo es también. Saber cuándo reír acerca de sus diferencias será el mejor modo de alcanzar la madurez. Aunque seamos diferentes, podemos sentirnos seguros. No necesitamos sentirnos solos y abandonados porque seamos diferentes.

No se burle de la intimidad del matrimonio. Sea sensible a los temas que su esposo considera serios. Estén de acuerdo. El matrimonio sin sentido del humor es como una piedra en el zapato, que pareciera crecer en tamaño a medida que avanzamos. La risa quita la piedra.

No hay muchas cosas en la vida que no tengan su lado divertido. Hasta las cosas serias no siempre tienen efectos duraderos. La importancia de la risa se puede ver hasta en las situaciones más tensas. Si podemos utilizarla para apagar una situación potencialmente explosiva, y podemos recordar y aprender, mejor para nosotros. Y mejor todavía si no permitimos que las heridas dejen cicatrices. Si se aplica con propiedad, el humor puede finalizar una discusión acalorada. Este nos dará una perspectiva distinta.

Alégrese, relájese y deje que su familia respire y tenga una perspectiva que aliente el humor. Los recuerdos de mañana son lo que hacemos hoy. Deje que sean buenos recuerdos. ¡Sonría y ría mucho!

## ORACIONES DE CIERRE

Estamos en este mundo, pero no pertenecemos a este mundo. No se nos recompensa por vivir con un pie en el mundo y otro en la iglesia. No, se nos recompensa por actuar bien, haciendo lo que está bien, aun a pesar de las condiciones y presiones que debamos enfrentar. Este tipo de felicidad solo puede provenir directamente del trono del Dios viviente.

## ORACIÓN DE ARREPENTIMIENTO

*Padre, he necesitado reír durante mucho tiempo. He culpado a mi esposo por mi falta de gozo. Perdóname. Es que no miraba hacia mi interior. Debo encontrar mi gozo en ti y en tu Palabra. También he sido demasiado seria al tratar a mi esposo. Me he negado a apartarme de mi enojo. Mi esposo ha intentado hacer las paces conmigo por medio del humor, haciéndome saber cuánto lamenta mi enojo. Me he negado a reír y he llevado la discusión y el desacuerdo a un punto insostenible. Estaré alerta a esto en el futuro y a sacrificar mi necesidad de enojarme. Perdóname, Señor Jesús, por presentar una atmósfera hostil en mi hogar. He puesto el temor y el miedo como amos en mi casa. Me arrepiento y haré todos los cambios necesarios según tu Palabra. Amén.*

## ORACIÓN POR UN NUEVO COMIENZO

*Gracias, Señor, por mi matrimonio, que me da tanto placer. Nos dijiste que un corazón alegre es buena medicina. Gracias por tomar nuestras preocupaciones y cargas para que podamos ver el lado más liviano de nuestras vidas. Gracias por la risa y el gozo. Tu gozo es de veras mi fortaleza. Acepto para mi propia vida la promesa que le diste a Job, y prometo llenar mi boca con risas y mis labios con gritos de gozo. Pasaré esta bendición a mi familia.*

*Me has sacado de la esclavitud de lo negativo y me has dado paz y decisión. Aprenderé a ser feliz en todo porque tú eres la fuente de mi gozo y fortaleza. Con tu ayuda, todo lo puedo. Te amo, Jesús. Amén.*

# DESEO NÚMERO DOS: ROMANTICISMO

Capítulo
nueve

*Ponme como un sello sobre tu corazón, como una marca sobre tu brazo; porque fuerte es como la muerte el amor ... Las muchas aguas no podrán apagar el amor, ni lo ahogarán los ríos.*

—CANTARES 8:6-7

Cada semana el público es bombardeado con revistas sobre «la gente hermosa». Usted conoce las revistas... aunque no las compre, le echa un vistazo a las portadas mientras espera ser atendido en el mercado. Contienen las fotos de la hermosa mitad del mundo que está saliendo o teniendo relaciones con la otra bella mitad. Cada persona posa usualmente con otra del sexo opuesto, tomados de la mano o tocándose de una manera u otra. Si lee las historias, cada una de ellas mencionará en algún lugar que esa pareja mantiene «una relación romántica».

Sin embargo, lea una edición subsiguiente de la misma revista y probablemente notará que algo extraño ha sucedido: las dos personas que vio abrazadas en enero ya no lo están más en marzo; el artículo informa que esa pareja de enero se ha ido cada cual por su lado, pero marzo ha traído un nuevo «interés romántico». ¡Compre el número del mes que viene y vea lo que sucede!

¿Es eso *romance* o *fascinación*? La columnista Ann Landers hizo una muy clara distinción entre la fascinación y el amor romántico: «La fascinación es el deseo de un instante, un conjunto de glándulas llamando a otro. El amor es la amistad que ha encendido fuego. Se arraiga y crece, un día a la vez».[1]

*La fascinación* está marcada por un sentimiento de inseguridad. Usted está excitado y ansioso, pero no de veras feliz. Hay dudas que acosan, preguntas sin responder, pedazos y piezas sueltas de su amado que no examinaría muy de cerca. Podría echar a perder el sueño. *El amor* es un entendimiento callado y la aceptación madura de la imperfección. Es real. Le da fuerza y crece más allá de lo que podamos imaginar para fortalecer a su amado. Usted siente un calor especial en el corazón por su presencia, aunque él esté lejos. Las millas no los separan. Lo quiere cerca. Pero cerca o lejos, sabe que es suyo, y puede esperar.

La fascinación dice: «Debemos casarnos ya. No puedo arriesgarme a perderlo».

El amor dice: «Sé paciente. No entres en pánico. Planea tu futuro con confianza».

La fascinación tiene un elemento de excitación sexual. Si usted es honesto, admitirá que es difícil estar en compañía de otro a menos que esté seguro de que terminará en intimidad.

El amor es la madurez de la amistad. Deben ser amigos antes de que puedan ser amantes.

La fascinación carece de confianza. Cuando él está lejos, se pregunta si la estará engañando. A veces hasta se fija si es así.

El amor significa confianza. Usted está calma, segura, y no se siente amenazada. Él siente esta confianza, y esto lo hace aun más confiado.

La fascinación puede llevarlo a hacer cosas de las cuales se retractará más tarde, pero el amor nunca lo hará. El amor es superior. Amar la hace mirar hacia arriba. La hace pensar hacia arriba. La hace mejor persona. La mujer que se siente de esa manera conoce el verdadero amor.

## SIETE MANERAS DE TENER ROMANCE CON SU ESPOSO

Debo ser honesta. Yo no leí la sección de mi esposo de este libro a propósito, para que el contenido no influyera en mi sección. Sin embargo, él y yo nos sentamos juntos en nuestro cuarto y creamos las siguientes siete cosas románticas que un hombre y una mujer pueden hacer para generar romance en su matrimonio.

Existe el malentendido de que los hombres *solo* quieren sexo y las mujeres *solo* quieren romance. ¡Qué mentira! Esta desinformación ha contribuido a más problemas en el matrimonio de los que a cualquiera de nosotros le importaría reconocer.

Pero antes de que veamos las siete for-

> **ÉL DICE...**
>
> Para algunas mujeres el romanticismo es un ramo de flores ... Sea lo que fuere que signifique el romance para su esposa, todas responden a éste y siempre quieren más de él.

mas de tener romance con su esposo, por favor, entienda que romance no es sexo. En toda la investigación que he hecho para este libro, secular y cristiana, el hilo conductor era una clara distinción entre *amor romántico* e *intimidad sexual*. El romance es mucho más. El romance dura. El romance crea un amor tan profundo que si el sexo no pudiera ser posible por alguna razón, el amor seguiría creciendo. El afecto romántico crea el ambiente necesario para un buen matrimonio, y el sexo es uno de los acontecimientos principales. El romance es precioso.

Considere estas siete maneras de disfrutar del romance con *su* esposo.

## 1. Dígale que lo ama.

*Hazme saber, oh tú a quien ama mi alma...*
—CANTARES 1:7

El viejo dicho: «Te dije que te amaba cuando nos casamos, y si cambio de parecer, te lo diré» no se puede aplicar aquí. Un hombre quiere escuchar estas dos pequeñas palabras de su boca y su corazón a menudo.

Una llamada telefónica durante el día con un simple: «Te amo» es genial. ¡Damas, no exageren; recuerden, calidad frente a cantidad, ustedes no quieren asfixiar al hombre!

Las notas de amor en su maletín, bolso de viaje o armario le confirmarán su amor por él. Firme sus notas con un beso, usando su color de lápiz labial favorito, ¡y póngales perfume! Un correo electrónico con Escrituras de bendición para su esposo, con una posdata que diga: «Te amo», hará que su corazón sonría.

Los hombres quieren saber que son amados.

## 2. Alábelo.

*Toda tú eres hermosa, amiga mía, y en ti no hay mancha.*
—CANTARES 4:7

Darle coraje y aliento también es importante. Decirle a su esposo que está orgullosa de él hace más por él de lo que usted piensa. El apoyo de una esposa a su marido contribuye más a sus logros que cualquier otro factor. Así como el Señor da coraje y aliento a los suyos, una esposa debería dárselo a su esposo y demostrarle que aprecia todo lo que él hace por ella y su familia.

Vivimos en una sociedad de recompensas. ¿Por qué no empezar una tradición en su familia y darle a su esposo el reconocimiento por lo que ha hecho? ¿Por qué no pedirle a sus hijos que reconozcan a su padre en ocasiones especiales con el trofeo de «Mejor Padre» y expliquen por qué él ha recibido este prestigioso reconocimiento antes de que el tiempo nos gane?

Un hombre se detuvo en una florería para ordenar algunas flores y enviarlas a su madre que vivía a doscientas millas de allí. Mientras se bajaba del auto, vio a una muchachita sentada fuera de la florería llorando. Intrigado, preguntó que sucedía. Ella contestó: «Yo quería comprarle a mi madre una rosa, pero solo tengo un dólar, y una rosa cuesta tres dólares».

El hombre, sobrecogido por su deseo de bendecir a su madre, dijo: «Ven conmigo. Yo te compraré una rosa». La niña sonrió agradecida. El hombre compró la rosa para la niña y ordenó las flores para su propia madre.

Mientras salían de la florería, le ofreció a la niña llevarla a su casa. Excitada, ella respondió: «¡Sí, por favor! ¡Usted puede llevarme a donde está mi madre!» Entonces ella lo dirigió al cementerio local donde colocó la rosa en la tumba de su madre.

El hombre regresó a la florería, canceló la orden, agarró un ramo de flores, y manejó doscientas millas hacia la casa de su madre donde se presentó con las flores en persona.[2]

Los hombres quieren saber que son importantes; no lo demos por hecho.

### 3. Prepare una comida especial para él.

*Sustentadme con pasas, confortadme con manzanas; porque estoy enferma de amor.*

—CANTARES 2:5

Sí, realmente escribí eso. No me obligaron. Cuando un hombre ofrece llevar a su esposa a comer afuera, es una muy, muy clara señal de que ella es apreciada. No tendrá que cocinar durante horas, ni fregar luego. Se siente especial, bendecida.

Cuando prepara una comida especial para su esposo, él se da cuenta del tiempo y el amor que ha invertido en ello. Le ha hecho saber que él es lo suficientemente importante como para sacrificar su tiempo y esfuerzo para ofrecerle este gesto de amor.

Una mujer que odiaba cocinar le dijo a su amiga que la forma más rápida de llegar al corazón de un hombre no era su estómago, ¡sino su pecho![3] Si no le gusta cocinar, será un gesto aun más romántico prepararle algo especial, porque él sabe que se ha esforzado más para complacerlo.

A mí me gusta mucho cocinar, así que debo hacer algo especial de este gesto de amor. Cuando mi esposo entra a la casa por la noche, viene a la cocina y me abraza. Me da un beso y me pregunta cómo fue mi día. Luego entra en su estudio y deja su portafolio lleno de hojas con información para el sermón del domingo o para el libro que está escribiendo. De allí va a nuestra habitación y mira el noticiero de la noche hasta que la cena esté lista.

Si cuando entra a la casa le digo que no puede ir a nuestra habitación porque tengo algo especial preparado allí, inmediatamente sonríe y suele decir: «¡Ah!», no importa cuán duro haya sido su día. El clima ya está creado.

Cuando lo llamo a la mesa, entra en nuestra habitación con expectación y ve una mesita con mantel fino y vajilla de porcelana preparada junto a la chimenea. Hay velas sobre la mesa y una rosa roja en un florero de cristal. Le gusta mucho el color rojo. La única luz en la habitación proviene de las velas y del fuego en la chimenea. Entonces, sirvo una comida de cinco platos.

A los hombres les gusta que los mimemos.

## 4. Hágale regalos.

*Las mandrágoras han dado olor, y a nuestras puertas hay toda suerte de dulces frutas, nuevas y añejas, que para ti, oh amado mío, he guardado.*

—CANTARES 7:13

¿Cómo se siente cuando su esposo le compra un regalo? Como una reina con todas las riquezas del mundo. Hágale también regalos a su esposo. El regalo no tiene por qué ser caro. El hecho de que haya pensado en él será más que suficiente.

Yo le regalo corbatas a mi esposo. Le gustan las de color rojo, llamativas. A veces hago enmarcar una fotografía especial de los dos, o de él con los hijos o nietos. Piense qué cosas pueden bendecir especialmente a su esposo y *hágalas*.

A los hombres les encantan los regalos.

## 5. Sorpréndalo.

*Me llevó a la casa del banquete, y su bandera sobre mí fue amor.*

—CANTARES 2:4

Esto puede ser peligroso. La sorpresa más grande que le di a mi esposo fue la de un domingo por la noche durante el servicio en la iglesia, hace ya veinticuatro años.

Yo tenía que decirle algo muy importante, y él estaba ocupado preparándose para el servicio, así que no quería que lo molestara. Continuamente, intenté interrumpirlo con mi característica persistencia. Pero él respondía siempre: «Espera un momento más». Llegó la hora del servicio, y entonces me preguntó qué quería. Le dije que podía esperar a que terminara el servicio.

Bueno, para este momento quizá me conozca usted lo suficiente como para adivinar que no pude esperar. Así que le escribí una nota, la doblé en dos y le pedí a uno de los acomodadores que se la llevara a mi esposo que estaba al frente de la iglesia, durante uno de los momentos musicales del servicio. John tomó el papel y lo leyó. Abrió los ojos muy grandes y me hizo la señal del pulgar hacia arriba, con una enorme sonrisa. ¿Qué decía la nota? Era el anuncio de que tendríamos un bebé.

¡No, no hace falta embarazarse para sorprender al marido! Hay muchas formas de crear romance por medio de las sorpresas. Mi hermana sorprende a su esposo con escapadas de fin de semana. ¡Las salidas nocturnas también son una linda sorpresa!

Ocasionalmente llamo a mi esposo y le pregunto si le gustaría hacer algo excitante esa noche. Entonces hago una reserva para salir a cenar y vamos al cine. (Siempre es lindo que a uno lo inviten, así que asegúrese de pagar usted.)

A veces pongo sobre su almohada el chocolate que más le gusta para que lo encuentre cuando se prepara para ir a dormir. La excitación que crea la sorpresa es esencial para el romance. A los hombres les gustan mucho las sorpresas.

### 6. El poder de su toque.

*¡Oh, si él me besara con besos de su boca! Porque mejores son tus amores que el vino.*
—CANTARES 1:2

Una de mis amigas salía con un hombre que nunca le mostraba afecto cuando estaban juntos. Le pregunté una vez por qué era esto, y dijo que a él no le gustaba «hacer un espectáculo en público». Recuerdo haber pensado: *No le creo.* Al final dejaron de salir y ella se casó con un joven maravilloso que sí cree en los abrazos y en tomarse de la mano. Son muy felices.

Unos años después vi a su antiguo novio con su nueva novia en un restaurante. Sonreí cuando vi que con todo afecto sostenía la mano de la mujer que amaba. El verdadero amor romántico necesita del toque de afecto para sobrevivir.

Es muy importante mostrar afecto hacia su marido en todo momento. Tome su mano cuando van caminando, o dele una palmadita en el hombro cuando pasa junto a él. Béselo con frecuencia.

Aunque no haya hecho esto en el pasado, intente un nuevo comienzo brindándole lo que usted quiere recibir de vuelta.

Una de las más bellas imágenes de romance que haya visto jamás es la que veo todos los domingos por la mañana en la iglesia Cornerstone. En el centro de la primera fila de la segunda sección se sientan un hombre maravilloso y su preciosa esposa. Tienen más de ochenta y cinco años. No podría pasar una hoja de papel entre los dos. Todos los domingos están allí, tomados de la mano. Las manos con los nudillos salientes y la piel arrugada están unidas, con los dedos entrelazados. Las otras dos manos están elevadas en alabanza y adoración al Señor.

¡Qué testimonio! El mensaje de romance que nos dan cada domingo es un recordatorio del amor que sienten el uno por el otro y por Dios.

A los hombres les gustan los abrazos y los besos.

> **ÉL DICE...**
>
> Cuando una esposa le dice a su marido: «Ven y abrázame», él se frota las manos a medida que su testosterona sube y responde: «Bien...» Él está listo para tener relaciones sexuales. Ella solo quiere afecto.

## 7. Lealtad.

*Yo soy de mi amado, y mi amado es mío; él apacienta entre los lirios.*
—CANTARES 6:3

Mi esposo me sorprendió cuando me dijo que una de las cosas más románticas de nuestra relación era mi lealtad hacia él. Dijo que para un hombre no hay nada tan especial como el saber que la mujer que ama es digna de confianza y que nunca le causará dolor.

Proverbios 31 describe a la mujer virtuosa diciendo: «Su marido está en ella confiado» (v. 11). La confianza es el tejido de toda conexión humana. Sin confianza no podrá haber unidad, estabilidad emocional ni esperanza de futuro. La confianza es la piedra fundacional de la relación del matrimonio.

Recuerde los votos sagrados. Son su palabra, su pacto. Saber que mi Señor hizo un voto por mí en la cruz cuando me arrepentí ante Él y lo recibí como mi Salvador, y que ese voto jamás será quebrado, me da una paz y un consuelo que no puedo explicar ni repetir.

---

**ÉL DICE...**

¿Puedo preguntarle algo? ¿Es leal su amor?

---

A causa de la fe que tengo en un Dios que nunca falla quiero agradarle siempre más. Quiero que Él sepa que jamás me volveré a otro Dios. Quizá le decepcione a cada tanto, pero soy suya y jamás abandonaré mi fe en Él.

## Consejos para él

Es muy simple. Todas las «reglas del romance» que les di a las mujeres en este capítulo, las doy también al marido como reglas para que su matrimonio sea siempre un suelo fértil para el romance. Para mí, las relaciones más románticas que he visto no tienen que ver con los recién casados que están siempre abrazados, ni con los nuevos padres que sostienen en los brazos el producto de su amor. No. Las relaciones más románticas son entre matrimonios que llevan treinta, cuarenta, cincuenta, sesenta años de casados. Ellos sí conocen el secreto del verdadero romance.

### De la Dra. Anne

Un matrimonio excelente requerirá de nuestro esfuerzo. Quizá a usted le gustó su marido la primera vez que lo vio. Se conocieron y comenzaron a compartir un tiempo juntos. Comenzaron a entender las historias de ambas familias. A lo largo de los años compartieron experiencias y formaron su propia historia juntos. El afecto creció a medida que pasaba el tiempo.

Algunas veces permitimos que estos sentimientos románticos se enfríen con los años. ¿Sigue usted dedicando tiempo a compartir experiencias y a desarrollar la historia que estimula el afecto y el aprecio?

Nuestro concepto de la relación que Dios tiene con sus hijos está en relación directa con nuestro concepto de la relación matrimonial. Sin ese concepto espiritual no tenemos idea del sacrificio requerido para que el matrimonio satisfaga las necesidades de ambos y cumpla con los requerimientos establecidos por Dios Todopoderoso. En los momentos más difíciles de nuestras vidas, Dios nos cuida, nos consuela y nos muestra Su amor.

De la misma manera, las mujeres queremos y necesitamos sentir el afecto y el consuelo de nuestros esposos. Queremos ser «especiales» en sus vidas. La mujer ocupa un lugar en la vida de su esposos que no puede ser ocupado por nadie más. Cuando ella entra en la habitación, él se ilumina. Valora su personalidad, le gusta cómo ríe, cómo sonríe, cómo se presenta. La entiende cuando nadie más parece entenderla; le perdona sus defectos.

¡Qué fabuloso es no tener que ser perfectos para que nos amen! ¡Qué maravilloso saber que cuando nuestro esposo nos cubre suavemente la mano con la suya nos está asegurando su amor!

Esposas, nunca olviden que obtienen lo que ofrecen. Serán aceptadas, apreciadas y reconocidas con afecto si sinceramente están dispuestas a aceptar, apreciar y reconocer a su marido. La madurez, la historia y lo que se comparte debiera aumentar el amor y el afecto que sienten por sus esposos, así como el amor de ellos hacia ustedes. Las parejas que pueden reflejar los atributos de compromiso y confianza son más capaces de abandonarse a una experiencia de matrimonio sensual. En 1 Corintios 13:7 se nos recuerda que el amor tiene confianza sin fin.

Creo que obtenemos lo que damos. Creo en la ley de la reciprocidad dentro de una relación. No es coincidencia que en la matemática —el lenguaje de la ciencia— la lógica se codifique en una ecuación que requiere que los elementos a ambos lados del signo de igualdad sean iguales.

Sir Isaac Newton capturó la esencia del equilibrio natural cuando codificó la ley de la física que establece que toda acción precipita una reacción igual en sentido opuesto. Causa y efecto: por cada alto hay un bajo; al final obtenemos lo que damos.

Si usted quiere que su esposo sea el «Señor Correcto», entonces deberá ver que usted es la «Señora Correcta». Debemos ser responsables por nosotros mismos así como también por nuestra relación.

Nuestro Dios nos amó cuando no éramos dignos de ser amados, pero no seamos tan tontas como para esperar eso de nuestros esposos. Dios es Dios; los seres humanos son seres humanos, aunque busquen ser cada vez más como Dios. Mi oración por usted es que Dios haga crecer en su interior la suavidad y la dulzura que Él tiene planeada para su corazón. Que su esposo reciba el afecto que usted le demuestra y lo devuelva en abundante proporción.

Permita que las cualidades que busca en su esposo sean evidentes en su propia vida.

## ORACIONES DE CIERRE

Es esencial que le diga a su esposo que lo ama con frecuencia. Para él será importante que lo elogie por sus logros. Será romántico que le prepare una cena a la luz de las velas. Sorprenderlo con una noche especial es algo íntimo. Calentará su corazón cuando le deje notas afectuosas en lugares inesperados. Abrácelo y bésalo para mostrarle su afecto. Y sea leal a él siempre. Esto no tiene precio.

## ORACIÓN DE ARREPENTIMIENTO

*Señor, no le he mostrado a mi esposo el afecto y aprecio espontáneos que realmente necesita. A veces estoy demasiado ensimismada, ocupada con el trabajo, los niños, la iglesia y las cosas que quiero, y no me queda nada para darle a mi esposo. He estado actuando mal. No le he dicho cuánto lo amo. No he buscado exaltarlo con mis elogios, aunque sí lo critico con facilidad. Estoy tan ocupada que casi nunca le muestro mi amor preparándole una comida especial o dándole un regalito como muestra de mi amor por él. Ya no recuerdo cuándo fue la última vez que le di una sorpresa. Necesita mi atención romántica y no se la he dado. No le doy palmaditas de afecto ni besos porque temo que me rechace, o porque estoy demasiado preocupada con mi propia vida. Le he sido desleal y necesito tu perdón —y el suyo— para comenzar de nuevo en mi matrimonio. Perdóname, Señor, por romper mis votos hacia ti y hacia mi esposo. Quizá le sea leal, pero no le muestro demasiada lealtad en mis acciones. Necesito confirmar mi lealtad hacia él y hacerle saber que es el único hombre que deseo y necesito. Quiero un nuevo matrimonio, Señor, que llene y satisfaga las necesidades y deseos de los dos. No he entregado de mí, pero sí he exigido de él. Te pido perdón y pido tus fuerzas para poder intentarlo de nuevo y lograrlo. Amén.*

## ORACIÓN POR UN NUEVO COMIENZO

*Señor, de veras quiero volver a empezar. Quiero sentir atracción romántica hacia mi esposo, como sucedía cuando nuestra relación era nueva y excitante. Quiero que él también sienta la misma atracción hacia mí. Oro que aprenda a saber cómo responder a sus deseos y necesidades, y que pueda comunicarle lo que deseo y necesito. Te pido que me ayudes a reaccionar inmediatamente con amor y respeto, en lugar de con temor o rechazo. Le daré a mi esposo lo que tú me das a mí. Has sido generoso con tu gracia y misericordia hacia mí, y me has amado cuando no lo merecía. Gracias, Padre. Por favor, ayúdame a hacer de mi matrimonio una relación de amor, romance y lealtad. Quiero ser como esas parejas que se dan la mano, se abrazan y se besan cuando seamos ancianos. Quiero guardar mi alianza sagrada contigo y con mi esposo. Quiero que esté feliz de haberse casado conmigo. Necesito tu ayuda, Señor, y sé que la recibiré porque tú eres fiel. Te amo. Amén.*

## Capítulo diez

# Deseo número uno:
## Hombre de Dios

*Porque la gracia de Dios se ha manifestado para salvación a todos los hombres, enseñándonos que, renunciando a la impiedad y a los deseos mundanos, vivamos en este siglo sobria, justa y piadosamente, aguardando la esperanza bienaventurada y la manifestación gloriosa de nuestro gran Dios y Salvador Jesucristo, quien se dio a sí mismo por nosotros para redimirnos de toda iniquidad y purificar para sí un pueblo propio, celoso de buenas obras.*

—Tito 2:11-14

Así que quiere un hombre de Dios? Quizá entonces la primera pregunta deba ser: «¿Sabe cómo reconocer a un hombre de Dios?» En esencia, las características que las mujeres de nuestra iglesia enumeraron como sus diez «deseos» con respecto a un hombre son las cualidades de un hombre de Dios. Nosotros las hemos presentado en este libro.

## Los hombres de Dios en la Biblia

Cuando leí los diez deseos, desde el menos importante hasta el más importante, inmediatamente comencé a pensar en algunos de los héroes de la Biblia, los hombres de las Escrituras a quienes identificamos como verdaderos hombres de Dios. ¿Alguna vez se ha preguntado cómo sería estar casada con alguno de ellos?

### Noé

Piense en Noé... las Escrituras dicen que era «varón justo, era perfecto en sus generaciones; con Dios caminó Noé» (Génesis 6:9). Dios sabía que Noé era un hombre suyo. Ahora, entremos en el teatro imaginario y pensemos cómo sería estar casada con Noé.

Viene a casa una tarde, con planos en la mano, y dice que el Señor mismo lo ha visitado. El gran YO SOY le ha ordenado que haga algo que jamás se ha hecho antes, sin presupuesto y sin una verdadera comprensión de su propósito. Además, Dios destruirá la tierra con agua que caerá del cielo... un fenómeno desconocido para la humanidad. Así que renuncia a su empleo y comienza a construir.

Luego dice que cuando esté listo su proyecto, usted y él y los niños harán un largo viaje en barco. Sin embargo, no sabe exactamente *cuánto* durará, ni *adónde* irán. Y hay algo más... ¡su parte en esto! Debe ayudarlo a reunir y cuidar a los que viajarán con su familia, algo así como «dos para dos». Tiene una tarea ingrata, pero él siente que debe obedecer los deseos del Señor, porque Jehová Dios ha prometido proveer.

¿Estaría dispuesta a trabajar con Noé?

## Abraham

Abraham recibió de Dios la orden de dejar un hogar muy confortable para ir con su familia a otras tierras. Dios ama a Abraham tanto que le promete un pacto de siete cláusulas (ver Génesis 17:1-8)

1. Te haré una gran nación.
2. Te bendeciré.
3. Te daré un gran nombre.
4. Serás bendición.
5. Bendeciré a quienes te bendigan.
6. Maldeciré a quienes te maldigan.
7. En ti, todas las familias de la tierra serán bendecidas.

Este hombre ha encontrado el favor del Señor, eso es seguro. ¿Qué tipo de marido sería? Examinemos a Abraham un poco más. Viene a casa y relata su entrevista con Dios diciendo que no sabe realmente dónde han de ir. Sin embargo, deben dejar la casa de ensueño que acaban de construir para viajar en caravana. Finalmente, la convence de dejar su lujoso estilo de vida y todo lo que le es importante. También le asegura que Yahvé le ha prometido bendecirlo con descendientes *cuya muchedumbre no se podrá contar.*

¡Oh, y aun hay más, querida! Resulta que en el viaje hacia «Dios sabe dónde» Abraham la convence de actuar como *si fueran hermanos,* para protegerlo. Esto hiere sus sentimientos y usted se siente rechazada. Aunque este pedido de Abraham la ponga en peligro inminente, lo piensa un poco. Herida, al fin igualmente consiente.

Pasa el tiempo y el viaje, que ha sido duro, le cuesta aun más porque han envejecido. Le ha dado a este hombre los mejores años de su vida. Tiene un momento de debilidad (a todas las mujeres se nos permite la medida justa de momentos de debilidad). Decide que a esta edad quizá no pueda darle un heredero a su esposo. Así que sugiere, por única vez —debo agregar— que él duerma con su sirvienta para que resulte un niño de esa unión. Sin dudarlo, él acepta... *un tanto demasiado rápido para mi gusto.*

Para colmo su sirvienta favorita, que ahora está embarazada de su esposo, le echa en cara su posición favorecida.

¿Dejaría usted su hogar para ir con este hombre?

## Moisés

Tanto amaba Dios a Moisés que lo eligió para guiar a su pueblo, la niña de sus ojos, fuera de la esclavitud. Moisés fue el hombre a quien Dios confió sus leyes. ¿Cómo sería estar casada con Moisés? Se va durante varios días a la montaña para un retiro espiritual sin usted. Cuando está en casa, está abrumado porque tiene que liderar a millones de personas a algún lugar, al que deben llegar en algún momento. Pareciera que quedan atrapados en el desierto para siempre. Moisés pasa todo el día —y casi toda la noche— en sesiones de consejería intentando resolver los problemas de la gente.

Trae a casa sus problemas todas las noches. Está tan molesto que usted llama a su padre para que lo invite a almorzar y le aconseje cómo aminorar su carga de trabajo. El matrimonio sufre a causa de la tensión. ¿Cuándo terminará este interminable vagar por el desierto, con estos quejosos compañeros de viaje que exigen todo el tiempo de su esposo?

¿Apoyaría usted a este hombre y su ministerio?

## David

David era un hombre que seguía al corazón de Dios, un líder de multitudes, un guerrero valiente... y también un adúltero, un asesino y un padre fracasado. ¿Cómo habría sido David como marido?

Todos estos hombres tienen algo en común. *Eran hombres imperfectos elegidos por un Dios perfecto para que hicieran su voluntad.* Para cumplir con sus propósitos estos hombres tenían que tener una mujer que los apoyara y siguiera a Dios, permaneciendo a su lado.

Hoy, nosotros también somos como esos hombres... somos todos criaturas imperfectas. Pero hay una diferencia notable: la sangre de un Cordero perfecto nos cubre. Estos hombres vivían bajo la Ley; nosotros vivimos bajo la gracia y la misericordia de nuestro Salvador Jesucristo. Es su misericordia la que nos impide obtener lo que merecemos, y su gracia la que nos da lo que no merecemos.

## ¿Puede mi esposo llegar a ser un hombre de Dios?

La pregunta es: ¿Qué es un hombre de Dios, y cómo puede ayudar a su esposo para que llegue a serlo?

> **Él dice...**
>
> Cuanto antes reconozca su imperfección y el hecho de que aun en su mejor día usted es un mortal fatalmente imperfecto que vive a diario por la gracia de Dios, tanto antes podrá ser feliz.

El hombre de Dios es reflejo de su Salvador. Debe tener la mente de Dios. Debe ver lo que ve Dios. Debe tener el corazón de Dios. Debe ser la mano de Dios.

Booker T. Washington, en su autobiografía *Up From Slavery* [Levantándonos de la esclavitud], relata un hermoso incidente que demuestra el amor de su hermano mayor. Él cuenta que las camisas que vestían los esclavos en la plantación eran de fibra de lino, cruda y áspera. De niño, el género le raspaba la piel, causándole mucho dolor e incomodidad. Su hermano mayor, conmovido por el sufrimiento del pequeño, vestía las camisas nuevas de Booker hasta que se ablandaban y se hacían más suaves al tacto. Aunque también su propia piel se lastimaba por la irritación. Booker dice que este fue uno de los actos de amor más grandes que jamás haya vivido.[1]

No sabemos cuál era el nombre del hermano mayor, pero podemos reconocer el espíritu que lo impulsaba como proveniente de Cristo. Quizá no recordemos el nombre de un hombre de Dios, pero jamás olvidaremos el nombre del Dios a quien sirve.

Otro ejemplo de un hombre de Dios es el que encontramos en la historia de un misionero del Ejército de Salvación. Sus ojos se llenaron de lágrimas cuando vio a los tres hombres de pie enfrente de él. El Dr. Shaw era un misionero médico que acababa de llegar a la India, donde lo habían enviado a servir en una colonia de leprosos. Ante él vio tres hombres con grilletes en las manos y los pies, que les cortaban la carne infectada y enferma. Conmovido por la compasión, el doctor pidió al guardia que los soltara. Los guardias protestaron, diciéndole que no solo eran leprosos, sino además criminales.

«Yo me hago responsable —dijo el médico—. Ya están sufriendo lo suficiente». Pidió las llaves, se arrodilló, y con sumo cuidado retiró los grilletes para curar las heridas abiertas.

Unas dos semanas más tarde el médico volvió a pensar en los criminales liberados. Tenía que viajar y pasar la noche lejos de casa, dejando a su esposa y su hijo solos. Su esposa insistió en que no debía temer, porque Dios estaría con ellos. Con tal seguridad, el doctor partió.

A la mañana siguiente, la esposa del doctor fue a la puerta de su casa y vio a los tres hombres acostados sobre los peldaños de la entrada. Uno de ellos le explicó a la azorada mujer: «Sabemos que doctor ir. Quedarnos aquí toda la noche, para que no venga mal sobre usted».[2] Los tres criminales habían respondido al acto de amor que tan misericordiosamente les había dispensado el doctor.

## LA MENTE DE SU PADRE

El hombre de Dios tiene la mente de su Padre cuando ve el dolor de los que están esclavizados por el pecado. Piensa como piensa Dios, en términos de amor y compasión por los desamparados.

Un padre siempre terminaba la oración de gracias en la mesa familiar con las siguientes palabras: «Ven, Señor Jesús, sé nuestro invitado, y bendice lo que nos has dado». Un día, su hijo pequeño le preguntó algo importante:

—Papá, todas las noches le pides a Jesús que venga y sea nuestro invitado, pero nunca viene.

—Hijo —respondió el Padre—, solo podemos esperar. Pero sabemos que Él no se negará a nuestra invitación.

—Bueno —dijo el niño—, entonces si le invitamos a venir y comer con nosotros, ¿por qué no ponemos un plato para Él en la mesa?

Conmovido por la inocencia de su hijo, el padre le permitió poner un plato para Jesús en la mesa.

Entonces oyeron que alguien llamaba a la puerta. Cuando la abrieron, encontraron un pobre huerfanito, temblando de frío. El hijo miró al niño hambriento durante un momento y luego se volvió a su padre diciendo:

—Veo que Jesús no pudo venir hoy, así que envió a este niño en Su lugar.

El padre no habló casi mientras el niño traía al huérfano a la mesa y lo sentó en el lugar reservado para Cristo. El hombre de Dios ha de ver al mundo y a quienes le rodean con los ojos de Dios.[3]

En uno de nuestros muchos viajes a Israel, el pastor Hagee y yo tuvimos el privilegio de ver uno de los actos del corazón más bellos. Mientras volábamos hacia Tierra Santa, dos de los compañeros de ministerio con quienes viajábamos compartieron su testimonio con el Pastor y conmigo.

Había aceptado a Cristo mientras veían a mi esposo predicando su sermón en la televisión. Le hablaron de la vida homosexual que habían dejado atrás y del nuevo gozo que habían hallado. Entusiasmados por su nueva vida, ahora hacían el viaje soñado.

Tristemente, y a causa de su estilo de vida en el pasado, uno de ellos sufría de SIDA y estaba preocupado por lo que pensarían los demás en el grupo. Mi esposo les aseguró que todo estaría bien y que no debían preocuparse por nada más que por disfrutar el viaje que estaban por experimentar, el cual les cambiaría la vida.

Una noche poco después de nuestro arribo, mientras estábamos en Tiberio, decidimos salir a caminar después de cenar. El joven que estaba enfermo, débil y frágil después del largo vuelo, apenas podía dar un paso. Buscamos una silla de ruedas para él. Luego de orar mucho, el joven le dio permiso a mi esposo para que les dijera a los demás que estaba enfermo y que necesitaba de sus oraciones y ayuda.

Recuerdo las oraciones de mi esposo esa noche, mientras tomados de la mano le pedíamos al Señor que preparara al grupo para la noticia relacionada con nuestro joven amigo: «Padre, dales tu oídos para oír la noticia, y guárdalos de sentir temor al responder a este hijo de Dios con tu corazón amoroso».

A la mañana siguiente, durante el devocional, le dijimos al grupo que nuestro joven amigo necesitaba sanar de su terrible enfermedad. Con lágrimas en los ojos, los miembros del grupo se acercaron uno por uno y se arrodillaron alrededor de él. Juntos, oramos por su sanidad.

A partir de ese momento, los hombres del grupo se turnaban para empujar la silla de ruedas y para ayudar al joven a subir y bajar del autobús. Los vimos reír con él, sentarse junto a él, comer y conversar con él. Fue un maravilloso testimonio del amor de Dios.

Pero el momento más profundo para mí fue cuando fuimos a la Tumba del Jardín. Allí pasamos momentos de oración y adoración, compartiendo la comunión del Señor, y luego nos dispusimos a entrar en la sepultura vacía. Uno a uno, todos entraron. Uno a uno, todos salían con lágrimas en los ojos mientras dejaban atrás el recinto vacío de la cueva. Mi esposo y yo estábamos parados en la plataforma, observando a los preciosos peregrinos en su solemne momento, cuando sucedió algo hermoso. El joven estaba sentado en su silla de ruegas a unos metros de la tumba, porque las piedras del jardín le dificultaban el acceso. Dos de los hombres del grupo se acercaron a él y lo levantaron, ofreciéndole apoyo a sus brazos débiles, que se aferraron a sus cuellos. Estos hombres no se preocuparon por su propia salud, y llevaron a su hermano hacia la tumba vacía.

La gente que estaba junto a la entrada les abrió paso para que los tres pudieran ingresar en el oscuro mausoleo. Reinaba el silencio. Todos inclinaron la cabeza y oraron. Los tres hombres salieron de la tumba con lágrimas en los ojos.

Mi esposo y yo también lloramos. Nos sentíamos privilegiados por poder ver una demostración del corazón del Dios vivo saliendo de la tumba vacía.

Un pequeño huérfano vivía con su abuela. Una noche su casa se incendió. La abuela, en su intento por rescatar al niño que dormía en el piso de arriba, pereció entre las llamas y el humo. Se reunió una multitud alrededor de la casa en llamas. Los gritos del niño se oían por sobre el ruido crepitante del incendio. Nadie parecía saber qué hacer porque el frente de la casa era una masa de fuego.

> **ÉL DICE…**
>
> ¿Quiere usted hacer algo grandioso para Dios? ¡Sea bondadoso con sus hijos! La bondad es un idioma que los sordos pueden oír y los ciegos pueden ver.

De repente, un extraño salió de la multitud y se dirigió hacia el fondo de la casa. Vio un caño de hierro que llegaba a una ventana del piso superior. Desapareció durante un minuto y reapareció luego con el niño en sus brazos. En medio del vitoreo de la multitud, bajó por el caño caliente con el niño aferrado a su cuello.

Semanas más tarde se realizó una audiencia pública en el ayuntamiento para decidir a quién se le daría la custodia del niño. Todos los que querían hacerse cargo de él tenían derecho a hablar durante unos minutos. El primer hombre dijo:

—Yo tengo una granja grande, y todo el mundo necesita estar al aire libre.

El segundo hombre habló de las ventajas que podía ofrecer:

—Soy maestro. Tengo una biblioteca con muchos libros. El niño obtendría una buena educación.

Luego hablaron otras personas. Finalmente, el hombre más rico de la comunidad dijo:

—Soy rico. Podría darle al niño todo lo que mencionaron esta noche: una granja, una buena educación y aun más, incluyendo dinero y viajes. Me gustaría tenerlo en casa.

El presidente de la audiencia preguntó si alguien más tenía algo que decir. Un desconocido se puso de pie, en el fondo de la sala. Nadie había notado su presencia. Mientras caminaba hacia el frente se veía el sufrimiento en su rostro. Lentamente, el extraño sacó las manos de los bolsillos.

La multitud contuvo el aliento. El niño, cuyos ojos habían estado mirando al suelo, levantó la mirada. Las manos del hombre estaban terriblemente lastimadas. De repente, al ver su rostro el niño lo reconoció y gritó. Era el hombre que le había salvado la vida. Sus manos estaban lastimadas porque el caño por el que había subido y bajado estaba demasiado caliente. Pero había rescatado al niño de una muerte segura.

De un salto el niño se abrazó a su cuello, y una vez más, se aferró a la vida. El granjero se levantó y salió de la sala. Lo mismo hizo el

### ÉL DICE...

Recuerde que no hay superestrellas para Dios. Él solo tiene siervos. Sus siervos son humildes y amorosos. Desean volcarse en el torrente infinito del amor de Dios.

maestro. Y también el hombre rico. Todos se fueron dejando al niño en las manos lastimadas del hombre que había ganado su custodia sin decir palabra.

El hombre de Dios ve las manos lastimadas de su Salvador cuando extiende sus propias manos a su esposa, sus hijos, o al extraño con sus buenas obras y su generosidad.

Finalmente, quiero decirle que el hombre de Dios debe aprender a decirle *no* al mundo. El mundo no reconoce la rectitud del Dios al que servimos. Encanta a sus víctimas con la filosofía del «sentirse bien» tan popular en nuestros días. Enseña que no hay bien ni mal, todo es *relativo*. El mundo atrae con el placer y rechaza el sacrificio propio.

La Palabra de Dios dice que el hombre que le dice *no* al mundo y *sí* a Dios es feliz. También es afortunado y envidiado porque teme, reverencia y adora al Señor. El hombre de Dios andará en el sendero que Dios le ha puesto delante según los mandamientos que Él ha dado.

## Consejos para él

El hombre de Dios es:

1. Fiel
2. Un líder espiritual
3. Respetuoso
4. Un hombre de familia
5. Proveedor
6. Honesto
7. Buen comunicador
8. Feliz
9. Amoroso

### De la Dra. Anne

Las mujeres muchas veces *piensan* que saben lo que quieren, pero por naturaleza, no están dispuestas a permitir que el Señor haga crecer en un hombre las cualidades y atributos que resultan de la mano de Dios, quien los da al hombre que los desea con todo su corazón.

Las diez características de la encuesta de este libro son el resultado de la obtención del deseo número uno de la mujer, el de un hombre de Dios. Y los diez deseos dependen de que la mujer permita que Dios se haga cargo y obre.

A menudo, manipular a un hombre a través de circunstancias y decisiones se considera *divertido, gracioso* o *la manera perfecta para salirse con la suya y hacer creer al hombre que la idea fue de él.* Dios dice que esto es brujería. La manipulación y el control son el camino que tiene Satanás para entrar en la relación.

Como mujeres, estamos a cargo únicamente en lo que se refiere a someternos a la perfecta voluntad de Dios por medio de su Palabra. Nuestras mentes requieren renovación y la limpieza de la Palabra por medio de la guía del Espíritu Santo. ¿De qué modo como mujeres podríamos no impedir que Dios obre en nuestros esposos creando las cualidades que sean la respuesta a nuestras oraciones? ¿Cómo podemos ser colaboradoras de Dios en este proceso?

Dios nos dio a cada una de nosotras su propio Espíritu para que nos guíe, nos construya, nos aconseje y enseñe. Nos da sabiduría, entendimiento, buen criterio y fortaleza. Ministra verdad, reprimenda y consejo para la corrección.

No hay *ningún* pasaje en la Biblia en el que se les dé a las mujeres el mandato o la autoridad de arrogarse el rol del Espíritu Santo. Usted ha de ser solo lo que Dios le pide que sea. No es requisito ser el *Espíritu Santo* de su esposo, en realidad, es blasfemia que busque asumir ese rol.

## ORACIONES DE CIERRE

Al orar para que encontremos a un hombre de Dios, recordemos que el hombre de Dios merece una esposa de Dios. Debemos aprender a someternos humildemente en matrimonio al hombre de Dios y comprometernos fervientemente con el Señor mientras nutrimos a la siguiente generación. Debemos aprender a oír la voz de Dios y tomar el camino que Él nos traza para llegar a ser todo lo que podamos ser. Él nos dará todo lo que hayamos deseado. Vivir según su plan nos traerá bendiciones incontables y una *satisfacción del alma* que no puede compararse con ninguna otra cosa.

### ORACIÓN DE ARREPENTIMIENTO

*¡Oh, Señor! Me he dejado llevar más por los roles que la sociedad me impone que por tu Palabra infalible e inspirada. Por favor, perdóname. Soy una mujer buena, Señor. No es con intención que me opongo a tu voluntad. Me distraigo y me dejo llevar por las cosas de este mundo, y no por tu guía. Ayúdame, Señor Dios, por favor. Pido una mente renovada para que tú puedas enseñarme tus caminos y preceptos. Me arrepiento y me esforzaré con ahínco para agradarte. Lucharé por ser la mujer que mi esposo necesita según tu voluntad, para que él pueda llegar a ser el hombre que tú deseas que sea.*

### ORACIÓN POR UN NUEVO COMIENZO

*Gracias, Padre, por tu amor, que nos da a mí y a mi familia otra oportunidad para hacer las cosas bien. No criaré a mis hijos ni me conduciré como una persona del mundo, sino como hija de Dios. Ayúdame, Señor Dios a decir que no a este mundo, y a decirte sí a ti.*

*Sé que eres fiel y que harás de mi familia un reflejo de tu bondad. Como esposa y madre me has bendecido con la oportunidad de amar y ser amada. Mostraré mi amor honrando a mi esposo y permitiendo que sea el jefe de nuestro hogar, el sacerdote que tú has puesto por encima de nosotros. Alabanza, gloria y honor a ti, por tu bondad y continua bendición. Gracias, Padre, por un nuevo comienzo.*

# A LA MANERA DE LA TORÁ

*Así dijo Jehová: No se alabe el sabio en su sabiduría, ni en su valentía se alabe el valiente, ni el rico se alabe en sus riquezas. Mas alábese en esto el que se hubiere de alabar: en entenderme y conocerme, que yo soy Jehová, que hago misericordia, juicio y justicia en la tierra; porque estas cosas quiero, dice Jehová.*
—JEREMÍAS 9:23-24

A caba de leer usted la Palabra del Señor. Le aliento a leer el párrafo que aparece arriba siete veces antes de seguir leyendo este capítulo de cierre. Siete es el número de la perfección y creo que una vez que recibimos en nuestra mente y espíritu el mensaje del grandioso YO SOY, enviado en este pasaje de las Escrituras, entonces el resto de la vida volverá a estar enfocado.

Cuando leía mis muchos recursos de investigación para este proyecto, me topé con un libro de Rebbetzin Jungreis, titulado *The Committed Life* [La vida comprometida].[1] Rebbetzin es la viuda de un rabino, y también hija, nieta y bisnieta de rabinos. Es también madre y abuela de rabinos. Estas credenciales y el amor que siente por el Señor la califican para haber fundado el *Centro de la Torá*, donde llega gente de todas las edades para oírle enseñar la Palabra inspirada de Dios, conocida para los judíos como la *Torá*.

Relata sus experiencias vividas en muchas sesiones de consejería a lo largo de los años, y una de las frases que más me impactó al leer este libro es su consejo: «Has hecho las cosas a tu modo ¿Por qué no las haces a la manera de la Torá?»

> **ÉL DICE…**
>
> Recuerde esto: su matrimonio puede ser un *mejor matrimonio* o puede ser también un *matrimonio amargo*. Todo depende de su decisión.

Ahora le doy a usted este mismo consejo. Ha intentado hacer funcionar su matrimonio, y fracasó. Ha tratado de hacer de su cónyuge el hombre o la mujer que usted desea, y fracasó. ¿Por qué no intenta hacerlo a la manera de la Torá? ¿Por qué no seguir el modo de Dios?

Había una vez una aldea en la que vivían todo tipo de artesanos: sastres, carpinteros, zapateros, plateros, etc. Solo les faltaba un oficio: el de relojero.

Pasaron los años y los relojes de los aldeanos se fueron rompiendo hasta que ninguno marcaba la hora correctamente, así que algunos decidieron no dar más cuerda a sus relojes. Decían: «¿Para qué?, si no marcan la hora exacta».

Pero un pequeño grupo de personas decidió seguir dando cuerda a sus relojes, esperando que algún día llegara un relojero al pueblo y arreglara las cosas. Ocurrió que sí llegó un relojero un día, y la gente hizo fila para entregarle sus relojes. Pero el relojero solo podía arreglar aquellos que habían seguido funcionando. Los demás se habían oxidado tanto que ya no podían repararse.

Nuestros relojes —y nuestros corazones— no siempre nos dan una lectura exacta de lo que sucede. Pero si seguimos dándoles cuerda, si hacemos que sigan funcionando, al final, cuando llegue el Relojero Dios, podrá repararlos y conectarnos con Él.[2] Es importante seguir conectados a su Palabra y confiar en el don de la fe, porque en el análisis final, la fe en el Dios que nunca falla es lo único que da sentido a nuestras vidas.

La Torá, la Palabra de Dios, es más grande que cualquier otro libro así como el Monte Everest es más grande que un grano de arena. La Biblia es más grande que cualquier otro libro así como las Cataratas del Niágara son más grandes que un conducto de agua. La Biblia es más grande que cualquier otro libro así como el sol de mediodía es más grande que una vela. Su contenido no está formado por meras palabras impresas en hojas de papel; la Biblia es el registro de las promesas del Dios que creó el universo y lo sostiene en la palma de Su mano.

Al intentar enseñarles parte de la riqueza que hay entre sus cubiertas, he encontrado que cada palabra, cada letra, cada signo de puntuación tiene infinito significado. Ha sido estudiada por las más grandes mentes de todas las épocas, y aun así, hasta un niño puede encontrar consuelo en su mensaje. Es el plano de obra de Dios para nuestras vidas. Y por eso, es imperativo que nos mantengamos unidos a ella. Dios nos dice en su Palabra que elijamos. Que elijamos la vida y no la muerte. La bendición y no la maldición. Hoy usted debe hacer una elección consciente por la vida y el éxito de su matrimonio, y proclamar ante el Señor y su cónyuge que así lo hará.

## Dé los pasos necesarios

Para elegir la vida y el éxito de su matrimonio deberá dar ciertos pasos que le permitirán tener la relación que desea con su cónyuge en tanto caminan de la mano este viaje que llamamos *vida*.

Primero, ha de permanecer conectado al Creador que le modeló a su imagen. El libro de los Salmos promete que Dios está cerca de todos los que acuden a Él, de quienes acuden a Él con sinceridad.

Cuando pronunciamos el nombre de Dios, la esperanza entra en nuestro discurso, nuestra mente y nuestro corazón. Donde hay vida *hay esperanza*. Jesucristo es el Agua Viva y la Esperanza Bienaventurada. Proclame al Señor con sus labios: «Elijo seguir conectado a mi fuente de vida y bendición. Seguiré conectado al Señor a quien sirvo y a su Palabra, que me da fuerza y dirección». Hágalo a la manera de la Torá.

Segundo, debe arrepentirse ante Dios, a quien ha ofendido. Cada vez que mostró insulto, enojo o desdén por su cónyuge, lo ha mostrado por Dios. El acto de arrepentimiento le dice al Señor que usted ha reconocido su pecado, que ha mostrado arrepentimiento y que está listo para un nuevo comienzo.

El arrepentimiento es uno de los más grandes actos de obediencia que pueda realizar. Puede orar estas palabras: «Hoy, Padre, me arrepiento ante ti y ante mi cónyuge, a quienes he ofendido en pensamiento, palabra y obra». Hágalo a la manera de la Torá.

Elija guardar la alianza. Debe decidir seguir casado con su cónyuge durante el resto de su vida. Su pareja quizá le haya lastimado, pero aprenda a perdonar porque quienes perdonan serán perdonados. Ore: «Hoy elijo guardar la alianza que formé ante Dios y ante mi cónyuge».

El amor por su cónyuge solo debe ser superado por su amor a Cristo, su Salvador. Para estar comprometido con cualquier relación debe elegir amar. Amar como Cristo ama es el logro más grande que pueda uno conseguir.

Debe humillarse para conseguir esto; Jesús se humilló a sí mismo delante de sus acusadores momentos antes de morir. Quizá deba suprimir su ego; Jesús le dice *no* al ego al arrodillarse ante sus discípulos y lavar sus pies. Cualquier cosa que sacrifique por amor, le será devuelta por Dios en mayor medida de la que pueda imaginar. Hágalo a la manera de la Torá.

Elija hoy mostrar sin reservas el amor que Dios ha puesto en su corazón por su cónyuge. El deseo de romance deberá estar dentro de los límites del sagrado sacramento del matrimonio. Toda tentación por llevar este deseo fuera del matrimonio es una inclinación malvada que lo engañará y exigirá gratificación instantánea no importa a qué costo.

Someta y anule todo deseo fuera de la alianza del matrimonio y haga todo el esfuerzo posible por mostrar amor y romance a la persona con quien formó esta alianza. La Palabra de Dios le mantendrá en la constante presencia de Dios. Ore: «Señor, hoy proclamo que amaré a mi cónyuge incondicionalmente, como tú me has amado sin condiciones». Hágalo a la manera de la Torá.

> **ÉL DICE...**
>
> «¿Estoy dispuesto a hacer lo que Dios me indique para mejorar mi matrimonio?» Si se compromete, y nunca lo olvida, su matrimonio puede llegar a ser como el cielo en la tierra.

Sepa que Dios tiene un gran plan para su matrimonio. Juntos le servirán en el camino que Él ha elegido para usted. Él toma las situaciones más dolorosas de nuestras vidas y las convierte en testimonios de su poder. Se nos presentan desafíos para que aprendamos a vencer, no a claudicar.

Dios siempre tiene un plan mayor. En tanto usted y su cónyuge esperan en Él para que les revele su plan, decidan ser pacientes, aprendan a perseverar y siempre confíen en un Dios que jamás los defraudará. Estas elecciones cambiarán su vida para siempre. Ore estas palabras: «Hoy elegimos vivir nuestras vidas para ti, Padre, y oír tu voz, obedecer tus mandamientos y esperar por tus bendiciones».

## CEREMONIA DE BODAS DE MATTHEW Y KENDAL

Al llegar al final de mi sección del libro no encuentro mejor manera para cerrarlo que compartir con usted una porción de la ceremonia de matrimonio que ofició mi esposo para nuestro hijo Matthew y su esposa Kendal, hace poco más de un año.

En estas palabras encontrará la esencia de todo lo que he buscado enseñarle en este libro.

La ceremonia comenzó con esta oración:

Padre Celestial, hemos venido a esta casa del Señor para unir a este hombre y esta mujer en sagrado matrimonio según las alianzas de nuestro Dios, como lo hemos hecho en todas las generaciones de nuestra familia. Hoy venimos a la casa del Señor para honrar la Palabra de Dios y continuar la bendición que el Señor nos dio de llevar el evangelio de Jesucristo a los confines de la tierra.

Que el Espíritu Santo llene esta sala, y que la unción de Dios descanse sobre esta ceremonia mientras pronunciamos la existencia del pacto eterno escrito por las manos de los ángeles en las crónicas del cielo, con plumas de hierro y puntas de diamante, que será recordado por los siglos de los siglos en toda la eternidad.

Bendice estos pactos para que contengan la prosperidad y la bendición que Dios da a quienes se adhieren a ellos, porque Dios nada hace sin la santidad de un pacto. En nombre de Jesús oramos y lo pedimos. Amén.

Luego mi esposo continuó, dirigiéndose a Matthew y Kendal.

Hemos venido a la casa del Señor para estar ante el Señor mismo, ante sus familias y amigos para expresar vuestro deseo de vivir juntos desde este día en adelante como marido y mujer. Vienen esta noche a pronunciar la existencia de un pacto divino que Dios ha registrado con claridad en su Palabra.

Dios es el autor del matrimonio. En el génesis de los tiempos Dios creó a un hombre y dijo que no era bueno que estuviera solo. Así que Dios creó para ese hombre la compañera perfecta y trajo a Eva por las verdes colinas del cielo y la presentó a Adán. Y a causa de este divino mandato, siempre hemos sentido que un hombre y una mujer en la casa de Dios también se unen por mandato divino.

Este es un matrimonio por el que tu madre y yo hemos orado desde el día en que naciste, como hemos orado por todos nuestros hijos, para que Dios les trajera a esa persona especial con quien pudieran caminar el camino de la vida con la unción de Dios, para que los suyos fueran matrimonios hechos en el cielo, declarados en la tierra y vividos en gracia.

El matrimonio es una alianza, lo cual significa que es la muerte de dos voluntades y el nacimiento de una. Por última vez en sus vidas han entrado en un edificio como individuos. Desde esta noche en adelante, Dios los ve a ambos o no ve a ninguno de los dos. Desde este momento en adelante son un todo unificado. Porque Cristo mismo dijo: «Estos dos ... serán una sola carne».

El rol del marido es el del profeta, el sacerdote, el proveedor. Matthew, Dios te hace responsable de este hogar. Te hace responsable del desarrollo espiritual de tus hijos. Y sé que educarás a tus hijos en el camino del Señor.

Kendal, como su esposa, hoy declaras en la formulación de este pacto que te sometes al liderazgo de Matthew, que serás la reina de la casa, sujeta a tu esposo como Cristo está sujeto a Dios Padre.

En este momento de la ceremonia, mi esposo comenzó a explicar el significado de la *Chuppah* judía, la carpa de matrimonio bajo el que Matthew y Kendal habían decidido casarse. Tres de nuestros cinco hijos, incluyendo a Matthew, se han casado bajo la *Chuppah* o pabellón de bodas judío. Esta carpa simboliza diversas cosas: el hogar, el vestido, la cobertura espiritual. La *Chuppah* suele ser un trozo de tela sostenido por cuatro postes. Está abierta en sus cuatro lados para representar la hospitalidad que la unión de este matrimonio exhibirá en su hogar. Las visitas serán bienvenidas al entrar en el hogar desde el norte, el sur, el este y el oeste.

La *Chuppah* es el símbolo de una cubierta para la novia. Al casarse bajo esta carpa, el novio indica que acepta a la novia como propia.

La *Chuppah* es un signo de la presencia de Dios en la boda y en el hogar que se establece bajo su techo. *Chuppah* significa «lo que cubre o flota por encima». En las bodas de nuestros tres hijos casados bajo la *Chuppah*, mi esposo puso su *tallit* o manto de oración (en el que están bordadas las letras hebreas que simbolizan el nombre de Dios) sobre la carpa. Se dice que hay una presencia espiritual en el espacio que hay debajo del techo porque el Nombre divino flota por encima de este.

Cuatro huéspedes de honor sostienen los postes del pabellón para simbolizar el apoyo de oración que recibirá el matrimonio. Quienes asisten prometen orar por la novia y el novio que inician su nueva vida juntos bajo la cobertura de Dios.

Están casándose esta noche debajo de la *Chuppah*. En el antiguo Israel, las bodas se realizaban bajo un manto de oración sostenido por postes que a la vez sostenían cuatro hombres. Esta costumbre es rica en significado espiritual. Significa, ante todo, que el matrimonio se halla validado por el nombre de Dios. De los nombres de Dios vienen las cinco bendiciones que hay en las Escrituras: *Jehová Rophi*, nuestro Sanador; *Jehová Shalom*, el Dios de paz; *Jehovah Jireh*, el Dios que es nuestro proveedor, *Jehová Rohi*, el Señor que es nuestro Pastor y Líder, *Jehovah Shammah*, el Dios que está allí.

De pie aquí, bajo la *Chuppah*, que simboliza la Palabra de Dios y la cobertura de Dios, todas estas bendiciones sean derramadas sobre vosotros y vuestros hijos, y los hijos de sus hijos.

El matrimonio bajo la *Chuppah* es el matrimonio bajo la Palabra de Dios y su liderazgo, como lo representan los seiscientos trece nudos que simbolizan los seiscientos trece principios de la verdad encontrados en la Palabra de Dios. Como la Palabra de Dios es eterna, sea eterna también vuestra relación. Como la Palabra de Dios es duradera, así duren sus vidas y su matrimonio. Como la Palabra de Dios es inconmovible, así sea esta relación inconmovible.

Su matrimonio deberá atravesar tormentas, porque Jesús nos brinda en su Palabra la parábola del maestro constructor que construye la casa sobre cimiento firme. Él dijo: «Y cuando llegó la tormenta…» No dijo: «Si es que llegan las tormentas…» Sino: «Cuando llegó…» Y vendrán, claro, pero como ustedes construyen su relación en el Señor y en su Palabra, las puertas del infierno no podrán prevalecer en su contra.

La Palabra trae bendiciones generacionales. Hace quince años esta noche, mi padre, y el abuelo de ustedes, estuvo de pie en esta plataforma dedicando esta iglesia. Esta noche ustedes están aquí por providencia de Dios para continuar una bendición generacional que ha sido nuestra durante siglos, y que es la proclamación del evangelio de Jesucristo.

La *Chuppah* es un tabernáculo construido para dos, e implica un matrimonio de milagros. Cuando Eliseo enrolló su manto de oración y golpeó el río Jordán con él, las aguas se abrieron. Y los hijos del profeta que le vieron dijeron:

«Dios está con él». Porque han honrado al Señor como pareja, el Señor los honrará como pareja a partir de esta noche. Vivirán bajo una doble porción de bendición que Dios les ha dado.

La *Chuppah* garantiza un matrimonio protegido por la oración. En el antiguo Israel los cuatro hombres que sostenían con cuatro postes el manto de oración formaban una alianza de oración por ese matrimonio cada día. Quienes están con ustedes sobre esta plataforma esta noche forman la alianza de oración para que vuestro matrimonio prospere y tenga éxito en Dios.

El número cuatro también habla de la perfección, porque el cielo es una ciudad cuadrada. Vuestro matrimonio debe ser símbolo de perfección. Nunca lo midan por quienes viven al otro lado de la calle, o por la gente a quienes conocen. Mídanlo según lo que Dios dice que puede ser, porque vuestro matrimonio puede ser como los días del cielo en la tierra, todos los días de su vida.

Las palabras de mi esposo a Matthew y Kendal escritas a continuación, son palabras que brindan una sabiduría que puede, y debe, aplicarse a cualquier matrimonio, *a su matrimonio*, para fortalecerlo y hacer de él lo que Dios quiere que sea.

Aprenderán a darse mutuamente los más grandes regalos... el regalo del amor, de la paz, de la consideración, del afecto y por sobre todo, el regalo del perdón, porque tarde o temprano uno de ustedes cometerá un error. Vuestra capacidad para perdonar al otro le dará fuerza y resistencia a este matrimonio.

Desde esta noche en adelante, al honrar al Dios de Abraham, Isaac y Jacob, su bendición les seguirá. Su presencia estará con vosotros. Su prosperidad será derramada sobre vosotros. Sus ángeles irán ante vosotros preparando el camino, y detrás de vosotros como retaguardia vigilante. Ninguna cosa buena les negará Él, porque le han hecho el objeto de vuestro afecto.

Hay tres pactos en la Palabra de Dios: el pacto de la sandalia, mediante el que Booz se casó con Rut; el de la sal, un pacto de lealtad; y el pacto de sangre, con el que Cristo redimió a la iglesia, su esposa, en la cruz.

El pacto de la sal es un pacto de lealtad. Cuando dos personas querían sellar un pacto eterno que los vinculara para siempre, tomaban sal de las bolsitas que llevaban atadas a la cintura, intercambiaban los puñados de sal y recitaban el contenido del pacto mientras agitaban el contenido de la bolsita.

La única manera en que podría romperse el pacto sería que se retirara hasta el último grano de sal de cada una de las bolsitas para que fuera devuelto, lo cual era imposible. Esta expresión de alianza ha llegado a ser perenne, y representa un pacto irrompible, eterno.

Matthew y Kendal, ahora intercambien sus puñados de sal y repitan conmigo: «Porque la gracia de Dios nos ha unido, la gracia de Dios nos mantendrá juntos, ahora y para siempre».

La oración de pacto con que finalizó la ceremonia entre Matthew y Kendal puede aplicarse a su matrimonio también:

Ahora, que el Señor les bendiga y les guarde. Haga el Señor resplandecer su rostro sobre ustedes. Les otorgue su gracia, y les otorgue su paz. Que el Señor bendiga vuestra salida y vuestra entrada. Que el Señor les unja para cumplir el destino divino que Dios les ha dado. Que todo lo que se oponga a ustedes sea aplastado por la protección que Dios mismo proveerá. Sean benditos en su salud. Sean benditos en sus relaciones. Sean benditos sus hijos, y los hijos de sus hijos, porque son el legado de los justos. A partir de este día, al someterse al Cristo de la cruz, que sean sus vidas llenas del gozo inefable, con la paz que sobrepasa todo entendimiento. Que vuestro hogar, como dice la Palabra de Dios, sea como los días del cielo en la tierra. En el nombre de Jesús oramos y rogamos. Amén.

## HÁGALO A LA MANERA DE LA TORÁ

Mientras escribía el último capítulo de este libro, nuestro hijo Matthew y su esposa Kendal nos anunciaron la llegada de su primer hijo, un niño que nacerá la semana del sexagésimo quinto cumpleaños de mi esposo. Las bendiciones de un Dios lleno de gracia continúan llegando a nuestra familia. Gracias Padre, porque tú eres bueno.

El mundo publicita sus acuerdos prenupciales, que no son más que una serie de cláusulas de rescisión de contratos. En tanto, nuestra iglesia le da a cada pareja que se casa dentro de sus cuatro paredes una *Katuba* o contrato matrimonial. Este contrato representa el santo sacramento del matrimonio.

Venimos ante Dios en compañía de nuestra familia y amigos, a prometernos amor, confianza y respeto mutuo. Prometemos ser amigos y compañeros fieles, regocijándonos en las alegrías de la vida, y consolándonos en las penas. Prometemos ser mutuamente sinceros, francos, leales y devotos. Nuestro compromiso a Dios, Padre de Jesucristo, su Hijo, se entretejerá en el género de nuestras vidas por el poder del Espíritu Santo.

Nos cubrirán sus bendiciones de paz, salud y prosperidad en tanto obedecemos con diligencia la voz del Señor nuestro Dios y observamos todos sus mandamientos.

La risa de los niños alegrará nuestro hogar, en tanto los criemos según su Palabra. Al compartir juntos el camino de la vida, seremos testigos del servicio al Señor de los hijos de nuestros hijos.

Juntos prometemos construir un hogar cristiano lleno de oración, amor, sabiduría y dedicación mutua, demostrando el amor de Jesucristo a todos los que nos rodean.

Entramos con solemne gozo en esta alianza que nos une mutuamente, y que también nos une con el Dios de Abraham, Isaac y Jacob.

Hágalo a la manera de la Torá
Al terminar de leer el contenido de este libro, que el Señor Dios de Abraham, Isaac y Jacob, nuestro Salvador Jesucristo, sea su paz. Porque tan grande es la paz, que el nombre de Dios es *Paz*... tan grande es su paz que toda bendición ha de ser hallada en ella.

# NOTAS

## LO QUE LAS MUJERES DESEAN DE UN HOMBRE

1. Randall Cirner, *10 Weeks to a Better Marriage* (Ann Arbor, MI: Servant Publications, 1995).
2. Rebbetzin Esther Jungreis, *The Committed Life* (San Francisco: HarperSanFrancisco, 1999).
3. Scott Farhart, MD, *Intimate and Unashamed* (Lake Mary, FL: Siloam, 2003), p. 74.
4. Estas encuestas están inspiradas en la página de inicio de Wilkinson Family Home, Miscellaneous Humor, «What Women Want in Men» en http://search.atomz.com/search/?sp-a=000312a2-sp00000000&sp-k=Humor&sp-q=what+i+want+in+a+man.

## CAPÍTULO 1
### DESEO NÚMERO DIEZ: FIDELIDAD

1. Willard F. Harley Jr., *His Needs, Her Needs: Building an Affair-Proof Marriage* (Grand Rapids, MI: Fleming H. Revell Co., 1986).
2. Ibid.
3. Bob Moeller, *For Better, For Worse, For Keeps* (Sisters, OR: Multnomah, 1994).
4. Adaptado de *The Woman's Study Bible*, New International Version, «Sexuality: A Gift From the Creator» (Nashville, TN: Nelson Bibles, 1998), p. 112.
5. Farhart, *Intimate and Unashamed*.
6. Moeller, *For Better, For Worse, For Keeps*.
7. Ibid.
8. Ibid.
9. Farhart, *Intimate and Unashamed*, capítulos 2–4.
10. Moeller, *For Better, For Worse, For Keeps*.

## CAPÍTULO 2
### DESEO NÚMERO NUEVE: LIDERAZGO

1. Margaret Mead, *Male and Female* (New York: HarperCollins Publishers, 2001).
2. Watchman Nee, *Spiritual Authority* (Richmond, VA: Christian Fellowship Publishers, 1972).
3. Cirner, *10 Weeks to a Better Marriage*, p. 85.
4. Ibid.

## CAPÍTULO 3
### DESEO NÚMERO OCHO: RESPETO

1. Jungreis, *The Committed Life*, p. 191.
2. Ibid, p. 194.
3. Ibid., p. 217.
4. Cirner, *10 Weeks to a Better Marriage*, pp. 80-90.
5. Bobbie Yagel, *15 Minutos to Build a Stronger Marriage*, citado en «What Makes Love Last», Ladies Home Journal, LHJ.com, http://msnwomen.lhj. com/lhj/story.jhtml?storyid=/templatedata/lhj/story/data/14115.xml&catref=cat1950002.
6. Jungreis, *The Committed Life*, p. 219.
7. Moeller, *For Better, For Worse, For Keeps*, p. 85.
8. Ibid.
9. Harley, *His Needs, Her Needs*, p. 185.

## CAPÍTULO 4
### DESEO NÚMERO SIETE: HOMBRE DE FAMILIA

1. Jungreis, *The Committed Life*, p. 320.

## CAPÍTULO 5
### DESEO NÚMERO SEIS: PROVEEDOR

1. Cirner, *10 Weeks to a Better Marriage*, p. 120.
2. Harley, *His Needs, Her Needs*, p. 125.
3. Rita Rudner, *Reader's Digest*, septiembre 2004, p. 111.
4. Harley, *His Needs, Her Needs*, pp. 125-126.
5. Ibid.
6. James Hewett, *Illustrations Unlimited* (Chicago, IL, Tyndale House, 1988), p. 342.
7. Avery Corman, «The New Parent Trap: Can There Be a Good Divorce», *Reader's Digest*, septiembre 2004, p. 124.
8. Cirner, *10 Weeks to a Better Marriage*, p. 120.
9. Hewett, *Illustrations Unlimited*, p. 324.

## CAPÍTULO 6
### DESEO NÚMERO CINCO: HONESTIDAD

1. Harley, *His Needs, Her Needs*, p. 91.
2. Hewett, *Illustrations Unlimited*.
3. Ibid.
4. Harley, *His Needs, Her Needs*, pp. 93-94
5. Hewett, *Illustrations Unlimited*.
6. Willard F. Harley Jr., *Love Busters: Overcoming Habits that Destroy Romantic Love* (Grand Rapids, MI: Fleming H. Revell, 1992), p. 89.
7. Ibid., p. 90.
8. Ibid., p. 92.
9. Ibid., p. 96.
10. Ibid., p. 97.
11. Ibid.
12. Hewett, *Illustrations Unlimited*, p. 288.

CAPÍTULO 8
DESEO NÚMERO TRES: SENTIDO DEL HUMOR

1. John Hagee, *Being Happy in an Unhappy World* (San Antonio, TX: John Hagee Ministries, 1993).
2. Jungreis, *The Committed Life*, pp. 43-44.
3. Ibid.
4. Vea Mateo 5:4 en la versión en inglés *The amplified Bible*.
5. Vea Mateo 5:5 en la versión en inglés *The amplified Bible*.
6. Jungreis, *The Committed Life*, pp. 179-180.
7. Vea Mateo 5:6 en la versión en inglés *The amplified Bible*.
8. Hewett, *Illustrations Unlimited*, p. 347.
9. Ibid., pp. 404-405.
10. Ibid., 488.
11. Ibid., pp. 135-136.
12. Norman Vincent Peale Quotes, Brainy Quotes, http://www.brainyquote.com/quotes/authors/n/norman_vincent_peale.html.

CAPÍTULO 9
DESEO NÚMERO DOS: ROMANTICISMO

1. Ann Landers, «Is It Love You're Feeling or Just an Infatuation?», Relationships, The Art of Loving, adviceline.com, http://www.artofloving.com/relationships/5loveinfatuation.htm.
2. Hewett, *Illustrations Unlimited*, p. 327.
3. Roseanne Barr, *Reader's Digest*, septiembre 2004, p. 108.

CAPÍTULO 10
DESEO NÚMERO UNO: HOMBRE DE DIOS

1. Booker T. Washington, *Up From Slavery* (Laurel, NY: Lightyear Press, 1990).
2. Hewett, *Illustrations Unlimited*, p. 118.
3. Ibid., p. 116.

CAPÍTULO 11
A LA MANERA DE LA TORÁ

1. Jungreis, *The Committed Life*.
2. Ibid., p. 175.

Acaba usted de leer *Lo que toda mujer desea de un hombre*, de Diana Castro Hagee. La información que leyó sobre el matrimonio está presentada desde el punto de vista femenino. Los principios compartidos por la autora le ayudarán a construir una relación de amor con su cónyuge.

Ahora podrá darle la vuelta al libro y leer *Lo que todo hombre desea de una mujer*, escrito desde el punto de vista masculino por el pastor John Hagee. Compartirá con usted importantes principios e historias que combinadas con la información ofrecida por su esposa, Diana Castro Hagee, le ayudarán a construir un matrimonio a prueba de aventuras, que le hará vibrar de excitación y gozo cada día de su vida de casado.

# John Hagee

# Lo que todo Hombre desea de una Mujer

Diez elementos para cultivar el amor

**CASA CREACIÓN**
*Para vivir la Palabra*

# Para vivir la Palabra

MANTÉNGANSE ALERTA;
PERMANEZCAN FIRMES EN LA FE;
SEAN VALIENTES Y FUERTES.
—1 CORINTIOS 16:13 (NVI)

*Lo que todo hombre desea de una mujer;*
*Lo que toda mujer desea de un hombre*
por John Hagee y Diana Castro Hagee
Publicado por Casa Creación
Miami, Florida

www.casacreacion.com
©2005, 2021 Derechos reservados

Library of Congress Control Number: 2004117455
ISBN: 978-1-59185-492-0
E-book ISBN: 978-1-61638-029-8

Desarrollo editorial: *Grupo Nivel Uno, Inc.*
Diseño interior: *Grupo Nivel Uno, Inc.*

Publicado originalmente en inglés bajo el título:
　　*What Every Man Wants in a Woman;*
　　*What Every Woman Wants in a Man,"*
　　Copyright © 2005 por John y Diana Hagee
　　por Charisma House, Lake Mary FL 32746.

Impreso en Colombia

21 22 23 24 25 LBS 9 8 7 6 5 4 3 2 1

# Contenido

# INTRODUCCIÓN

**B**ienvenido al más excitante libro sobre el misterio del matrimonio que usted haya leído jamás: *Lo que todo hombre desea de una mujer; Lo que toda mujer desea de un hombre.*

¿Por qué este libro sobre el matrimonio es diferente a otros libros que haya leído? La mayoría de los libros se escriben desde el punto de vista del autor. Son escritos sobre la base de sus experiencias, sus creencias, y de la ilimitada búsqueda que haya hecho sobre un tópico en particular.

¡Este libro no está escrito desde mi punto de vista, sino desde el suyo! He encuestado a miles de hombres y mujeres y les he pedido que escriban las diez cosas más importantes que desean en su compañero de matrimonio. Estoy escribiendo este libro desde el punto de vista de un hombre, el cual está representado por aquellos que he supervisado. Diana escribirá a las mujeres desde el punto de vista femenino.

## DIEZ COSAS QUE LOS HOMBRES DESEAN
### EN UNA MUJER

Las siguientes diez afirmaciones reflejan el resultado de una encuesta realizada a miles de hombres. He aquí lo que un hombre quiere en una mujer.

1. Él quiere plenitud sexual.
2. Él quiere una compañera entretenida.
3. Él quiere una esposa atractiva.
4. Él quiere apoyo doméstico.
5. Él quiere admiración.
6. Él quiere una mujer de virtud moral.
7. Él quiere alguien con sentido del humor.
8. Él quiere inteligencia.
9. Él quiere alguien en quien pueda confiar.
10. Él quiere alguien que sea absolutamente honesta.

Hay una anécdota de un profesor de química, un estudioso de clase mundial en su campo. Sus diplomas académicos adornaban las paredes de su oficina de la universidad como evidencia de los logros en sus estudios.

El profesor de química decidió escribir un libro sobre el amor y el matrimonio. Luego de trabajar duro en el manuscrito durante meses, presentó orgulloso su proyecto en el escritorio de su editor, lanzando destellos de orgullo por su nuevo logro.

El editor leyó el manuscrito, y para consternación del profesor, anunció que no lo publicaría. Cuando el profesor supo de esta decisión golpeó con sus puños en el escritorio de roble del publicista, gritando hasta ponerse lívido:

—¡Quiero saber por qué ha rechazado mi manuscrito sobre los principios del matrimonio!

El publicista respondió firme pero amable:

—Profesor, usted es un químico famoso a escala mundial y ha pasado una vida entera en el laboratorio. Nunca se ha casado. No sabe nada sobre el amor y el romance. Nunca ha tenido una cita en serio. No sabe nada sobre las relaciones sexuales o sobre criar niños. Escriba sobre algo sobre lo que usted sepa.

Soy pastor de ochenta mil personas y he estado en el ministerio durante cuarenta y seis años. Mucho de lo que hay en este libro es una recopilación del dolor, la agonía y el éxito de miles de preciadas personas que he conocido a través de varias décadas. Son solo personas como usted y como yo, que han batallado a través de las mismas crisis que usted está ahora enfrentando. He creado historias compuestas que le ilustrarán aspectos del matrimonio que he descubierto sobre la base de años de consejería. Los nombres y detalles de las historias no son reales, pero los temas matrimoniales que estas historias ilustran son muy

reales y pueden darle esperanza para ser capaz de resolver los aspectos negativos que usted enfrenta en su propia relación matrimonial. Hago esto para mostrarle que es posible. Si está intentando que su matrimonio sea mejor, ajústese el cinturón y siga adelante mientras lee este libro. El mismo se caracteriza por un ritmo rápido y extremadamente gracioso, pero podrá ser un golpe tan duro como la patada de una mula Missouri en el plexo solar.

Además de la información que compartiré en esta sección para hombres, cada capítulo tendrá una sección especial titulada: «Consejos para ella». Estas sugerencias ayudarán a la mujer a darle a un hombre lo que necesita.

Dispersos en cada capítulo encontrará pensamientos paralelos de la sección de este libro realizada por mi esposa, la cual se titula: *Lo que toda mujer desea de un hombre*. Encontrará comentarios similares aportados por mí dispersos en las páginas de su correspondiente sección del libro. A medida que lea estas ideas paralelas podrá reconocer claramente las diferencias entre la forma de pensar de un hombre y la de una mujer. Estos comentarios se titularán: «Él dice...» y «Ella dice...» Ellos demuestran la esencia de este libro... y estas diferencias fácilmente reconocidas son la razón de por qué pensamos que sería importante escribir un libro juntos.

Al final de cada capítulo usted tendrá una oportunidad de pedirle a Dios que lo ayude a hacer los cambios necesarios para convertirse en el esposo que Él quiere que sea. Use las oraciones que he incluido y luego continúe orando su propia oración, solicitando que Dios haga el trabajo necesario para que su mujer tenga el esposo que quiere.

Bienvenido a *Lo que todo hombre desea de una mujer*. Luego de leer esta parte del libro escrita desde mi punto de vista masculino, asegúrese de leer la parte de mi esposa: *Lo que toda mujer desea de un hombre*. Aprendiendo los principios que Diana y yo compartiremos con usted en este libro podrá construir su propio matrimonio a prueba de aventuras, el cual le dará un toque de alegría y excitación cada día de su vida de casado. Recuerde esto: su matrimonio puede ser uno donde sólo viven *casados* o donde logran vivir *felizmente casados*. Todo depende de su decisión. No permita que su pasado controle su futuro. Nunca conquistará, o cambiará, lo que se niegue a confrontar.

¡Hay tres etapas en el matrimonio: placer, óxido y polvo! Ahora usted podrá saber en qué etapa está su matrimonio.

En cuarenta y seis años de ministerio pastoral, he casado a cientos de parejas de todas las maneras posibles. Los he casado en iglesias, en enormes catedrales, debajo de los cedros en una granja familiar, en parques públicos bajo el bello cielo de primavera, y en barcos en alta mar donde cientos de patrocinadores del programa de televisión *Salt Covenant* nos acompañan en el crucero anual del Ministerio John Hagee.

Nunca he ido a un casamiento en el que el ambiente no haya estado cargado de alegría, esperanza, y un sentido de absoluto deleite para el futuro. La escena es siempre similar, sea cual fuere el lugar.

La novia brilla como un ángel. Su rostro irradia las expectativas de un matrimonio feliz que está a punto de concertar. Este es el pináculo de sus sueños. Toma la mano del hombre que ha elegido para que sea su pareja de por vida y concreta esto ante Dios, diciendo: «Acepto».

Seis meses después el infierno se desata. Ella llega a mi oficina con lágrimas rodando por sus mejillas, y haciendo esfuerzos para respirar y entre sollozos dice: «¿Qué fue lo que vi en él?»

El novio se para frente a mí sosteniendo la mano de la radiante novia, prometiendo ante Dios y el mundo que la «amará, honrará, protegerá y abastecerá». Ella está a punto de ser la reina de su vida. Es la persona que Dios ha enviado a su vida como la mujer de Proverbios 31 cuya «estima sobrepasa largamente a la de las piedras preciosas». ¡Es invalorable! No se necesita ser Sigmund Freud para saber que él tiene la urgencia de unirse. Un huracán de hormonas se acerca rápidamente a la categoría cinco al mismo tiempo que dice: «Acepto».

Seis meses después, él entra llorando en mi oficina, con la cabeza entre sus temblorosas manos, sollozando como un niño al que acaba de dar una golpiza el amiguito de la escuela, y dice: «¿Cómo fue que me pasó esto a mí? Pensé que la conocía. ¿Quién es esta persona con la que me casé?»

¡Quiero impedir que esto le pase! Así que examinemos algunas de las razones básicas por las que estas escenas les suceden a buenas personas como usted.

## ENTRAR AL MATRIMONIO CON GRANDES EXPECTATIVAS Y POCA PREPARACIÓN

Es absolutamente sorprendente para mí... no, en realidad es increíble, que la corte le dé la licencia para casarse a cualquier ser humano con cerebro suficiente como para encontrar una puerta. Mi padre, pastor durante cincuenta y tres años, solía decir: «Si la mitad de tu cerebro te indica casarte, hazlo; eso es todo lo que se necesita».

¡Piense en esto! Para conducir un automóvil hay que asistir a clases durante cuatro meses y aprender cómo poner la llave en el encendido, pisar el acelerador para avanzar, pisar el freno para frenar, poner en funcionamiento los limpiaparabrisas cuando llueve, y encender el indicador de giro a derecha o izquierda antes de doblar. Todo esto solo para sentarse detrás de un volante. Nada más que eso. No es un curso para neurocirujanos. Cuatro meses más tarde ya tiene usted su licencia, y allí aprende lo verdaderamente peligroso, como hablar por el teléfono celular mientras maneja o pintarse los labios mientras conduce hacia la oficina en medio del peor tráfico. El estado lo deja libre sobre la autopista para poder financiar todas las patrullas que existen en su localidad.

Un policía de patrullas hizo detener a un joven ejecutivo. Se acercó a la ventanilla del Mercedes 500 CSL y dijo:

—Señor, sus luces traseras están apagadas.

El joven ejecutivo bajó del automóvil, fue hacia la parte trasera y miró al vacío, gritando:

—¡Oh, Dios! ¡Oh, Dios! ¿Cómo pudo haber sucedido esto?

El policía le dice:

—Señor, no se angustie. Era solo su luz trasera.

El joven ejecutivo responde:

—¿La luz trasera? Eso no me importa. ¿Qué ha pasado con el bote de cincuenta mil dólares que estaba remolcando?

El punto en cuestión es que se supone que debemos saber algo sobre automóviles antes de conducirlos. Y se supone que sepamos algo sobre remolques y botes antes de remolcarlos.

Piense en la ciencia de cortarle el cabello a alguien. Usted no puede cortar el cabello a la gente, ni cortarles las uñas sin una licencia. No se puede pescar en un lago, en un arroyo o en el mar sin una licencia. No se puede salir a cazar ardillas o ciervos sin una licencia. Si es menor de quince años, debe asistir a un curso de seguridad para armas que cuesta cincuenta dólares para ir tras algo que no puede defenderse y disparar.

Ahora bien, para obtener una licencia de matrimonio, la cual le da el poder de crear una nueva vida, de destruir su vida o de destruir los sueños y esperanzas de su cónyuge y familia, lo único que necesita son veinticinco dólares, y al instante entra en el juego.

Un hombre dijo: «El matrimonio es como la pesca: se compra la licencia y se prueba la suerte». El matrimonio se concreta en el cielo, pero así también sucede con el trueno y el relámpago.

Una anciana soltera dijo respecto del matrimonio: «¿Para qué necesito un hombre? Tengo una estufa que echa humo, un loro que maldice y un gato que sale por las noches». ¡Al menos sus expectativas eran realistas!

Le pregunté a una bella joven que acababa de graduarse y estaba en mi oficina hablando del «matrimonio perfecto» que esperaba tener:

—¿Qué tipo de hombre querrías como esposo?

Respondió con entusiasmo:

—Quiero un esposo que sepa bailar, que sea apuesto y a quien le gusten mis comidas.

—Eso está muy bien —respondí—. Acabas de describir a Trigger (para los lectores que acaban de terminar de sanar su acné, les informo que Trigger era el caballo en los espectáculos de Roy Rogers. Sabía bailar, se veía muy bien, y por cierto comía con gusto lo que le daban).

Las expectativas en conflicto son la fuente de casi todos los problemas en el matrimonio. ¿Cuáles de las siguientes expectativas usted tiene que causan conflictos con su cónyuge? ¿Cuáles de estas frases dice?

- «Te tienen que gustar mis amigos y debes querer reunirte con ellos».

- «Asegúrate de que tus prioridades familiares estén por encima de las de tu trabajo».
- «Debes incluirme en todas tus actividades».
- «Nunca hagas algo que me moleste».
- «Adelgaza y mantente en forma».
- «Hazme feliz... o recuerda: "Si mamá no está feliz, nadie lo está"».
- «Tienes que estar de acuerdo conmigo».
- «Ojalá comenzaras a ganar más dinero».
- «Debes ser más afectuoso y atento».
- «Mejor será que jamás te atraiga nadie más».
- «Debes ser el primero en buscar la reconciliación cuando discutimos».

Si tiene estas expectativas, terminará muy desilusionado. Hay más en la preparación para el matrimonio que un mero análisis de sangre. Qué triste es que pasemos tantos años capacitándonos para una carrera y tan poco tiempo preparándonos para el matrimonio.

Un noviazgo demasiado corto puede llevarnos a un matrimonio desastroso. El esperar, ya sea por decisión propia o por circunstancias económicas, por lo general resulta beneficioso. Esto se debe a que con el tiempo nuestra fascinación decrece, se atempera y da lugar al verdadero amor y la atracción espiritual.

Intentar escapar de un hogar infeliz por medio del matrimonio es como saltar de la sartén al fuego. Más del sesenta por ciento de los matrimonios adolescentes terminan en divorcio. Cuanto más maduro sea uno al momento de casarse, tanto mayores serán las probabilidades de éxito en el matrimonio.

El matrimonio es mucho más que una luna de miel: es un contrato para toda la vida. En la salud y la enfermedad, la abundancia y la pobreza, el matrimonio requiere de la devoción y la capacidad madura de comprometerse aun cuando sea lo último que queramos. El matrimonio es la acto de que dos personas incompatibles aprendan a ser compatibles por medio de un compromiso de compasión.

## LOS HOMBRES Y LAS MUJERES NO RECONOCEN LAS DIFERENCIAS ENTRE LOS DOS SEXOS

Un hombre iba caminando por una playa de California cuando tropezó con una vieja lámpara. La levantó del suelo, la frotó, y de adentro salió una bella genio. Ella le dijo:

—Gracias por liberarme de la lámpara, amable señor. Pídame lo que quiera y yo se lo otorgaré.

El hombre pensó durante unos minutos y finalmente dijo:

—Siempre he querido ir a Hawaii, pero tengo miedo a los aviones y me mareo demasiado en los barcos. ¿Podrías construirme una autopista a Hawaii desde mi casa en la playa en California?

—¡Eso es imposible! Piense en la logística. No hay pilotes suficientemente largos como para llegar al lecho del Océano Pacífico. Piense en la cantidad de acero y concreto que harían falta, y en las imposibilidades de la ingeniería para dicho propósito. Pida otra cosa —dijo riéndose la genio.

El hombre pensó y finalmente respondió:

—Mi esposa cree que soy insensible. Ayúdame a entender a las mujeres. ¿Por qué lloran cuando están felices? ¿Por qué lo hacen cuando se enojan? ¿Por qué cambian de humor sin razón aparente? Ayúdame a entender a las mujeres.

Entonces la genio miró al hombre y preguntó:

—¿La autopista a Hawaii sería de uno o dos carriles?

En 1 Pedro 3:7 se les da a los hombres el siguiente mandamiento: «Vosotros, maridos, igualmente, vivid con ellas [sus esposas] sabiamente, dando honor a la mujer como a vaso más frágil, y como a coherederas de la gracia de la vida, para que vuestras oraciones no tengan estorbo». El hecho es que antes del matrimonio los opuestos se atraen, y después del matrimonio se repelen.

Alguien dijo una vez: «Las mujeres tienen muchos defectos. Los hombres solo tienen dos: todo lo que dicen y todo lo que hacen».

Una de las causas más importantes de la fricción en el matrimonio es la incapacidad o la negativa de los hombres a vivir «con ellas [sus compañeras] sabiamente» (1 Pedro 3:7). Las diferencias entre los dos sexos persisten cuando las mismas se malentienden o no se perciben.

En una ocasión unos científicos se reunieron para decidir si se debía llamar «ella» o «él» a una computadora. Se dividieron en dos grupos, hombres y mujeres, para debatir las diferencias entre los dos sexos.

Las científicas dijeron que la computadora debía ser considerada dentro del género masculino. Dieron tres razones:

1. Para obtener su atención, hay que encenderlas.

2. Se supone que están para solucionar problemas, pero la mitad del tiempo son un problema.

3.  Cuando nos comprometemos con una, nos percatamos de que si hubiéramos esperado un poco más habríamos obtenido una mejor.

Los científicos decían que la computadora debía estar dentro del género femenino, y expusieron estas tres razones:

1.  Nadie más que su creador entiende su lógica interna.

2.  Hasta los errores más pequeños se guardan en el historial de la memoria.

3.  Apenas uno se compromete con una, encuentra que gasta la mitad de su salario comprándole accesorios.

Tanto los hombres como las mujeres deben aceptar un hecho: somos diferentes, y estas diferencias que tenemos jamás cambiarán. Debemos entender estas diferencias y convivir de acuerdo a lo que hemos aprendido.

Hay cuatro diferencias que todo hombre y mujer casados deben aceptar.

**1. El hemisferio cerebral derecho del afecto de la mujer frente al hemisferio cerebral izquierdo de la lógica del hombre.**

En 1981, el Dr. Roger Sperry ganó el Premio Nobel en medicina y fisiología por su estudio sobre cómo funciona el cerebro en los bebés varones y hembras.[1] El doctor Sperry descubrió que entre la decimosexta y la vigésimo sexta semana de gestación, en los bebés varones se produce una reacción química en el cerebro que no ocurre en el caso de las mujeres.[2]

Se liberan dos sustancias químicas que disminuyen la velocidad del desarrollo del hemisferio derecho del cerebro, la parte de los afectos. El Dr. Sperry descubrió lo que toda mujer sabe: que todos los hombres han nacido con daño cerebral.

Este aspecto del hemisferio cerebral predominante afectará cada fase de su vida matrimonial. Señor, dígale a su esposa con toda sinceridad que no la está rechazando, que no está siendo insensible... así funciona su cerebro.

Y asimismo esta particularidad afecta la memoria de los hombres y las mujeres.

Por ejemplo, mi esposa Diana puede hablar por teléfono con su hermana durante treinta minutos, y cuando cuelga quiere contarme palabra por palabra toda la conversación. A mí no me interesa. No quiero oír la conversación. ¿Hace esto que Diana deje de querer contarme cada bendita palabra? No.

Cuando hablo con mi madre durante unos veinte minutos, Diana me pregunta:

—¿Qué dijo tu madre?

—Que está bien —respondo.

—¿Y qué más? —insiste Diana.

Ella quiere una traducción palabra por palabra de lo que mi madre me ha dicho durante veinte minutos. Eso no sucederá.

Este asunto de la predominancia del hemisferio cerebral también se pone de manifiesto inmediatamente después de la boda. Pregúntele a un hombre sobre su luna de miel y solo recordará que sí la tuvo. Pero pregúntele a la esposa y ella recordará qué llevaba puesto el día de la boda, qué vistieron ambos cada día de la luna de miel, el nombre de cada restaurante donde comieron, cuánto le dieron de propina al portero al salir, ¡y todos los detalles de cada día! ¿Por qué? Porque la memoria de la mujer es mucho más detallada en el hemisferio derecho, el de los afectos.

Trato de informarle sobre los acontecimientos del día cuando vamos a la cama por la noche. Encuentro que este ritual es el mejor somnífero, porque mucho antes de que termine mi relato oigo sus ronquidos del otro lado de la cama.

Todo marido conoce el sentimiento de desazón que nos invade cuando nuestra esposa pregunta: «¿Recuerdas cuando…?» Luego describe un suceso en detalle… y nosotros no podemos recordar siquiera que haya sucedido ¿Por qué? Porque el hemisferio derecho de los afectos en su cerebro es mucho más avanzado que el del hombre.

> *Ella dice…*
>
> Trato de informarle sobre los acontecimientos del día cuando vamos a la cama por la noche. Encuentro que este ritual es el mejor somnífero, porque mucho antes de que termine mi relato oigo sus ronquidos del otro lado de la cama.

Las mujeres deben saber que hay una razón física que impide que los hombres recuerden todo. No es que a su esposo no le importe: su cerebro funciona de manera distinta. Es un hecho científico.

Esta diferencia también afecta el modo en que respondemos ante una crisis. Por ejemplo, ¿dónde estaba usted cuando asesinaron a John Fitzgerald Kennedy?

Recuerdo exactamente dónde estaba y qué estaba haciendo. Estaba terminando mis estudios en la Universidad Trinity, y esperaba a que comenzara el entrenamiento de fútbol junto al dormitorio de los hombres. Cuando Walter Cronkite anunció en la CBS que el Presidente de los Estados Unidos había sido asesinado en Dallas, el mundo se detuvo.

Salí del dormitorio y corrí hacia el centro de atletismo, donde todos se habían reunido alrededor del televisor para ver que lo imposible se había convertido en realidad. El Príncipe de Camelot había muerto. El partido final de fútbol de mi último año en la universidad se canceló. Fue una época de duelo en nuestra nación como no la habíamos conocido antes en nuestra vida. Los estadounidenses amaban a John y Jackie Kennedy.

¿Cómo reaccionaron los hombres ante la crisis? Nos preguntábamos: «¿Quién se hará cargo del país ahora?» «¿Qué pasará si Rusia ataca justo ahora?» «¿Cuántos misiles tenemos para responder ante una crisis?» «¿Cuántos soldados tenemos?» Esta es la lógica del hemisferio cerebral izquierdo.

¿Y qué decían las mujeres?: «¡Pobre Jackie! ¡Pobre Caroline!» «¡Pobre, John!» Era una manera totalmente distinta de ver la misma crisis. Pero es una ilustración perfecta del afecto del hemisferio derecho frente a la lógica del izquierdo. Eran dos reacciones totalmente distintas, ninguna estaba equivocada, pero eran totalmente diferentes entre sí. Hay que adaptarse a esa realidad o su matrimonio jamás tendrá armonía.

Si aplica esto al problema de su matrimonio e intenta resolverlo únicamente por medio de la lógica —el fuerte del hombre— o de las emociones —la disposición femenina— vivirá un perpetuo desastre. Ni la lógica del hombre ni la emoción de la mujer serán una buena base para arreglar las disputas en el matrimonio. La única base para solucionar cualquier disputa es el mejor texto de consejería para matrimonios que existe en el planeta Tierra: La Palabra de Dios.

¡Los hombres están equivocados!

¡Las mujeres están equivocadas!

Sin embargo, la Palabra de Dios jamás se equivoca. Nos dice: «Vivid con ellas sabiamente» (1 Pedro 3:7). Ahora, siga leyendo con detenimiento. La frase utilizada por las esposas que más lastima al matrimonio es: «Cuando él cambie y llegue a ser lo que yo quiero que sea, nuestro matrimonio será grandioso».

Escúcheme con atención... *Eso no pasará.* ¿Por qué? Porque usted querrá convertir al hombre en una criatura en la que predomine el

hemisferio cerebral derecho, lo cual es una característica que define a la mujer. ¿Qué mujer querrá a otra mujer igual a ella en la casa? Dios hizo al hombre diferente por una razón. Hay una diferencia permanente y marcada entre el hombre y la mujer, y *viva la diferencia*.

Si alguna mujer estuviera casada con Jesús, intentaría cambiarlo. ¡Aquí va la prueba! Luego de su resurrección, Jesús preparó pescado frito para el desayuno de sus discípulos en el Mar de Galilea (ver Juan 21). Esposos, ¿qué dirían sus esposas si pidieran ustedes pescado frito para el desayuno mañana por la mañana? La respuesta sería, seguramente: «Esto no es un restaurante. Aquí hay panecillos. Disfrútalos».

## 2. Disfrutar el proceso frente a aceptar el reto

Las mujeres disfrutan el proceso de ir tras un objetivo. Los hombres quieren llegar al objetivo lo más rápido posible y olvidar el proceso. Las mujeres seguirán un camino en zigzag para llegar a la puerta de un edificio. Cuando el hombre baja de su automóvil pasa por encima de los cercos y cruza el jardín para llegar a la puerta, porque su objetivo consiste en llegar a la meta lo antes posible.

A mi esposa Diana le encanta ir de compras. Le gusta el proceso de mirar y buscar. Cuando va de compras toma un vestido del perchero y dice: «Mira esto». Lo lleva al espejo, lo mira, luego vuelve a colgarlo en el perchero. Y comienza todo el proceso otra vez. En treinta minutos, ha hecho lo mismo con media docena de vestidos, y sigue mirándolos todos con la misma atención. Como todas las mujeres, compra como si estuviera en una misión para Dios. ¿Cómo puede no volverse loco el que trabaja en una tienda para mujeres?

¿Y yo? Cuando necesito un traje llamo por teléfono a la tienda y les digo qué color estoy buscando. «Por favor, separe dos o tres y los miraré apenas llegue», le digo al empleado. Sé lo que quiero, y lo quiero rápido. En quince minutos salgo de la tienda con mi traje nuevo. La experiencia de ir de compras ha terminado. La meta ha sido alcanzada. Ahora, tras la próxima aventura.

Cuando vamos de vacaciones, Diana mira con romanticismo algo tan monolítico como una duna de arena. «Es un paisaje precioso», dice en voz baja.

Mi respuesta es: «Vigila para ver si hay alguna patrulla, Diana. Estoy intentando llegar antes de las cinco». A las mujeres les encanta el perfume de las rosas. Los hombres caminarán sobre el rosal si esto les ahorra tres metros de distancia. Es una diferencia que debemos aceptar. Porque no cambiará. Jamás.

## 3. Autoridad espiritual frente a la manipulación femenina

Efesios 5:23 dice: «Porque el marido es cabeza de la mujer, así como Cristo es cabeza de la iglesia». Esposo, Dios le ha dado la tarea de ser el profeta, sacerdote, protector, proveedor y guardián de promesas de su hogar. Diré más acerca de esto en el libro.

Solo una mujer llena del Espíritu podrá someterse a la guía de su esposo. Es el deseo natural de la mujer liderar a través de la manipulación femenina. La batalla de los sexos comenzó en Génesis 3:16 cuando Dios le dijo a la mujer: «Tu deseo será para tu marido, y él se enseñoreará de ti».[3] En la serie *The Art Scroll Tanach*, el autor Meir Zolotowitz afirma: «El castigo de la mujer es la medida por medida. Ella influyó sobre su marido y él comió en obediencia a su indicación. Su castigo fue que debía someterse e él».[4]

¿Por qué dijo San Pablo: «No permito a la mujer... ejercer dominio sobre el hombre» (1 Timoteo 2:12)? Porque era lo que se esperaba que la mujer hiciera. Ella es, por instinto, la manipuladora de la situación. Las mujeres que no están llenas del Espíritu intentarán dominar el matrimonio. El hombre tiene el rol que Dios le asignó de ser el líder amoroso del hogar.

La Biblia dice: «Porque el marido es cabeza de la mujer» (Efesios 5:23). Si aceptamos esta diferencia, seamos maridos o esposas, nuestro matrimonio será como el cielo en la tierra. Si lo rechazamos o nos resistimos, nuestro matrimonio será difícil desde el primer día. Ese es el plan de Dios, y el mismo persistirá. Dios no está en el cielo diciendo: «Hagamos un trato». Está en el cielo diciendo: «¡Este es el trato!»

## 4. Los días de vinos y rosas frente a los días de truenos y relámpagos

Dentro del cuerpo de toda mujer saludable que no ha llegado a la menopausia aún, o no ha pasado por la histerectomía, tiene lugar un ciclo conocido como *ovulación*. Esto significa que existen catorce días de balance químico, que yo llamo «Días de vinos y rosas», y catorce de desequilibrio químico, o «Días de truenos y relámpagos».

Durante los días de truenos y relámpagos, el humor cambia de repente, de forma inexplicable y al instante. Un día el hombre llega a casa y su esposa lo espera en la puerta, en bata y con una rosa entre los dientes. Él la alza en sus brazos, siempre y cuando no pese ciento cincuenta kilos, y la lleva al dormitorio. Se golpea el pecho y grita como Tarzán: «¡Ha de ser la nueva colonia que compré!»

Al día siguiente, con su hemisferio izquierdo lógico en funcionamiento, sale temprano de su lugar de trabajo. Se apresura, sorteando el

tráfico, para llegar y disfrutar de la repetición. Pero ella no está esperándolo en la puerta. Busca por toda la casa. No está en la cocina. No está en la sala. No está en el dormitorio.

Finalmente, la encuentra acurrucada en una silla en el cobertizo, llorando amargamente. Se acerca para consolarla y ella le gruñe como un perro muerto de hambre: «No me toques, gorila. Solo quieres mi cuerpo. Sexo, sexo, sexo, eso es lo único que tienes en mente».

¿Qué sucedió? Los días de truenos y relámpagos han llegado. No la toque. Si lo hace, saldrá lastimado. Y si está pasando por el SPM... lo matará.

¿Conoce la diferencia entre una mujer con SPM y un perro Doberman? La respuesta es *el lápiz labial*. ¿Conoce la diferencia entre un terrorista y una mujer con SPM? Con el terrorista se puede negociar.

> *Ella dice...*
>
> No nos convertimos en esclavas de nuestro marido cuando nos sometemos a él, y no entregamos nuestra individualidad, dignidad o singularidad. El sometimiento en el matrimonio simplemente significa entregarnos voluntariamente al otro por amor.

## EL SEXO ES IDEA DE DIOS

La Biblia es muy específica con respecto a lo que Dios espera de los hombres con relación a las mujeres. Primero, piense en lo que el apóstol Pablo les ordena a los hombres: «Cada uno tenga su propia mujer» (1 Corintios 7:2). Es muy claro. El sexo fuera del matrimonio está absolutamente prohibido. No hay excusas. Dios tiene tolerancia cero para el sexo fuera del matrimonio. El sexo seguro es el sexo con una licencia de matrimonio.

He oído decir a algunos hombres en las sesiones de consejería: «Pero mi esposa es frígida».

Mi respuesta es: «Encuentre el modo de encender su fuego, hombre, pero quédese en casa».

Algunos hombres dicen: «Mi esposa y yo tenemos un acuerdo».

No me importa qué hayan acordado usted y su esposa. Aquí le muestro el acuerdo de Dios: «No erréis; ni los fornicarios, ni los idólatras, ni los adúlteros, ni los afeminados, ni los que se echan con varones ... heredarán el reino de Dios» (1 Corintios 6:9-10). Dios exige lealtad en la alianza del matrimonio.

En 1 Corintios 7:3 Pablo ordena a los hombres: «El marido cumpla con la mujer el deber conyugal». La versión Dios Habla Hoy dice:

«Deben cumplir con los deberes propios del matrimonio», lo cual se refiere a las relaciones sexuales. Dios no solo espera que el hombre sea leal, sino también que sea amante.

El sexo no es solo para procrear; es la sinfonía del alma para las parejas casadas. El sexo es gozo. Es un momento de dar y compartir. Es tierno y santo y debiera ser tan natural como beber un vaso de agua. La Biblia, escrita bajo la mano del Espíritu Santo, dice: «Honroso sea en todos el matrimonio, y el lecho sin mancilla» (Hebreos 13:4).

*Ella dice...*

¿Cuáles son las necesidades de mi esposo? ¿Qué dice la Palabra de Dios con respecto a nuestras relaciones sexuales? ¿Cómo puedo cambiar para ser mejor esposa?

La frase de Pablo en 1 Corintios 7:3, traducida de la versión King James en inglés, dice: «El marido debe dar a su mujer la *debida benevolencia*», lo cual significa el pago de lo que se debe. Cuando uno alquila una casa, lo que se debe es el pago de la renta. Cuando compra un automóvil, el pago de la mensualidad es lo que se debe. Cuando uno se casa, el sexo es el pago de lo que se debe.

¿Cuál es la diferencia entre su luna de miel y sus bodas de oro? La respuesta es que la luna de miel fueron el *Niágara*, y las bodas de oro son la *Viagra*.

La esposa lleva al marido a ver al psicólogo y dice:

—Mi esposo no tiene vida, ni fuego, ni pasión. Necesito de su ayuda para sostener este matrimonio.

El psicólogo sale del escritorio, la besa apasionadamente y mira al marido con fiereza:

—Eso es lo que necesita su esposa.

—Bien. La traeré todos los martes y jueves a las diez —dice el marido mirando al psicólogo.

Repito: la Biblia es un libro para amantes. En Génesis 2:18, Dios dijo: «No es bueno que el hombre esté solo». Dios creó a Eva y la trajo en sus brazos por las colinas del Jardín del Edén. Era perfecta. Estaba desnuda y era bellísima. Adán comenzó a cantar la conocida melodía: «Sé que algo bueno está por suceder».

Jesús dijo: «Los dos serán una sola carne» (Mateo 19:5). «Una sola carne» significa unión sexual. Proverbios 18:22 dice: «El que halla esposa halla el bien». Y en la vida de un hombre, su esposa es el mejor bien que pudo haber encontrado.

En el libro para los amantes, Salomón se enamora de una campesina sulamita. En el capítulo 1 de Cantares ve a la joven sulamita por primera vez. La describe comenzando por su mentón, porque era todo lo

que podía ver. También ve sus ojos y su nariz, y los describe con toda la sensualidad que le es posible.

Con el pasar del tiempo las mujeres parecen llevar cada vez menos ropa. Hace cien años, se requería una tonelada de algodón para hacer un vestido de mujer. Hoy, un gusano de seda produce el material necesario en apenas un rato.

En los capítulos 4 y 5 de Cantares, Salomón y la joven se casan, y él la describe con más pasión todavía. Si no cree que la Biblia es un libro para amantes, escuche esto:

> He aquí que tú eres hermosa, amiga mía;
> he aquí que tú eres hermosa;
> Tus ojos entre tus guedejas como de paloma;
> Tus cabellos como manada de cabras
> Que se recuestan en las laderas de Galaad.
> Tus dientes como manadas de ovejas trasquiladas,
> Que suben del lavadero,
> Todas con crías gemelas,
> Y ninguna entre ellas estéril.
> Tus labios como hilo de grana,
> Y tu habla hermosa;
> Tus mejillas, como cachos de granada detrás de tu velo.
> Tu cuello, como la torre de David,
> edificada para armería;
> Mil escudos están colgados en ella,
> Todos escudos de valientes.
> Tus dos pechos, como gemelos de gacela,
> Que se apacientan entre lirios …
> Toda tú eres hermosa, amiga mía,
> Y en ti no hay mancha
> —CANTARES 4:1-5, 7

¿El mensaje? «Eres perfecta y absolutamente hermosa».

Marido, ¿le ha dicho esto a su esposa últimamente?

Luego la joven sulamita describe a Salomón diciendo:

> Su cabeza como oro finísimo;
> Sus cabellos crespos, negros como el cuervo.
> Sus ojos, como palomas junto a los arroyos de las aguas,
> Que se lavan con leche,
> y a la perfección colocados.

Sus mejillas, como una era de especias aromáticas,
  como fragantes flores;
Sus labios, como lirios que destilan mirra fragante.
Sus manos, como anillos de oro engastados de jacintos;
Su cuerpo, como claro marfil cubierto de zafiros.
Sus piernas, como columnas de mármol
  fundadas sobre basas de oro fino;
Su aspecto como el Líbano,
  escogido como los cedros.
Su paladar, dulcísimo, y todo él codiciable.
Tal es mi amado, tal es mi amigo,
Oh doncellas de Jerusalén.

—CANTARES 5:11-16

Es evidente. No me diga que la Biblia no es un libro romántico. El sexo es la sinfonía divina entre dos amantes, y Dios es el director de la orquesta.

## *Consejos para ella*

Estos consejos ayudarán a la mujer a darle al hombre lo que él necesita. Pruébelos. ¡Funcionan!

No olvide que la Palabra de Dios es la que tiene siempre la razón. No es la palabra de la mujer, ni la del hombre. En lugar de estar siempre buscando cambiar a su marido, celebre sus diferencias y utilícelas para traer diversidad y excitación al matrimonio.

Recuerde que su esposo tiene el rol dado por Dios de ser el líder del hogar. Permita que el Espíritu Santo le ayude a someterse voluntariamente a su amorosa dirección según la voluntad de Dios. Evite el deseo natural de manipular el liderazgo de su esposo y dominar en las situaciones que surgen en la vida familiar.

## CONCLUSIÓN

Comencé este capítulo identificando tres etapas en el matrimonio: placer, óxido y polvo. Al empezar a incorporar los principios de este libro para hombres y mujeres, escrito por mi esposa Diana y yo, pronto verá que estas no son las únicas tres etapas. ¡Existe también esa unión plena, gratificante, en la que verdaderamente se mantiene la atracción! Decida hoy que permitirá que Dios dirija su matrimonio hacia una sinfonía de amor y satisfacción según su voluntad.

### PIDA AYUDA A DIOS

*Padre, no tengo dificultad para reconocer las diferencias en el modo de pensar que tenemos mi esposa y yo. Muchas veces es solo que no puedo entender por qué actúa como lo hace, o por qué dice lo que dice. Sin embargo, sí me cuesta mucho entender cómo quieres que le responda, así como aprender a decirle lo que tú quieres que diga. ¡Ayúdame, Padre! Enséñame a escuchar primero tus instrucciones antes de abrir la boca. Haz que sea sensible a sus necesidades y deseos, y que quiera encontrar —con tu ayuda— lo que le haga sentir plena, lo que le agrade, en lugar de hacer solo lo que yo quiero. La amo de veras, Señor. Ayúdame a mostrarle mi amor por ella cada día mejor. Amén.*

# LO QUE LAS MUJERES DESEAN

Una vez una mujer me dio un libro que se llamaba *Lo que los hombres saben acerca de las mujeres*. Al abrirlo, vi que todas las páginas estaban en blanco.

Hay siete cosas que Dios dice al respecto:

## 1. Las mujeres quieren que un hombre las ame de forma completa, apasionada y romántica.

La Biblia ordena a todos los esposos: «Maridos, amad a vuestras mujeres, así como Cristo amó a la iglesia, y se entregó a sí mismo por ella» (Efesios 5:25). Es decir, les manda que sean amantes apasionados y devotos.

Las mujeres están hartas de los Hitlers domésticos que intentan dominarlas para sus propios fines. Están cansadas del macho que gobierna con mano de hierro y quiere tener razón todo el tiempo. Están aburridas de los hombres que no demuestran afecto sino cuando quieren tener sexo.

Las mujeres están cansadas de los hombres que ofrecen poca compasión o comunicación y que actúan como guardianes tratando a todos en la casa como si fueran prisioneros. Nadie puede vivir con un monstruo machista.

¿Qué quieren las mujeres? Están hartas de maridos espiritualmente débiles, blandos, que se niegan a liderar espiritualmente a la familia. Quieren un esposo que provea económicamente para la familia, que los proteja emocionalmente y los lidere espiritualmente. Están cansadas de los maridos que hacen alarde de su robusto liderazgo porque saben estacionar el automóvil nada más.

¿Qué quieren las mujeres? No quieren un marido promiscuo. Los maridos promiscuos tendrán SIDA tarde o temprano. Algunos hombres dicen: «Yo tengo sexo seguro. Uso condón». ¡Qué chiste! La Dra. Teresa Crenshaw, miembro de la Comisión de SIDA de los Estados Unidos, advierte: «Decir que el uso de condones es "sexo seguro" significa en realidad jugar a la ruleta rusa. Mucha gente morirá en este juego tan peligroso».[1] Traerá la muerte y enfermedades a su esposa a causa de su estilo de vida de saltar de cama en cama. ¡Basta ya!

Mi consejo para las mujeres casadas con esposos promiscuos es: si su esposo se niega a cambiar su vida adúltera, por su seguridad y la de sus hijos, termine con ese matrimonio.

## 2. Las mujeres quieren afecto sin implicación sexual

Cuando una esposa le dice a su marido: «Ven y abrázame», él se frota las manos a medida que su testosterona sube y responde: «Bien...» Él está listo para tener relaciones sexuales. Ella solo quiere afecto.

En las sesiones de consejería les he preguntado lo siguiente a hombres y mujeres: «¿Cómo se sentiría si supiera que jamás volvería a tener sexo con su pareja?»

Casi todas las mujeres dicen: «No es tan importante si ya no tengo sexo de nuevo con mi marido, pero jamás soportaría que no pudiéramos tocarnos, besarnos, o mantener un romance otra vez». Eso es afecto sin implicación sexual.

Los hombres, por su parte, responden con los ojos casi saltándoseles de las órbitas, las ventanas de la nariz infladas y la frente sudorosa. «¿No más sexo? ¡Eso sí que no!» Pedirle a un hombre que ya no tenga sexo es como pedirle que ya no coma ni respire.

> *Ella dice...*
>
> Es muy importante mostrar afecto hacia su marido en todo momento. Tome su mano cuando van caminando, o dele una palmadita en el hombro cuando pasa junto a él. Bésalo con frecuencia.

¿Por qué existe esta gran diferencia entre los hombres y las mujeres? Es un tema sensible, así que preste atención. Dios puso en el cuerpo del hombre una bomba atómica llamada *testosterona*. Lo enciende

sexualmente, y no hace falta demasiado para entrar en ignición. En verdad, apenas hace falta una pequeña chispa.

Para que las esposas puedan entenderlo mejor, imaginemos esto: le han informado por correo que ha ganado el premio mayor en un concurso nacional. Usted y su esposo irán a una isla tropical durante diez días, a un hotel cinco estrellas con servicio de lujo.

> *Ella dice...*
>
> No es asunto nuestro cambiar lo que Dios ha ordenado. Debemos aprender a adaptarnos a estas diferencias.

Les darán veinticinco mil dólares para gastos. También tendrán uso ilimitado de una lujosa limosina. Viajarán de ida y vuelta en un avión privado. Serán atendidos por mucamas, chefs y mayordomos. Serán los diez días más excitantes que pueda imaginar.

Como esposa, no puede esperar a que su marido llegue para darle la noticia. Ahora imagine que cuando él llega usted lo saluda diciendo: «¡Tengo una noticia grandiosa! ¡Hemos ganado el primer premio!»

Él responde: «Ahora no, querida. Estoy cansado. Me duele la cabeza. Hablemos luego».

He aquí el punto: el nivel de testosterona de un hombre le hace sentir que ha ganado el primer premio casi todos los días. No puede esperar para decírselo a usted. Cuando muestra desinterés, su factor de frustración lo abate. Usted se duerme tranquila mientras él muerde la funda de la almohada y araña las paredes.

## 3. Las mujeres quieren un hombre que pueda entender de veras que las mujeres son divinamente diferentes y que jamás cambiarán.

En la película *My Fair Lady*, el profesor Henry Higgins se arrogó la poco envidiable tarea de transformar a la plebeya y ordinaria Eliza Doolittle en una sofisticada dama de la sociedad londinense. Después de semanas de duros esfuerzos por corregir su dicción, su modo de caminar y su manera de hablar, grita exasperado: «¿Por qué no puede una mujer ser más como un hombre?»

Una mujer no puede ser como un hombre, ni un hombre puede ser como una mujer, porque son divinamente diferentes los unos de las otras. Y esto nunca cambiará. Dios creó al hombre y a la mujer como son, y cuanto antes lo acepte y se adapte, mejor para usted.

## 4. Las mujeres quieren comunicación sincera

Si no sabe escuchar, no sabe cómo comunicarse.

Si siempre quiere dar su opinión, no sabe cómo comunicarse.

Si siempre levanta la voz para decir lo que cree, no sabe cómo comunicarse.

Si no deja hablar al otro, no sabe cómo comunicarse.

Si siempre quiere tener la última palabra, usted es un diccionario, no un comunicador.

Si le habla a otro adulto como le hablaría a un niño, no sabe cómo comunicarse.

¿Su esposa le ha malinterpretado alguna vez? ¿Le ha dicho algo a ella, tan claramente como le ha sido posible, y lo entendió mal... todo mal? Hemos desarrollado tecnologías que les permiten a los hombres hablar desde la tierra con los que viajan a la luna, pero los maridos no pueden comunicarse sinceramente con sus esposas en la mesa del desayuno. ¿Por qué?

¿Qué es la comunicación? La comunicación es el intercambio de sentimientos o información. La comunicación es dar a la esposa la libertad de estar en completo desacuerdo con usted sin que monte en cólera o ponga mala cara durante una semana.

> *Ella dice...*
>
> Revele a su esposo toda la información posible sobre usted: sus pensamientos, sus sentimientos, hábitos, gustos, disgustos, historia personal, actividades diarias y planes para el futuro.

La comunicación se da cuando ambos, marido y mujer, pueden decirse con sinceridad quiénes son, qué piensan, qué sienten, qué aman, qué honran, qué estiman, qué odian y a qué le temen, qué desean, qué esperanzas tienen, en qué creen y qué compromisos tienen sin temor a dar lugar a una discusión prolongada.

¿Está listo para mejorar sus técnicas de comunicación con su esposa? He aquí siete maneras de encontrar tiempo para hablar con su esposa manteniendo una comunicación llena de significado:

- Aparte quince minutos cada día al llegar del trabajo solo para conversar. Apaguen la televisión, echen fuera al gato, dejen el periódico y hablen de las cosas importantes que les han sucedido durante ese día. Descubrirán que esos períodos de quince minutos se convierten en treinta y aun más.

- Establezcan la regla de cenar sin televisión. Durante esa hora, no contesten el teléfono. Que la contestadora se encargue de las llamados.

- Pongan un día al mes para salir juntos, y no rompan el compromiso.

- Salgan a almorzar juntos una vez a la semana, aunque solo se trate de llevar una merienda al parque.
- Asistan juntos a un partido o juego de sus hijos, o a otra actividad escolar. ¡Se sorprenderá ante lo mucho que puede suceder durante un juego de béisbol! En realidad, jamás falté a los partidos y juegos de béisbol, basquetbol o fútbol de mis hijos.
- Salgan a caminar después de la cena. Es un buen momento para hablar y además es saludable.
- Una vez al año planifiquen una escapada de fin de semana solo para ustedes dos. Lleven con ustedes el libro de Cantares y léanlo juntos.

## 5. Las mujeres quieren intimidad emocional

La intimidad emocional incluye tocarse, acariciarse, abrazarse, besarse y ser románticos. Hay aproximadamente cinco millones de receptores de tacto en el cuerpo humano. Y más de dos millones están en las manos.

Al tocar, liberamos una cantidad sanadora y agradable de sustancias químicas en el cuerpo de quien toca y en el de quien es tocado. Los estudios demuestran que aun el suave contacto físico con una mascota puede ayudar a sanar a la gente. Todos ganan cuando nos tocamos de la manera apropiada. Parafraseando a la compañía telefónica Southwestern Bell: «Vaya y toque a alguien».

Mi madre era una persona que podría abrazarlo a uno y hacer que desapareciera el mundo. Era la maestra del tacto. Desde mi más temprana infancia la he visto abrazar a todos los que amaba, y a otros también. Adopté esta práctica cuando era adolescente y todavía hoy la practico. Creo que es beneficioso para todos recibir el afecto de los demás por medio del sentido del tacto.

¡Escuche lo que le digo! Sin la intimidad emocional del tacto, sin la cálida comunicación personal, el sexo con su esposa es apenas un poco más que una violación doméstica.

## 6. Las mujeres quieren intimidad espiritual

Como marido y mujer, oren juntos y el uno por el otro todos los días. La Biblia dice: «Cordón de tres dobleces no se rompe pronto» (Eclesiastés 4:12). Un hombre y una mujer que hablan con Dios, unidos en oración, tienen una unión inquebrantable. ¿Sabe qué difícil es orar por alguien cuando uno está enojado con esa persona? Es imposible. ¿Sabe cómo lo sé? Inténtelo; le gustará.

## 7. Las mujeres quieren sumisión mutua

En Efesios 5:21 Pablo dice: «Someteos unos a otros en el temor de Dios». Usted puede usted mejorar la intimidad sexual haciendo lo siguiente:

*¡Sea romántico!* Conozco a un hombre que no besó a su mujer durante diez años y luego mató de un tiro a alguien que sí lo hizo. Hombres, ustedes saben qué es lo que les gusta a sus esposas: ¡háganlo! Eso es lo que quiere decir la Biblia cuando señala: «Vivid con ellas [sus esposas] sabiamente» (1 Pedro 3:7).

> ### *Ella dice...*
>
> Cuando mi esposo sale de la casa, digo una oración de bendición por él. No solo necesita esta oración sino también el apoyo de quien le ama y vive con él, cubriéndolo con un manto de bendición en su vida.

Para algunas mujeres el romanticismo es un ramo de flores. Para otras son las tarjetas. Para unas es salir por la noche juntos. Para otras el romance es compartir el trabajo de la casa. Sea lo que fuere que signifique el *romance* para su esposa, todas responden a este y siempre quieren más de él.

*Mejore su aspecto para ser atractivo.* En una sesión de consejería un hombre expresó su irritación porque su esposa no respondía gustosamente a sus invitaciones de afecto físico. Cuando le pregunté a su esposa, resultó que «John Wayne» se aparecía en la casa sudado, sucio, maloliente y despeinado, buscando romance instantáneo. ¡Claro que no lo obtendría!

*Hay intimidad sexual cuando hay reverencia mutua.* Pablo escribió: «Por lo demás, cada uno de vosotros ame también a su mujer como a sí mismo; y la mujer respete a su marido» (Efesios 5:33).

*Reverencia* significa: «Respeto o veneración que tiene alguien a otra persona». Hombres, ¿les gustaría que sus esposas anduvieran detrás de ustedes por la casa diciendo: «reverencia… reverencia… reverencia»? Entonces ámenlas como Cristo amó a la iglesia. Denles afecto no sexual. Entiendan sus diferencias sin intentar cambiarlas. Bríndenles comunicación sincera. Ofrézcanles intimidad emocional y espiritual. Reveréncienlas, hónrenlas y provean para ellas. Ámenlas como a su propia carne. Porque *son* una sola carne, y Dios los ve a ambos o a ninguno. Este es el misterio del matrimonio.

## LISTA PARA EVALUAR EL MATRIMONIO

1.   ¿Encuentra usted la forma de hacer que su esposa se
     sienta bien consigo misma al menos una vez al día? Diana
     y yo tenemos algo entre nosotros que llamamos U.M.D.
     Es un acrónimo para Una Manera Diaria. Cada día, al
     menos una vez, busco hacer que Diana se sienta bien
     consigo misma, o la ayudo a realizar una tarea que le
     cuesta. Anoche lavamos los platos juntos. A veces le doy
     una rosa del jardín. Otros días es una tarjeta. Pero cada
     día le transmito de algún modo mi esfuerzo por hacer de
     ese día un día mejor.

2.   ¿Puede expresarle a su esposa sus deseos, creencias,
     objetivos y planes sin que comience la Tercera Guerra
     Mundial en la casa?

3.   ¿Puede su esposa decirle cómo se siente sinceramente con
     respecto a las cosas negativas que usted hace y a las cosas
     negativas que le dice sin que se enoje durante una
     semana, un día o siquiera una hora?

4.   Cuando su esposa quiere hablar (y seguro será durante el
     último minuto del partido de la Supercopa, cuando el
     marcador está empatado y su equipo se prepara para
     patear un gol), ¿le grita usted: «Ahora no», o responde
     con calma: «Dame diez minutos y luego hablaremos»?
     Recuerde: «Si mamá no está contenta, entonces nadie
     lo está».
        Cuando el televisor está encendido y Diana quiere
     hablar, tiene la irritante costumbre de pararse frente al
     aparato con los brazos extendidos como las alas de un
     águila y decir: «Hablemos». No hay modo de ver la pan-
     talla. De nada sirve buscar el control remoto. ¿Diría su
     esposa que sabe usted escuchar o que se ve obligado a
     hacerlo porque ella se para frente al televisor?

5.   Si ha estado casado durante dos años o más, responda
     esta pregunta: Si conociera hoy a su esposa, sabiendo lo
     que sabe de ella, ¿volvería a casarse con esta mujer?

6.    ¿Conoce usted las necesidades emocionales de su esposa y busca cómo cubrirlas?

7.    Cuando sus acciones ofenden a su esposa, ¿tiene usted el coraje de ir y decirle: «Lo siento»?

8.    ¿Diría su esposa que usted es su protector y proveedor? ¿Diría ella que es leal y que es su amante?

9.    ¿Es usted el profeta y el sacerdote de su hogar?

10.    ¿Tiene usted problemas emocionales (ira, resentimiento, rechazo, inseguridad) que le producen falta de confianza en sí mismo? ¿Los celos le causan continuos problemas en su matrimonio?

Si ha respondido que sí a alguna de las preguntas anteriores, su matrimonio no es prueba de aventuras. Siga leyendo.

## *Consejos para ella*

Revise la lista de los «si» para la comunicación sincera vista anteriormente en la página 27 y hágase usted mismo estas importantes preguntas:

- *¿Escucho* con atención a mi esposo o hablo yo todo el tiempo?
- ¿Puedo oír lo que dice mi esposo sin necesidad de expresar mi opinión?
- ¿Elevo el volumen de la voz cuando quiero dejar algo en claro?
- ¿Impido que mi esposo hable porque hablo yo todo el tiempo?
- ¿Tengo que tener yo siempre *la última palabra*?
- ¿Hablo con mi esposo en el mismo tono de voz que utilizaría con un niño de jardín de infantes?

Comprométase a mejorar sus propias técnicas de comunicación con su esposo. Él intentará hacer lo mismo después de haber leído este capítulo.

## Conclusión

Este capítulo incluye muchas cosas que usted puede hacer para entender mejor a su esposa y para trabajar en la construcción de un matrimonio mejor. Analice la lista para evaluar el matrimonio con su esposa y decidan juntos seguir esos diez pasos para edificar una relación más plena y satisfactoria.

### Pida ayuda a Dios

*Padre, deseo ser, de todas las formas posibles, el hombre que mi esposa quiere. Enséñame a amarla plenamente, con pasión y romanticismo. Ayúdame a reconocer que a veces todo lo que quiere es mi afecto. Ayúdanos a celebrar nuestras diferencias y a comunicarnos sinceramente acerca de ellas todos los días. Padre, perdóname por las veces en que no he querido orar con mi esposa. Ayúdame a negarme a permitir que algo interfiera en nuestros momentos de oración juntos. Enséñame el gozo de la sumisión mutua. Muéstrame cómo reverenciarla y respetarla. Y Señor, dame tu ayuda creativa para mantener el romance en nuestra relación. Amén.*

Una relación matrimonial duradera y gozosa no ocurre porque sí; uno la crea y la sostiene con el esfuerzo continuo. El amor, como un árbol, crece más fuerte cuando se planta en terreno fértil, se nutre con agua fresca, se fertiliza y se poda cada tanto. Muchas veces el árbol joven necesita de un tutor para protegerlo de los vientos fuertes y las inclemencias del clima hasta que llega a la madurez.

El amor se disuelve en el ambiente de la negligencia, la hostilidad y el resentimiento. Los secretos del amor le darán el poder de crear una gran relación. Deberá llegar a ser un amante, un habilidoso comunicador en el idioma del corazón. La mayoría de los matrimonios pasan menos de treinta minutos a la semana contándose sus más íntimos sentimientos. El amor no basta. Hay que cultivarlo para que no se marchite.

### SECRETO DEL AMOR NÚMERO UNO:
### AQUELLO DE LO QUE ESTÁ USTED DISPUESTO A APARTARSE DETERMINARÁ LO QUE DIOS PUEDE TRAERLE

Permítame ofrecerle tres ilustraciones de este punto.

Sansón era un joven atlético y apuesto del antiguo Israel. No le atraía ninguna de las mujeres de su propia fe. A pesar de las advertencias de sus padres eligió entregar su corazón a Dalila, que no compartía su fe.

Sansón debiera haberse alejado instantáneamente de Dalila, porque la Biblia dice: «No os unáis en yugo desigual con los incrédulos» (2 Corintios 6:14). La amarga recompensa de Sansón por no alejarse fue un corte de pelo gratis, que le costó su poder y potencia dados por Dios. La unción se había ido y él no lo sabía. Cuando los filisteos vinieron a capturarlo Sansón dijo: «Esta vez saldré como las otras y me escaparé» (Jueces 16:20). Peleó contra los filisteos y perdió enseguida. Le quemaron los ojos con un atizador al rojo vivo y lo obligaron a moler grano como si fuera un buey todos los días de su vida, mientras todos los habitantes de la ciudad se burlaban de él.

Lo único que tenía que hacer para vivir una vida exitosa y feliz era alejarse de Dalila. No lo hizo, y destruyó su vida por completo.

David debiera haberse alejado de Betsabé. No lo hizo y cometió adulterio con ella. David luego conspiró para asesinar al marido de Betsabé, Urías, y ocultar el embarazo de ella ante los ojos de Israel. Su lujuria produjo un niño que murió al poco tiempo de nacer.

El profeta Natán llegó al palacio del rey David, apuntó al rostro pálido del soberano con su dedo huesudo, y dijo: «Tú eres aquel hombre» (2 Samuel 12:7).

Debido a que David no quiso apartarse de Betsabé, Dios prometió que la espada jamás se apartaría de su casa (2 Samuel 12:10). Su primogénito murió al nacer. Absalón se rebeló y quiso matar a su padre para quitarle el trono. La hija de David, Tamar, fue violada por el hijo de David, Amnón. Las esposas de David fueron utilizadas sexualmente por Absalón frente a los ojos de todo Israel. David vivió en vergüenza y ridículo público hasta el día de su muerte, todo a causa de su ilícita relación con Betsabé.

¿Hay alguien en su vida de quien debiera usted apartarse? Recuerde que lo bueno es enemigo de lo mejor, y lo mejor es enemigo de lo supremo. Antes de que Dios pueda darle algo mejor, tendrá que quitarle a usted lo que es bueno. Y antes de que pueda darle lo supremo, tendrá que quitarle lo mejor. Si usted no confía en que Dios le traerá su mejor destino, y no cree totalmente que su mejor interés es lo que a Él más le importa, vivirá en tormento, preocupándose por sus relaciones.

Permítame presentarle a Bárbara y Guillermo. Bárbara se había graduado y tenía un brillante futuro en el campo de la administración hotelera. Estaba saliendo con un joven que intentaba alargar los cuatro años de universidad para que fueran ocho. Solo sabía jugar al basquetbol con el equipo local de la ciudad y le gustaba bailar en coreografía. Bárbara había sido educada en un hogar cristiano, en un ambiente de fe. Guillermo había sido criado en un hogar pagano de los Estados Unidos.

La relación entre Bárbara y Guillermo creció y floreció hasta que se comprometieron. Pero al presentarse una crisis moral en la vida de la pareja, Bárbara decidió apartarse. Rompió su compromiso con Guillermo. Esto resultó ser la mejor decisión que hubiera tomado en la vida. Sin embargo, en ese momento y con el rostro bañado por las lágrimas, sentía que su único y verdadero amor se iba para siempre.

Seis meses después de haber terminado con Guillermo, Bárbara conoció a un joven brillante que llegó a ser ejecutivo en una importante institución financiera. Se casaron, y hoy, décadas después, siguen teniendo uno de los matrimonios más hermosos que haya conocido. El punto es muy claro. Como Bárbara estuvo dispuesta a apartarse de una relación que ponía en peligro sus convicciones morales, Dios la recompensó con un marido que literalmente era el Príncipe Encantado, y sigue siéndolo hoy día.

No tema apartarse de una relación si esa persona no cumple con sus requisitos espirituales para ser su compañero de vida.

## SECRETO DEL AMOR NÚMERO DOS:
### EL AMOR NO ES UNA LICENCIA PARA CAMBIAR O CONTROLAR AL OTRO

Le contaré la historia de María y Heriberto. Ambos asistían a la misma iglesia, donde se habían conocido y donde también se casaron.

Durante las reuniones de consejería prematrimonial, sus respuestas al cuestionario presentado mostraban todos los requisitos necesarios para un matrimonio feliz y un próspero futuro. Pero sucedió que poco después de casarse aparecieron nubes de tormenta en el horizonte. María era controladora. Intentaba ponerle a Heriberto un yugo de hierro alrededor del cuello, ya que exigía que le rindiera cuentas de cada minuto del día. Le dio un teléfono celular y le exigió que estuvieran en contacto a cada momento. Si él salía para ir al banco, para cortarse el cabello o para comprar un traje, ella quería saberlo antes de que sucediera.

María también era extremadamente celosa. Revisaba la factura telefónica del celular de Heriberto para ver con quién había hablado y durante cuánto tiempo, y luego le hacía preguntas. Su padre había sido muy mujeriego y ella creía que todos los hombres tenían esta maldición encima.

María controlaba la chequera, y toda pregunta acerca de los gastos conducía a la Tercera Guerra Mundial con su esposo. Heriberto era

muy sociable, pero María prefería que se quedara en la casa. María llegó a un punto en el que debía elegir entre relajarse o perder su matrimonio. En su caso, el resultado fue la pérdida de su matrimonio. A ella le importaba más controlar a su esposo que aferrarse a la relación matrimonial.

> *Ella dice...*
>
> Debemos dejar de tratar de controlar todas las situaciones y permitir que Dios cumpla su soberana voluntad en nuestras vidas y matrimonios.

Se dice a veces: «Si amas algo, déjalo ir. Si regresa es porque siempre fue verdaderamente tuyo. Si no vuelve, es porque nunca lo ha sido».

La lucha por el control entre dos personas suele ser una lucha a muerte. Mientras uno lucha por liberarse, el otro lucha con más fuerza por controlar a esa persona. La única solución posible es que el controlador deje libre a la otra parte, porque si no, la relación se destruirá por completo.

¿Cuán controlador de sus relaciones es usted?

## SECRETO DEL AMOR NÚMERO TRES:
### LA NECEDAD DE CREER QUE: «YO LA ENTIENDO»

«Yo la entiendo» debe ser una de las frases más tontas que les he oído a los hombres jóvenes con respecto a sus futuras esposas.

No, no la entiende, señor. Ni ella se entiende. Llora cuando está contenta. Llora sin razón. A veces ni siquiera sabe por qué llora. Si se lo pregunta, dirá: «No lo sé».

Deje de creer que la entiende. Intente hacer de cada día una aventura de buena voluntad, en lugar de jugar a ser un joven Sigmund Freud que trata de psicoanalizar a su pareja y estructurar una relación que no sobrevivirá a las tormentas de la vida.

## SECRETO DEL AMOR NÚMERO CUATRO:
### DEJE DE JUGAR AL JUEGO DE LAS CULPAS

La generación estadounidense de los «yo» ha aprendido a no hacerse responsable de sus acciones. Sir Winston Churchill dijo: «La responsabilidad es la llave a la grandeza».

¿Por qué hace uno lo que hace? La respuesta es simple. Uno hace lo que hace porque es quien es. Si no puede aceptar la responsabilidad de ser quien uno es y de hacer lo que hace, no habrá consejero matrimonial en el planeta que pueda ayudarlo.

Culpar a su esposa y quejarse por lo que hace no funciona. La mayoría de nosotros culpamos a los demás por la agonía emocional que pasamos. Decimos cosas como: «Deja ya de hacerme sentir culpable». «Después de todo lo que hice por ti, esta es tu forma de agradecérmelo». «Es tu culpa. No vengas llorando luego a causa de tus decisiones».

¿Cuántas veces le ha pedido a su esposa que decidiera por ambos y luego se ha quejado por el resultado? Le dice que elija la película que irán a ver, y cuando van al cine no le gusta la película que ella ha elegido.

No sea como el hombre que se quejaba por todo lo que hacía su esposa. Un día le dijo: «Quiero que frías un huevo y hiervas el otro». Ella, con gracia, lo hizo. Cuando trajo ambos huevos en un plato y los puso sobre la mesa, el hombre la miró y gruñó: «Has hervido el huevo equivocado».

Trágicamente, conozco maridos que critican todo lo que hacen sus esposas. ¡Basta ya! Están destruyendo sistemáticamente su autoestima y la confianza en sí mismas. Están culpándolas por los errores, la inseguridad emocional y los fracasos que cometen ustedes.

Se puede romper con el hábito de culpar a la esposa elogiándola en público y con sinceridad cuando hace algo bueno. Cambie su enfoque de protestar por todo lo que hace y que no le satisface, y bendígala por las cosas que hace para endulzar sus días y que sean el cielo en la tierra.

## SECRETO DEL AMOR NÚMERO CINCO: CUANDO COMETA UN ERROR, RECONÓZCALO Y PIDA DISCULPAS

Toda persona casada comete errores a pesar de sus mejores intenciones y de toda la sabiduría que pueda tener. Los errores pequeños añaden humor al afecto. La perfección no es algo que necesitemos. El amor da cabida a los desacuerdos, los errores y las tristezas. Sin embargo, el amor sí significa que uno debe aprender a decir: «Lo siento».

En una ocasión llegué tarde a casa un sábado por la tarde. Venía de la granja. Estaba cansado y solo quería darme una ducha y prepararme para el servicio del domingo por la mañana.

Cuando bajé de la camioneta Diana me dijo que había una gotera importante en la pared del garaje. Era lo último que quería oír yo en ese momento. Cuando miré, vi que el agua goteaba desde la pared hasta el piso. Tomé la sierra eléctrica y corté un pedazo del revestimiento de la pared para examinar el conducto roto.

Mientras trabajaba, Diana me decía: «Debe haber una manera más fácil de solucionar este problema».

La miré como si estuviera loca y seguí serruchando. Cuando quité el pedazo de revestimiento de alrededor de un metro cuadrado, miré la pared. Desde donde estaba parado pude ver que en la pared había una válvula de agua caliente que estaba goteando, y que del otro lado de la pared había una puerta que estaba allí para dar fácil acceso a las cañerías. Lo único que hubiera tenido que hacer era ir del otro lado, abrir la puerta, arreglar la válvula y listo.

¿Tenía un huevo delante de la cara? Al menos un plato lleno de huevos. ¿Tenía que pedir disculpas a Diana? Claro que sí.

Esa noche, para la cena, tragué un plato lleno de disculpas. Hay que aprender a pedir perdón cuando uno se equivoca. Es un secreto del amor que quizá no nos guste mucho, pero es necesario para mantener la sinceridad y la integridad de la relación.

## SECRETO DEL AMOR NÚMERO SEIS: APRENDA A REÍR

Mi madre tiene el espíritu de la alegría. Le encanta reír. Creo que la gente que aprende a reír vive más tiempo y con más gozo. Mi madre tiene noventa y un años a la fecha en que escribo este libro. Goza de buena salud y vive su vida con gozo y plenitud.

Conozco mucha gente que cuando piensa que están enamorados por lo general están refiriéndose a la pasión y el romance, en lugar de pensar en el gozo de la risa. Pero una broma compartida, un guiño, un sentido de gozo en la vida, puede ser un deleite.

Es importante aprender a reír juntos, no *del* otro sino *con* el otro. Este tipo de risa no es señal de burla o desprecio, sino de entendimiento y amor.

La risa no es solo un gran conectador, sino también una gran herramienta de sanidad. Se están realizando estudios muy sofisticados en la ciencia médica que verifican que cuando uno ríe el cerebro libera endorfinas poderosas que sanan el cuerpo. La Biblia lo dice de este modo: «El gozo de Jehová es vuestra fuerza» (Nehemías 8:10). Y también: «El corazón alegre constituye buen remedio» (Proverbios 17:22).

¿Cuánta risa hay en su relación? ¿Encuentra la forma de compartir risas y gozo cuando ve a su esposa y a sus seres queridos al final del día? ¿O se ha obsesionado tanto con su trabajo que se le olvidó cómo reír en casa? ¡Hágalo! La recompensa es mejor que un arroyo en el desierto.

## SECRETO DEL AMOR NÚMERO SIETE:
## EL MATRIMONIO QUE SE CONSTRUYE SOLO SOBRE LA BASE DE LA EXCITACIÓN SEXUAL ESTÁ DESTINADO A FRACASAR

He sido pastor de miles de personas durante casi cuarenta y seis años. Nunca he visto que un matrimonio construido sobre la base de la excitación sexual durara o fuera exitoso. Al comienzo de este libro afirmé que hay tres etapas o fases en el matrimonio: «placer, óxido y polvo». Si construye una relación de noviazgo sobre la excitación sexual, está violando las leyes de Dios como fornicador, y su relación en el futuro está destinada a fracasar si no hay un cambio y el arrepentimiento total.

Cuando uno inicia una relación romántica, siente que su nivel de endorfinas y adrenalina llegan al máximo. El amor romántico puede ser muy excitante. El sexo aumenta el entusiasmo aun más. Sin embargo, el cuerpo no puede mantener estos niveles de adrenalina y endorfinas para siempre.

Pronto uno se cansa, se deprime y se aburre. La relación termina y uno busca a alguien nuevo para encontrar la misma excitación. Pero pronto esa nueva relación también muere porque está construida sobre el mismo cimiento.

Casi todos hemos vivido las sensaciones físicas del romance: el corazón que late, las mariposas en el estómago, la piel de gallina, los escalofríos, la cosquilla interior, los temblores y la excitación sexual.

Eso no es *amor*, es *romance*. Mucha gente es adicta al romance. Y como resultado de dicha adicción hay muchas desilusiones en el amor y muchos matrimonios fracasan. Las relaciones que se construyen sobre la base de las relaciones sexuales solamente están destinadas al fracaso.

¿Es usted adicto a la excitación y la aceleración del romance? La consecuencia será un eterno paseo en carrusel, con relaciones que jamás llegan a prosperar hasta el matrimonio a causa del débil cimiento sobre el que se construyen.

## SECRETO DEL AMOR NÚMERO OCHO:
## LOS CELOS SON LA MANERA DE ESPANTAR A LA ESPOSA SIN PROPONÉRSELO

Cuando miro en retrospectiva a mis cuarenta y seis años de ministerio, veo un cementerio lleno de matrimonios asesinados por los celos. Los celos destruyen el amor que buscan alimentar. Los celos convierten a la

conversación en una inquisición: «¿Dónde has estado?» «¿Cómo era?» «¿Cómo sé que no estás mintiendo?»

Es irónico que mientras más posesivos seamos, y mientras más amor exijamos, menos amor recibiremos. Pero si damos libertad y exigimos menos amor, tanto más amor recibiremos.

La Biblia dice: «Duros como el Seol [son] los celos» (Cantares 8:6). Permítame contarle la historia de un hombre que encontró unas cartas de amor en uno de los compartimientos del ropero de su esposa. Este hombre en particular tenía celos compulsivos. Todo lo que hiciera su esposa le hacía sospechar. Las conversaciones que duraran más de unos minutos eran causa de un interrogatorio. Cuando la esposa salía sin él, al volver la atosigaba con preguntas como: «¿Dónde estuviste?» «¿A quién viste?» «¿De qué hablaron?», etcétera.

Al encontrar las cartas en el cajón enfureció, sabiendo *con seguridad* que su esposa estaba viendo a otro hombre. En su furia la golpeó brutalmente con los puños. Ya en la cárcel sus abogados revisaron las cartas y descubrieron algo asombroso. Eran cartas que él le había escrito hacía treinta años y que ella había conservado como recuerdo de un amor que había muerto. Los celos habían acabado con su matrimonio.

## SECRETO DEL AMOR NÚMERO NUEVE: APRENDA A PERDONARSE POR NO SER PERFECTO

¡No existe el hombre perfecto!

¡No existe la mujer perfecta!

Deje ya de buscarla. No existe. En este momento conozco a muchos jóvenes en mi iglesia que están buscando una mujer que sea la combinación de Catherine Zeta-Jones, Betty Crocker y la Madre Teresa. Esa mujer no existe sobre la faz de la tierra.

Leen Proverbios 31 y declaran: «Ese es el tipo de mujer que estoy buscando». Permítame asegurarle que Proverbios 31 no habla de una mujer en particular. Es lo que Dios presenta como el compendio de características en las mujeres buenas. No hay ninguna mujer que posea todas estas características. Proverbios 31 habla de una *meta*, no de una *diosa*.

Hay mucha gente que siente que «no están hechos de la madera indicada» porque han sido rechazados por sus padres o pares, o porque han fracasado en su primer matrimonio o en los negocios. Como resultado, sienten que son un fracaso total.

La culpa innecesaria puede ser el resultado de que se nos haya dicho reiteradamente que somos un fracaso. Al internalizar la crítica poco piadosa, la gente termina tratándose mucho peor de lo que los han tratado sus padres.

Hace muchos años, cuando era un joven evangelizador que viajaba por el país predicando de iglesia en iglesia, en una de ellas observé a un joven sentado en el último banco. Tenía el cabello blanco como la nieve. Y aunque su rostro era joven, sus ojos y su mirada eran como los de un anciano.

Esa noche en particular elegí el tema de «La paz de Dios que sobrepasa todo entendimiento». Al presentar el mensaje vi que el joven lloraba. Al terminar el servicio se acercó al frente para la oración y conversé con él durante un largo rato. Aquí va su historia.

Había sido soldado en la guerra de Corea, sirviendo a nuestra nación. Era experto en demoliciones y se le indicaba ir a ciertas áreas en búsqueda de bombas enterradas o dispositivos de demolición para quitarlos y limpiar el lugar. Un día él y su equipo fueron a donde se les indicó, buscaron y anunciaron a los camaradas: «El área está limpia de minas y explosivos».

Unos minutos más tarde, su amigo más querido pisó una mina y murió. Fue un momento que le cambió la vida, y su cabello negro y enrulado encaneció en unas pocas semanas. Emocionalmente era un muerto vivo. Se culpaba por la muerte de su amigo al punto que prefería la muerte antes que la vida que llevaba.

> *Ella dice...*
>
> Solo el Maestro Alfarero puede modelarnos según el designio que Él tiene y hacer que cada tapa encaje perfectamente en cada ánfora. Para «encajar perfectamente» debemos dejar que Él obre su plan.

Después del servicio conversamos durante más de una hora, y le alenté a saber que Dios le había perdonado y que él debía perdonarse. Hay muchas personas que tienen una página negra en su vida. Quizá usted que está leyendo este libro ahora tenga un área de su vida que requiere de su aceptación del perdón que Dios ya le ha dado. Nadie es perfecto. «Por cuanto todos pecaron, y están destituidos de la gloria de Dios» (Romanos 3:23). Cuanto antes reconozca su imperfección y el hecho de que aun en su mejor día usted es un mortal fatalmente imperfecto que vive a diario por la gracia de Dios, tanto antes podrá ser feliz.

## *Consejos para ella*

En este capítulo y el siguiente su esposo está aprendiendo
dieciocho importantes secretos del amor que le ayudarán a
cultivar su relación matrimonial para que tenga un crecimiento nuevo y fresco. Las historias verídicas que demuestran la importancia de cada uno de estos secretos del amor
les han permitido a muchos matrimonios tener relaciones
frescas, nuevas y vibrantes con sus cónyuges. En el matrimonio son dos los que necesitan crecer. Piense en estos
secretos del amor y vea si Dios está pidiéndole que usted
también cultive para obtener una nueva cosecha de amor
para su marido. Pregúntese lo siguiente:

- ¿Hay relaciones en su vida que debieran ser
  menos importantes para que su relación matrimonial pueda llegar a ser más importante?

- ¿Hay áreas en las que debiera dejar de controlar a
  su esposo?

- ¿Está usted intentando ayudar a su marido para
  que la entienda mejor?

- ¿Hay cosas por las que debiera dejar de quejarse
  ante su esposo?

- ¿Está dispuesta a admitir sus errores y a pedir
  perdón rápidamente?

- ¿Ríe usted *con* su esposo o se ríe *de* su esposo?

- ¿Se ha dado cuenta de que hace falta más que
  romance para construir un matrimonio?

- ¿Evita continuamente todo pensamiento de celos
  que intente aflorar?

- ¿Admite usted sus propias imperfecciones y *perdona, perdona y perdona* a su marido por las
  suyas?

## CONCLUSIÓN

Veremos más secretos del amor en el siguiente capítulo. Pero la verdad más grande acerca del amor no tiene secretos... es una demostración del amor de Jesucristo: «En esto hemos conocido el amor, en que él puso su vida por nosotros; también nosotros debemos poner nuestras vidas por los hermanos [o tu esposa... o tu esposo]» (1 Juan 3:16).

## PIDA AYUDA A DIOS

*Padre, solo soy un hombre común que necesita aprender y poner en práctica los secretos del amor que tú me estás mostrando en este libro. Confío en que tú, Señor, me guiarás, apartándome de todo lo que pudiera interferir en mi relación contigo o con mi esposa. Que nunca olvide que no me corresponde intentar controlar a mi esposa o culparla por lo que no funciona en nuestro matrimonio. Perdóname por no haber dedicado el tiempo para tratar de entenderla mejor. Gracias, Padre, por dármela. Perdóname por mi obcecada resistencia a admitir mis errores y pedir perdón enseguida. Ayúdanos a reírnos de nuestras imperfecciones, comprometiendo nuestras vidas con el objetivo de ser el esposo y la esposa que tú quieres que seamos. Amén.*

E n el último capítulo vimos nueve importantes secretos del amor que todo hombre debiera saber. Con nueve secretos estará bien encaminado para ser el marido que su esposa siempre ha soñado. Pero no ha finalizado todavía. Quiero mostrarle nueve secretos más que aumentarán su capacidad para llegar a ser el marido que Dios quiere que usted sea.

### SECRETO DEL AMOR NÚMERO DIEZ: NADA SE CONSIGUE SIN ESFUERZO

Quizá haya oído decir: «Si tiene que ser, dependerá de mí». Habrá oído a su entrenador deportivo decirle mientras usted corría por la cancha de fútbol o entrenaba para un partido de básquetbol: «Si no te duele, no sirve».

En el desarrollo de una relación matrimonial, cada vez que uno da un paso y se aventura hacia lo emocionalmente desconocido, sentirá algo de ansiedad. Es natural sentir cierto temor cuando uno se compromete en una nueva relación o se enfrenta a un problema en el matrimonio.

Pero si permanece atascado, podrá intentar evitar la realidad. Al negarse a resolver la dificultad en su relación podrá convencerse a sí mismo de que la misma está bien y que durará. Tarde o temprano esta burbuja de autoengaño explotará.

Deje de pensar en su propia fragilidad. No sabrá cuán fuerte es hasta que deje de soportar los problemas y haga algo por cambiar la situación. Todo cambio tiene su parte dolorosa. Pero sin esfuerzo, no hay recompensa.

Pregúntese: «¿Cuáles son los sucesos más dolorosos de mi vida?» ¿Qué ha aprendido usted de esos momentos difíciles que ha causado que sea la persona que es usted hoy? ¿O es que ha escondido la cabeza en la arena para evitar la realidad, negándose a enfrentar los problemas que debe resolver si ha de ser la persona que Dios quiere que sea?

## SECRETO DEL AMOR NÚMERO ONCE:
## NO PERMITA QUE EL MATRIMONIO DE SUS
## PADRES CONTROLE EL SUYO

*Ella dice...*

Si discute con su marido, no cuente la discusión a sus padres. Le llevará más tiempo de lo que desea que sus padres vuelvan a respetar a su esposo.

La Biblia dice: «Por esto el hombre dejará padre y madre, y se unirá a su mujer, y los dos serán una sola carne» (Mateo 19:5). Observe las palabras *dejará* y *unirá*.

Cuando uno se casa, deja la autoridad de los padres sobre su vida. Uno ya no tiene que llamar para ver dónde se realizará la comida del Día de Acción de Gracias o de Navidad. Ya no tiene que llamar a los padres para pedir permiso para nada. Somos una nueva unidad familiar, con la soberana bendición de Dios Todopoderoso para ser y hacer lo que nuestro destino divino indica. Cuando sus padres invaden el espacio que le corresponde a usted con sus opiniones, podrá escuchar con toda educación e ignorar por completo lo que digan.

Quizá tenga la bendición de tener unos padres sabios, cuyo consejo buscará. Esto es completamente diferente a la situación de permitir que el matrimonio de sus padres controle al suyo. ¿Fue el matrimonio de sus padres ideal, o estaban perpetuamente en guerra?

¿Se enoja usted por cosas pequeñas y luego lamenta lo que dijo a causa de la conducta de su padre? ¿Tiene usted una adicción al alcohol, la comida o las drogas que destruye la relación con su esposa o novia porque está permitiendo que el matrimonio de sus padres controle al suyo? ¿Tiene miedo al rechazo, la desaprobación o el abandono porque la relación de sus padres le sigue afectando?

Pregúntese: «¿Quiero un matrimonio como el de mis padres?» La gran mayoría de las veces la respuesta será un rotundo *no*. Entonces, con la guía de Dios, tome a su compañera de la mano y decida que dejará a sus padres y se reunirá con su esposa para que su hogar sea el cielo en la tierra.

## SECRETO DEL AMOR NÚMERO DOCE:
### CÓMO PONER AL AMOR EN PRIMER LUGAR PARA QUE SEA DURADERO

La Biblia describe la complejidad y majestad de Dios con estas tres palabras «Dios es amor» (1 Juan 4:16). Cuando Jesús completó su ministerio en esta tierra, les dio un mandamiento a sus discípulos, conocido como el undécimo mandamiento: «Este es mi mandamiento: Que os améis unos a otros, como yo os he amado» (Juan 15:12). Cristo entregó su amor cuando el pueblo no lo merecía. Ese es un principio que deberá poner en práctica si quiere que su matrimonio sea excitante y duradero.

> *Ella dice...*
>
> Usted y su esposo deben trabajar juntos para crear una buena familia. Una de las áreas en la que deberán hacer un esfuerzo conjunto es la de las relaciones familiares.

Habrá momentos en que deberá dar amor a su cónyuge, aunque no lo merezca, y dárselo con gozo. Somos todos ángeles con solo un ala, y nos necesitamos mutuamente para poder volar. El matrimonio es idea de Dios, y es el microcosmos del cielo en la tierra. Pero el pegamento que lo mantiene unido es el amor incondicional de Dios que nos tenemos el uno por el otro. El amor es el único ingrediente del que nuestro mundo jamás se cansa y del que nunca hay sobreabundancia. El mundo jamás dejará de necesitar amor. Dios nos creó a su imagen, lo cual significa que fuimos creados para funcionar alimentados por el combustible del amor. El apóstol Pablo dijo: «No debáis a nadie nada, sino el amaros unos a otros; porque el que ama al prójimo, ha cumplido la ley» (Romanos 13:8).

El mundo clama por el amor sincero, el amor que sana, el amor que une, el que perdona, el amor que alienta. El Dr. Karl Menninger, un afamado psiquiatra estadounidense, descubrió que la gente que es capaz de dar y recibir amor sana mucho más rápido cuando está enferma. Afirmó: «El amor cura a las personas, tanto a las que lo dan como a las que lo reciben».[2] Por el contrario, quienes no tienen amor por lo

general quedan con cicatrices en su personalidad que les causan la muerte. El amor es esencial para nuestro bienestar emocional, físico, mental y social. Nuestras vidas están formadas por aquellos que nos aman y también por los que se niegan a amarnos.

Mi primo, un exitoso cirujano, me contó la historia de un niño de doce años a quien le realizó una cirugía de rutina. El niño era sano y no había razón por la que no debiera recuperarse de la cirugía. Sin embargo, mi primo observó que nadie había venido a verlo cuando se internó. No había nadie allí cuando entró en la sala de operaciones. Y cuando volvió a su habitación, tampoco había nadie a su lado. Cuando mi primo le preguntó por su familia, se dio percató de que era obvio el hecho de que nadie lo amaba. Esa noche, un niño de doce años —sano y físicamente capaz de recuperarse y vivir— falleció. Con lágrimas en los ojos mi primo dijo: «Murió por falta de amor. De un amor que lo habría mantenido vivo».

Es seguro, el amor mantendrá vivo su matrimonio y a los hijos que vengan de ese matrimonio. Si usted da amor, el matrimonio se renovará cada día y se hará más fuerte, más puro. Hay un poema que aprendí hace años que dice:

> Una campana no es campana hasta que tañe.
> Una canción no es canción hasta que se canta.
> El amor que hay en tu corazón no está
>    allí para quedarse.
> Porque el amor no es amor hasta que se da a otros.[2]

¿A quién ama usted? ¿Les ha dicho *hoy* cuánto los ama? ¡Hágalo!

### SECRETO DEL AMOR NÚMERO TRECE: SERÁ LO QUE USTED CREE QUE DEBE SER

La Biblia dice: «Porque cual es su pensamiento en su corazón, tal es él». (Proverbios 23:7). Si usted cree que su matrimonio está más allá de toda redención, nadie podrá salvarlo. Ahora que nuestra iglesia tiene dieciocho mil miembros ya no hago consejería matrimonial. He contratado un equipo profesional sobresaliente que se ocupa de la avalancha permanente de matrimonios que necesitan ayuda.

Sin embargo, durante veinte años, cada jueves, a los que solía llamar «Jueves de Tylenol», escuchaba a los miembros de la congregación mientras me contaban sus enfermedades maritales. Les preguntaba a

cada hombre y mujer una sola cosa apenas se sentaban enfrente de mí: «¿Quieres que este matrimonio sobreviva?»

No aceptaba otra respuesta que *sí* o *no*. Las respuestas como: «No estoy seguro» o «Bueno, dependerá de lo que haga él (o ella)», me hacían suspender la sesión. Si en última instancia usted no quiere que su matrimonio funcione, ni siquiera Dios podrá ayudarlo. Dios le ha dado el poder de decidir. Y por poderoso que sea Él no podrá responder a la oración hasta que se ore. Usted debe orar. Por poderoso que sea Dios, no puede obligarle a amarle. Así que deberá elegir amarle. Por poderoso que sea Dios, no puede obligarle a amar a su esposa. Usted debe elegir amarla. Muchas veces esto debe ser un acto de su voluntad... no de sus emociones.

## Secreto del amor número catorce:
### Su actitud es contagiosa

El modo en que usted responda a los demás determinará el modo en que los demás le respondan a usted. Una esposa le dijo a su marido: «No soy protestona; es que he estado de mal humor durante cuarenta años».

Cuando voy al aeropuerto suelo tener una actitud determinada. Una vez despaché mi equipaje en el aeropuerto de Washington D.C. y vi unas hojas de muérdago atadas sobre la rejilla de despacho. Le pregunté al empleado: «¿Por qué tienen muérdago atado en la rejilla de despacho?»

Mí miró con una sonrisa burlona y dijo: «Es para que pueda besar su equipaje y despedirse de este». Eso es una actitud.

¿Qué es entonces una actitud? Es una muestra de nuestro verdadero ser. Sus raíces están ocultas, pero el fruto siempre es visible. Su actitud podrá ser su mejor amiga o su peor enemiga. Atraerá o espantará a la gente que esté a su alrededor.

Nuestra actitud nunca está conforme a menos que pueda expresarse. Determinará nuestro éxito o fracaso. Y no depende de las circunstancias de la vida.

Nuestra manera de hablar refleja nuestra actitud. Deje ya de decir: «No puedo» y comience a decir: «Todo lo puedo en Cristo». Deje ya de decir: «Si...» y comience a decir: «Si Dios quiere». Deje de decir: «Es imposible que mi matrimonio mejore» y diga: «Si tuviereis fe ... nada os será imposible» (Mateo 17:20)

Deje de decir: «No conozco a la gente adecuada». Si conoce usted a Dios Padre, Dios Hijo y Dios Espíritu Santo, conoce a la gente adecuada.

Deje de decir: «Ya estoy viejo». Moisés tenía ochenta años cuando Dios lo llamó para que liberara a Israel de la esclavitud en Egipto. Vivió hasta los ciento veinte años y caminó a su propio funeral.

Ser viejo es cuando nuestros amigos nos elogian los nuevos zapatos de piel de cocodrilo, y andamos descalzos. Nuestra actitud determinará la calidad de nuestro matrimonio. ¿Está herido? Sobrepóngase. ¿Ha sido criticado injustamente? Sobrepóngase. ¿Ha sido rechazado? Sobrepóngase.

Una de mis citas favoritas de todos los tiempos es una del Presidente Calvin Coolidge, quien dijo: «Siga insistiendo. Nada puede reemplazar a la persistencia. El talento no la reemplazará, porque lo más común son las personas fracasadas con talento. El genio tampoco, porque hay muchísimos genios que no han sido recompensados. La educación no podrá reemplazar a la persistencia, porque el mundo está lleno de gente culta que ha sido olvidada. Solo la persistencia y la decisión son omnipotentes».[3]

La vida puede ser como una piedra de esmeril. Dependerá de nosotros que nos pula y quedemos brillantes o que nos lime hasta hacernos polvo. ¿Está hecho usted del material adecuado? Si pulimos un diamante brillará hasta quedar radiante. Si pulimos una bola de tierra seca solo obtendremos polvo.

La adversidad es la oportunidad que tenemos para mejorar nuestro matrimonio, y nuestra actitud hacia la adversidad determinará si progresamos o nos destruimos.

La banda elástica solo sirve si la estiramos. La tortuga no llega a ninguna parte a menos que estire el cuello. Las cometas solo vuelan con el viento en contra. Y la semilla debe luchar y esforzarse para germinar y abrirse paso entre la tierra y las piedras. Ella batalla en su camino hacia la superficie solo para luchar luego contra las tormentas, la nieve y la escarcha antes de llegar a ser un roble fuerte.

Su matrimonio deberá aprender a soportar la adversidad para poder triunfar. Su actitud hacia la adversidad determinará sus logros.

### SECRETO DEL AMOR NÚMERO QUINCE:
### NADIE PUEDE HACERLE SENTIR INFERIOR
### SIN SU CONSENTIMIENTO

Eleanor Roosevelt lo afirmó cuando defendía los derechos civiles de los estadounidenses de color, por un trato justo y equitativo en su nación.[4]

Cuando los padres de nuestra patria escribieron: «Nosotros, el pueblo», no estaban hablando de la gente de color. La Corte Suprema decretó en «La Decisión de Dred Scott» de 1857 que la gente de color fuera tratada como ganado.[5] Eran posesiones, no personas. La historia de Rosa Parks es uno de los mejores ejemplos acerca de conquistar los sentimientos de inferioridad para llegar a ser la persona que Dios quiere que seamos. Rosa Parks fue llamada al nacer Rosa Louise McCauley. Nació hace noventa años en la rural Alabama. Esta mujer, que solo había estudiado hasta terminar la escuela secundaria, se convertiría en el símbolo estadounidense de la resistencia implacable a la opresión.

Muchos de los recuerdos más tempranos de Rosa Parks estaban teñidos de temor: los linchamientos de los vecinos por parte del Ku Klux Klan y el miedo a que su casa también fuera destrozada y quemada hasta quedar en el suelo. En ese tiempo su lugar natal, Tuskegee, era considerado un lugar ilustre en la historia afroamericana, porque era el hogar de Booker T. Washington.

Esta gentil y amable graduada de los esclavos llegó a cometer un acto de desafío de tal magnitud que la ley y el país cambiaron para siempre. Un día en particular, Rosa Parks «se plantó» pidiendo justicia e igualdad.

Cuando Rosa tenía dos años y su hermano Sylvester era pequeño, su padre James partió hacia el norte y casi no volvieron a tener noticias de él. Con la madre, que era maestra, se mudaron a Pine Level, Alabama, para vivir en la granja de sus abuelos. Rodeada de su familia, en Parks maduró un profundo sentido de la justicia y la dignidad. Siempre llevó en su corazón las lecciones de su madre Leona. Rosa Parks recuerda: «Mi madre me enseñó el respeto por nosotros mismos. No hay ley alguna que diga que la gente deba sufrir».

Como le gustaba mucho leer, Parks asistía a una pequeña escuela para negros, abierta solo cinco meses al año. La familia Parks se mudó a Montgomery cuando Rosa tenía once años. Durante cinco años debió dejar de estudiar porque debía cuidar de su abuela enferma primero, y después de su madre.

A los diecinueve años Rosa McCauley conoció a un apuesto y habilidoso peluquero, Raymond Parks, y se casó con. Él era diez años mayor, y un conocido activista por los derechos civiles. En su primera autobiografía, *Rosa Parks: Mi historia*, ella recuerda qué fue lo que más la impactó: «Él no parecía tener esa actitud sumisa que llamamos "del Tío Tom"».

Las vidas de las personas se veían perturbadas por leyes que indicaban la separación racial en ascensores, autobuses, bebederos, restaurantes y

casas. Todo era legal, gracias a las decisiones de la Corte Suprema a fines de la década de 1800, que siguieron siendo válidas durante setenta años.

El 1 de diciembre de 1955, a los cuarenta y dos años, Rosa Parks se negó a darle su asiento a un hombre blanco en el autobús de Cleveland Avenue después de un largo día de trabajo como costurera. Doce años antes había vivido una experiencia dolorosa en el mismo autobús, con el mismo conductor. En esa ocasión, para su humillación, la habían hecho bajar del vehículo. Pero esta vez las cosas fueron diferentes. Ella recuerda: «Dios se sentó junto a mí, y me hizo estar tranquila y decidida a no dejar que me trataran con menos dignidad que a cualquier otro ciudadano de Montgomery».

Fue arrestada y luego liberada bajo fianza. La noticia se extendió a lo largo y ancho de la comunidad afroamericana, y se inició un movimiento para boicotear el sistema de buses municipal. El Dr. Martin Luther King Jr., un desconocido de veintiséis años entonces, sumó su voz al boicot que se iniciaría el 5 de diciembre, cuando Parks debía declarar en la corte.

Como se esperaba, fue acusada de rebelión y multada con catorce dólares. La comunidad de color se unió y miles de afroamericanos decidieron caminar, compartir autos, tomar taxis, montar mulas y hasta faltar al trabajo y la escuela para que los buses de la ciudad circularan casi vacíos.

La fe de Parks y el boicot soportaron trescientos ochenta y un días de incomodidades. A fines de 1956, la Corte Suprema dictaminó que las leyes de segregación de Montgomery eran inconstitucionales. Rosa Parks se negó a entregar su dignidad en bandeja de plata. Su sencillo acto de rechazo a la humillación cambió a los Estados Unidos para siempre.[6]

Hágase cargo de su vida, o alguien más lo hará.

## SECRETO DEL AMOR NÚMERO DIECISÉIS: LA FELICIDAD ES UNA DECISIÓN

Abraham Lincoln dijo: «La gente es tan feliz como quiera serlo».[7] Cuando Jesucristo de Nazaret predicó Su primer sermón, el Sermón del Monte, presentó los nueve principios de la felicidad. Dijo: «Bienaventurados los pobres en espíritu ... bienaventurados los que lloran ... bienaventurados los mansos ... bienaventurados ... bienaventurados ... bienaventurados» (Ver Mateo 5).

La palabra «bienaventurado» se traduce como «feliz». No hay lucha alguna que pueda producir felicidad. Ni la manipulación, el control o las quejas nos llevarán a la plenitud. Cuando menos sintamos la paz interior, tanto más querremos símbolos materiales, como una casa más grande, un auto más veloz, un bote más grande o un salario mejor para satisfacer nuestra sed de felicidad.

Permita que sus más altos principios guíen su vida y encontrará la felicidad durante el camino. Sentirá placer y felicidad si se expresa de manera creativa, si se dedica al bienestar de los demás y a mejorar a la humanidad.

Entregarnos a otra persona en su hora de necesidad nos da felicidad. La Biblia dice: «Más bienaventurado es dar que recibir» (Hechos 20:35).

Nos enamoramos de la vida no por nuestra filosofía, sino a través de un compromiso apasionado por integrar nuestro crecimiento personal con lo que damos a otros. A menudo se ha dicho que nos ganamos la vida con nuestro trabajo, pero que enriquecemos al mundo a través de lo que damos. Usted tiene el don de la felicidad para repartir a otros, día tras día.

> *Ella dice...*
>
> **La vida es más que deseos. No cometa el error de hacer siempre de sus deseos sus metas. La satisfacción nunca será encontrada.**

Pregúntese esto: «¿Soy verdaderamente feliz?» Si no lo es, ¿por qué no? La respuesta está dentro de usted.

## SECRETO DEL AMOR NÚMERO DIECISIETE:
### SIÉNTASE BIEN CONSIGO MISMO

La Biblia dice: «Amarás a tu prójimo como a ti mismo» (Levítico 19:18). Es seguro que si no nos gusta quienes somos, tampoco seremos capaces de amar a nuestro prójimo. Hay una diferencia entre ser egoísta y buscar nuestro mejor interés. El egoísmo es el veneno del alma. Estar interesado en uno mismo es ser inteligente. Es nuestro interés llegar al cielo, porque la alternativa es perderse para siempre. Esto es lo que significa estar interesado en uno mismo. Es nuestro interés prosperar, y eso se logra en el reino de Dios cuando damos a otros.

¿Cómo se siente con respecto a sí mismo? ¿Qué ve cuando se mira en el espejo? ¿Fealdad? ¿Belleza? ¿Le gusta lo que ve? ¿Quiere cambiar lo que ve? ¿Le gusta pensar en su futuro? ¿Quién es usted?

Toda persona sobre la tierra es creación única de la mano de Dios. Cuando usted nació, el genio del cielo explotó en toda su magnitud.

No hay otra persona en todo el planeta que sea igual a usted. Tiene un destino que nadie más puede cumplir. Dios le ha puesto en esta tierra con un propósito que nadie más puede lograr. Necesita sentirse bien consigo mismo.

Permítame contarle una historia personal. Cuando mi padre era pastor en Houston, Texas, yo trabajaba en el Supermercado Weingarten Número 16, en la Avenida Washington y Shepherd Drive. Tenía trece años y mi madre me consiguió el empleo aunque era todavía menor de edad, porque su idea era que si un niño no estaba yendo a la escuela o a la iglesia, debía trabajar. La idea de un niño sentado sin hacer nada o mirando la televisión era una locura total para mi madre. Había una empleada en ese supermercado que era un deleite. La llamaré *Nancy*. Nancy medía un metro ochenta y pesaba unos cien kilos. Cuando uno tiene trece años, mide un metro cincuenta y pesa solo sesenta kilos, alguien tan grande como Nancy se ve gigante. En verdad, Nancy *era* bella. Era feliz y siempre sonreía. La gente hacía fila frente a su caja porque impartía una sensación de bienestar. Había tenido muchos pretendientes y se había casado con un hombre exitoso. ¿Por qué? Porque se sentía bien consigo misma.

A lo largo de los años he visto personas, en particular mujeres, que son extremadamente críticas con respecto a su aspecto personal. Se sienten tan incómodas consigo mismas que su tristeza se traduce a sus relaciones. Esa tristeza se transfiere por ósmosis a las vidas de las personas con quienes se relacionan. Sus vidas románticas son un carrusel de interminables relaciones que jamás llegan a madurar, porque quien se siente mal consigo mismo no puede hacer sentir cómodos a aquellos que se le acercan.

Pregúntese esto: ¿Me gusto de veras? ¿Qué cambios debería hacer para aceptarme a mí mismo? Si ve cosas que puede mejorar, y se niega a hacerlo, solo está agregando pena a su tristeza. ¡Actúe ya mismo!

## SECRETO DEL AMOR NÚMERO DIECIOCHO:
## EL AMOR QUE NEGAMOS A OTROS SE PIERDE

Al momento de escribir esto, he visitado Israel una veintena de veces. Cada vez que voy disfruto de mi visita enormemente. Es la tierra del Señor, el eje del mundo del mañana. Todo lo importante que suceda desde este momento hasta que Cristo vuelva en su segunda venida está ligado al estado de Israel y a la ciudad de Jerusalén.

Una de las lecciones espirituales perpetuas de Israel es la del Mar Muerto y el Mar de Galilea. El Mar de Galilea desemboca en el Mar Muerto. Siempre trae agua viva a un mar muerto, lleno de sal. He nadado en el Mar Muerto, y la concentración de sal es tanta que uno puede sentarse en el agua y leer el periódico como si estuviera en un sillón. Pero lo fenomenal del Mar Muerto es que a pesar de toda el agua dulce que recibe a diario del Mar de Galilea, no contiene vida. Nada vive allí. Es totalmente muerto.

¿Por qué? Porque el Mar Muerto solo recibe. Nunca da. No hay lugar en el perímetro del Mar Muerto donde fluya hacia otro destino. Durante siglos ha estado recibiendo el agua de vida del Mar de Galilea. Y sin embargo sigue siendo tan yermo hoy como lo era en los días en que Jesucristo vivió y murió en la ciudad de Jerusalén.

El amor que negamos se perderá. A medida que nuestro amor crece, la apreciación de nuestra propia dependencia de los demás también crecerá. Cuando más amor sentimos, tanto más amor queremos compartir. El crecimiento personal y la contribución a la sociedad se entretejen en una misma relación. Hoy hay una creciente espiritualidad, a veces imperceptible, pero cada vez más evidente, un respecto por lo sagrado de cada persona, que ocurre porque el espíritu del amor está obrando a través de nosotros. Nos sobrepondremos a los hábitos negativos y sentiremos más amor y placer cuando aprendamos a romper viejas barreras y resistencias, para llegar a nuevos niveles de fuerza espiritual y sincera comunicación.

## Consejos para ella

Piense en los secretos del amor agregados en este capítulo. ¿Cómo puede usted utilizar estos conceptos para cultivar una nueva cosecha de amor para su marido? Pregúntese lo siguiente:

- ¿Está dispuesta a revelar las áreas dolorosas de su matrimonio que deben cambiar y a trabajar con su esposo para modificarlas?

- ¿Sabe su esposo que usted pone el amor que siente por él ante todo lo demás por amor a Dios?

- ¿Ha elegido amar a su esposo, en todo momento de cada día?

- ¿Cuál es su actitud ante la adversidad?

- ¿Está trabajando constantemente para mejorar la imagen de sí misma?

- ¿Ama la vida? ¿Regala felicidad todos los días?

- ¿Se gusta a sí misma? Si no es así, ¿por qué no?

- ¿Ha descubierto que cuanto más amor da, más amor tiene?

## CONCLUSIÓN

Pregúntese esto: «¿A quién le estoy dando mi amor cada día?» Si no lo está dando, ha llegado a ser como el Mar Muerto. Pronto, su vida estará estancada y será estéril. Busque hoy a alguien que necesite sentir el amor de Dios y luego brinde a esa persona el amor que Dios le ha dado a usted. Nuestras vidas son formadas por aquellos que nos aman... y por los que se niegan a amarnos. Elija ser un hombre de Dios que regala amor a diario. Dé amor a Dios, a su esposa, a su familia y a toda persona que vea cada día. Recuerde esto: «Nosotros ... amamos ... porque él nos amó primero» (1 Juan 4:19).

## PIDA AYUDA A DIOS

*Padre, todavía tengo mucho por aprender con respecto a los secretos de un matrimonio feliz. Gracias por revelarme algunos en este libro. Gracias por los recordatorios dolorosos de que tú estás intentando cambiarme para que sea el hombre que quieres que sea. Enséñame el amor sincero... ¡Tu amor! Ayúdame a dar y a amar, a tener esperanza y fe en todo lo que hago por mi esposa. Elijo ser feliz, Padre, y elijo hacerla feliz. Haré todo lo que pueda para que se sienta bien consigo misma y conmigo. Muéstrame cómo darle mi amor en todo lo que hago, en todo lo que digo y aun en los momentos en que no hacen falta palabras para expresarle cuánto la amo. Amén.*

# ¿PUEDE UN MATRIMONIO SOBREVIVIR AL ADULTERIO, ABUSO O ENCARCELAMIENTO?

C ada una de las personas que entra a mi oficina de consejería matrimonial cree que su matrimonio es el peor del mundo. Multiplican sus problemas con una calculadora y cuentan sus bendiciones con los dedos. El matrimonio solía ser un contrato. Hoy muchos lo ven como una opción de noventa días.

Un hombre me dijo: «He sido desafortunado en mis dos matrimonios. Mi primera esposa me dejó, y la segunda no quiere dejarme». El matrimonio es el arte de dos personas incompatibles que aprenden a vivir en compatibilidad.

Oí una ilustración que retrata la degeneración del factor romance en el matrimonio al mostrar la reacción de un marido ante un resfrío de su esposa que duró los siete años de su matrimonio. El hombre respondió de la siguiente manera:

El primer año dijo: «Amor, dulzura, me preocupa que mi bebé tenga un resfrío y no hay forma de saber cómo irán las cosas, con las bacterias que andan por allí. Te llevaré al hospital esta tarde para que descanses y te revisen. Sé que la comida no es buena, pero yo te compraré comida en Zios. Ya he arreglado todo con el supervisor».

El segundo año, el marido dice: «Oye, querida. No me gusta cómo suena esa tos, y acabo de llamar al Dr. Miller para que venga enseguida. Ahora ve a la cama como una niña buena, hazlo por mí».

Al tercer año, el esposo señala: «Mejor será que te acuestes, querida. No hay nada mejor que descansar cuando uno no se siente bien. Te traerá algo. ¿Tenemos sopa enlatada?» ¿Observa usted cómo va degenerando el romance?

El cuarto año, el marido le dice a su esposa: «Ahora, querida, ten sentido común. Después de dar de comer a los niños, lavar los platos y limpiar el piso, será mejor que te acuestes».

Al quinto año le dice: «¿Por qué no tomas unas aspirinas?»

El sexto año comenta: «Ojalá hicieras gárgaras o algo en lugar de estar allí todo el día ladrando como una foca».

Al séptimo año, el marido apunta: «¡Por amor de Dios, deja ya de estornudar! ¿Quieres contagiarme con neumonía?»

El factor romance d-e-s-a-p-a-r-e-c-i-ó. Ahora solo se trata de sobrevivir, y esto no es un show en vivo de la televisión. ¡Es la vida misma!

El matrimonio es como una computadora. Todo lo que se pone en él será lo que obtengamos. Si entra basura, saldrá basura. Si no hay inversión de uno mismo, de sus emociones, de su corazón, no obtendrá nada a cambio.

Cuando yo tenía ocho años y ganaba mi dinero recogiendo algodón en la granja de un hombre que asistía a la iglesia de mi padre, esa familia de siete personas y todos los que trabajaban con ellos bebían agua de un pozo del que se extraía con una bomba manual. Antes de poder beber, había que echar agua en el eje para mojar el cuero y crear la suficiente fuerza de succión como para hacer subir el agua fresca. Si no se echaba agua en la bomba, uno podía bombear hasta ampollarse las manos y no saldría agua. Sin echar agua, no se obtenía agua.

El matrimonio es igual. Si no entra amor, no saldrá amor. Si no entra comunicación tierna, no saldrá comunicación tierna. Si alimenta su matrimonio, este será su oasis. Si es negligente y no lo cuida, se convertirá en su desierto del Sahara.

En este capítulo compartiré con usted una parte de algunas historias verídicas relatadas por personas que a lo largo de los años han venido a mi oficina. Sus problemas matrimoniales eran colosales.

> *Ella dice...*
>
> Agradezca al Señor por su esposo todos los días, y destaque en él los aspectos que Dios quiere que tenga para que sea el hombre que Él desea.

Compartiré estos testimonios vivos del sufrimiento indecible para mostrarle que usted puede recuperarse si está dispuesto a salvar su matrimonio. He cambiado los nombres, pero los hechos son verídicos. Se verá reflejado en algunas de estas historias.

## ¿Sobrevivirá este matrimonio al adulterio?

Permítale contarle la historia de Roberto y Beatriz. Roberto era dentista y tenía mucho éxito en su consultorio en la sección noreste de los Estados Unidos. Era apuesto y de personalidad extrovertida. Por cierto, era alto, atlético y lleno de energía.

Además de sus logros como dentista y profesional era un padre amoroso y un excelente marido. Era lo que toda mujer podría soñar como esposo. Había sido fiel, leal y amoroso con su esposa durante casi veinte años sin fallar. Proveía para su familia y creía que su matrimonio era a prueba de balas. Estaba equivocado.

Su esposa, Beatriz, era una mujer inteligente y modestamente atractiva, pero no tan atractiva como Roberto. Mucha gente se preguntaba cómo había logrado atraerlo.

Beatriz era baja de estatura y un tanto rellena, y llevaba anteojos gruesos que distorsionaban la forma de sus ojos azules. Tenía cabello rojizo, lacio, que llevaba atado detrás. No era extrovertida ni parecía saber hacer amigos con facilidad. Roberto y Beatriz eran polos opuestos en muchos aspectos. Recuerde, los opuestos se atraen antes del matrimonio y se irritan después de casados.

Llegó un día en que Roberto entró en mi oficina con el rostro de color ceniciento. Se sentó, como si una mula le hubiera pateado en el estómago, y sin decir palabra espetó:

—Beatriz tiene una aventura con el contratista que está construyendo nuestra casa.

Quedé atónito. Ambos permanecimos en silencio durante un largo rato. Roberto comenzó a llorar.

—¿Cuándo comenzó? —le pregunté.

—Hace más de un año. Cuando comenzamos a planificar la construcción de la casa.

—¿Cómo te enteraste?

—Me dijo esta mañana durante el desayuno que su relación con él había llegado a un punto en que ya no podía ocultar más sus sentimientos. Quiere el divorcio y piensa casarse con él y mudarse a otro estado con los niños.

—¿Me estás diciendo que hasta hoy ni siquiera sospechaste que Beatriz te era infiel? ¿Cómo puede una mujer tener relaciones sexuales con un hombre durante el día y luego acostarse en la misma cama con su esposo sin que él siquiera se de cuenta de que algo anda mal? —pregunté con crudeza.

Roberto se encogió de hombros, totalmente atónito.

—Nunca sospeché nada. No hubo indicios. No hubo discusiones ni desacuerdos. Creí que nuestro matrimonio era perfecto, hasta hoy.

Hubo una larga pausa y luego Roberto preguntó:

—¿Cuáles son mis opciones según lo que dicen Dios y la Biblia?

Esperé unos minutos, mirando al hombre que acababa de ser emocionalmente destrozado. Su mundo de absoluta perfección se había derrumbado. Todo aquello por lo que había trabajado estaba destruido.

—Bíblicamente tienes derecho, según las enseñanzas de Cristo en Mateo 19:9, a divorciarte de tu esposa. Jesús dijo: «Y yo os digo que cualquiera que repudia a su mujer, salvo por causa de fornicación, y se casa con otra, adultera». Tu esposa ha cometido adulterio. Eres libre de divorciarte y volver a casarte si quieres hacerlo —le respondí.

Y luego agregué:

—También tienes otra opción. Puedes perdonarla por completo, totalmente. El cristianismo siempre ofrece opciones.

Roberto me miró con los ojos empañados. No dijo palabra. No sabía lo que estaba pensando. ¿Optaría por el divorcio... o intentaría salvar el matrimonio?

Interrumpí el silencio y dije:

—Roberto, esto significa que si está dispuesta a confesar su pecado con espíritu contrito y pide perdón, tú tienes la opción de decir: «Sí, te perdono». Pero si dices: «Todo está perdonado y olvidado», ella estará perdonada completamente. No puedes reprocharle su adulterio dentro de seis meses cuando tengan una discusión. El perdón total significa que no volverás a hablar de ello. Nunca más. Quiero que examines tu alma y te preguntes: «¿Puedo hacerlo?»

Roberto me miró, sollozando. Recuperó el aliento y dijo:

—Tengo que perdonarla. Pero el problema es más que solo adulterio.

Casi salté de la silla.

—¿Qué puede ser peor que el adulterio?

Tuve que hacer un gran esfuerzo por mantener el tono de la voz bajo control.

—Acaba de enterarse de que está embarazada del contratista.

Roberto me miró como si fuera un niño, esperando la reacción de su padre.

¡Mi corazón casi se detuvo! Ahí estaba la dulce y calmada Beatriz, enseñando en la Escuela Dominical los domingos pero viviendo como adúltera de lunes a sábado, y embarazada de otró hombre. Quería gritar. El espíritu de dar una bofetada se apoderó de mis manos.

—Roberto, ¿estás seguro de que quieres salvar este matrimonio? —dije casi gritando.

Sin dudarlo, y con toda firmeza, respondió:

—Absolutamente.

Durante unos minutos permanecí inmóvil como una piedra. Pensé: *Está bajo un gran impacto. No sabe lo que dice. Cuando llegue a casa y lo piense, verá la realidad y explotará con furia y violencia. No hay forma de que este matrimonio pueda sobrevivir al adulterio y al embarazo resultante. Es hora de una terapia real.*

—Roberto —rugí como un sargento de la armada—, ¿me estás diciendo que estás dispuesto a perdonar a tu esposa totalmente, sin rastros de malicia ni hostilidad, y a criar al niño de otro hombre como si fuera tuyo?

Roberto me miró con mirada penetrante y respondió con firmeza:

—¡Sí! Eso es exactamente lo que estoy diciendo.

Sobre este caso en particular, podía haberse escrito un libro entero, un estudio clásico de las imposibilidades maritales. ¿Podría sobrevivir este matrimonio? Ni un hombre en diez mil siquiera habría intentado salvarlo. Pero estoy aquí para dar testimonio de que por la gracia soberana de Dios, este matrimonio se salvó milagrosamente y continuó durante muchos años con amor sincero y afecto mutuo.

> *Ella dice...*
>
> Hay una cuenta bancaria de misericordia en la vida de todos nosotros. Cuanta más misericordia depositemos allí, tanta más recibiremos cuando nos sea necesaria.

Roberto y Beatriz viven juntos como marido y mujer, y tienen dos hijos, uno de ellos es el hijo adoptado producto del adulterio de la esposa. Tienen además dos nietos. Porque: «Si tuviereis fe ... nada os será imposible» (Mateo 17:20). Después de esto, ¿cuál es el problema que dice usted que hay en su matrimonio?

## ¿SOBREVIVIRÁ ESTE MATRIMONIO AL ABUSO?

Quiero contarle la historia de Rogelio y Rut. Rogelio era supervisor de atletismo de deportes recreativos en los parques públicos de su condado.

Medía casi un metro noventa y pesaba unos ciento veinte kilos. Era una fortaleza física. Coleccionaba autos antiguos y gastaba mucho dinero viajando por el mundo para comprarlos. Había estado casado con Rut unos diez años cuando entraron en mi oficina de consejería matrimonial. Rut era una mujer atractiva. Era bastante alta y de porte elegante. Era extrovertida y sus hijos la amaban porque era una madre devota y una esposa leal. Era tierna y amorosa, pero si la presionaban se convertía en un gato montés.

Una noche recibí una llamada de Rogelio, quien me dijo que quería «pasar por la oficina con su esposa para hablar de un problema matrimonial». En esa época la iglesia era bastante pequeña, de unos quinientos miembros, y mis horarios eran flexibles. Así que acepté la visita.

Entraron en mi oficina, se presentaron, y se sentaron en el sofá frente a mi escritorio. Rogelio introdujo la mano en el bolsillo de su saco y sacó una carta escrita por un médico, autorizando a Rogelio a internar a su esposa en un hospital psiquiátrico sin su consentimiento. Me dio el documento con un aire de condena oficial. Lo leí, y luego lo puse sobre el escritorio, sabiendo que estaba decidido.

—Rogelio —le dije— has venido a mi oficina para hablar sobre tu matrimonio buscando salvarlo. ¿Por qué me das esta carta que dice que puedes internar a tu esposa en un hospital psiquiátrico?

—Porque es donde necesita estar —dijo él mirándome sin pestañar.

—¿Por qué crees que ella necesita ser internada en dicha institución? —le pregunté.

—Porque es adicta a los medicamentos y está drogada todo el tiempo. Así que se pasa la mayor parte del tiempo durmiendo. No limpia la casa, y cuando llego la cena no está lista. Cuando no está deprimida, deja a los niños completamente sin supervisión —contestó Rogelio.

Miré a Rut, que hervía a causa de las acusaciones en su contra. Estaba por ver al gato montés en acción.

—Rut, ¿tomas medicación en exceso?

—Quizá —respondió—. Pero continuamente debo luchar contra la depresión a causa de las múltiples relaciones adúlteras de Rogelio.

Rogelio dejó de estar tan calmo. Su rostro enrojeció de furia.

Hizo ademán de pegar una cachetada a Rut, pero erró por una fracción de segundo. Rut ya le había pegado con el puño en la mandíbula. Estoy aquí para contarles que hubo una batalla campal sobre ese sofá entre los esposos tan violenta que acabaron por quebrarle las patas al mueble. Yo estaba allí, mirándolos. No iba a entrar en la pelea. Mi madre no crió a un idiota.

Cuando terminaron de pegarse, les pedí que volvieran a tomar asiento para seguir con la conversación. Era una situación tan ridícula que tuve que contener la risa. Allí, sentados sobre un sofá roto, intentaban sanar un matrimonio herido después de una pelea que la ESPN habría estado dispuesta a trasmitir por televisión. ¿Podría salvarse este matrimonio?

Le di a Rogelio con mi clásico golpe:

—¿Quieres librarte de tu esposa, o quieres salvar este matrimonio?

Rogelio me miró como si lo hubiera atravesado con una espada.

—Quiero salvar este matrimonio, pero hay demasiados problemas.

Respondí sin titubear:

—Tú eres el origen del problema. Esperas que tu esposa funcione sin desperfecto alguno en medio de tu perpetuo adulterio. Tus exigencias son irracionales. Su respuesta a tu acción es predecible. ¿Quieres salvar este matrimonio?

—Sí, quisiera que continuara. Tenemos dos hijos hermosos y ellos merecen un hogar libre del caos.

Miré a Rut y le pregunté:

—¿Estás dispuesta a perdonar a Rogelio su adulterio y a salvar este matrimonio?

—Claro que sí. No hay nada que no estuviera dispuesta a hacer para salvar mi matrimonio. Con gusto le perdono todo lo que ha hecho en el pasado.

Levanté el teléfono y llamé al doctor que había firmado la carta para la internación de Rut. Le dije que Rogelio no le había dicho toda la verdad con respecto a la situación de su esposa, y que estaba rompiendo el documento y echándolo en la basura. Dio su consentimiento. El tema de «internar a la esposa en un hospital psiquiátrico» había terminado.

Rogelio y Rut asistieron a las sesiones de consejería matrimonial durante varios meses. En su primera sesión les pedí que escribieran todo lo que pudieran en respuesta a las siguientes cuatro preguntas:

1. ¿Qué es lo que te gusta de tu matrimonio?
2. ¿Qué es lo que te disgusta de tu matrimonio?
3. ¿Qué cambios querrías que hiciera tu cónyuge?
4. ¿Qué cambios estás dispuesto a hacer tú?

Cuando volvieron a mi oficina a la semana siguiente, tenían una pila de papeles tan alta como una guía telefónica. Ambos habían escrito lo suficiente como para avergonzar al escritor de *Lo que el viento se llevó.*

*Ella dice...*

Recuerde que no es la sinceridad la que abre una brecha en su matrimonio, sino la falta de ésta.

Esto era un comienzo. Yo tenía un sillón nuevo, y Rogelio y Rut tenían una nueva actitud.

Luego de muchos meses de confesión y arrepentimiento, llegó la restauración y la reconciliación. El matrimonio fue salvado de manera gloriosa y divina. No hay adversidad que no pueda vencerse si dos seres humanos están dispuestos a perdonarse mutua y completamente sin permitir que el pasado controle su futuro.

## ¿SOBREVIVIRÁ ESTE MATRIMONIO A UNA LARGA SENTENCIA EN PRISIÓN?

La siguiente afirmación puede resultar impactante, pero es absolutamente cierta. Algunas de las personas más dulces y generosas que he conocido son personas que han pasado un tiempo en la prisión.

Jamás mire a alguien que ha estado en prisión como un ciudadano de segunda. Algunas personas llegan allí porque han cometido un error que lamentarán por el resto de su vida. Otros viven una real conversión en prisión y salen siendo personas diferentes. Algunos ni siquiera son culpables del crimen que los ha llevado allí. Hay personas que llegan a la cárcel porque tuvieron un abogado incompetente. En los Estados Unidos, trágicamente, es verdad que su defensa será tan buena como lo sea su cuenta bancaria. Cuando no hay más dinero en la cuenta, no hay más defensa.

Cuando asistía a la Universidad de Texas, donde cursé mi maestría, trabajaba para un hombre que había pasado ocho años en la penitenciaría. Había sido criado en la iglesia y su padre era un hombre de Dios, pero luego había buscado malas compañías durante su adolescencia. Fue enviado a prisión con una sentencia de sesenta y seis años por vender drogas.

Mientras estaba en prisión había un grupo cristiano que ofrecía servicios en la capilla, y una mujer le dio un Nuevo Testamento. Para aliviar el aburrimiento leyó el Nuevo Testamento por primera vez, buscando al Cristo que nunca había encontrado en la iglesia. Detrás de esas paredes de la cárcel fue gloriosamente convertido.

Mi amigo fue un prisionero modelo, y al final de su octavo año pudo salir de prisión. Volvió con su familia en Dallas, donde unos parientes trabajaban como contratistas de la construcción. Eran exitosos y le dieron a mi amigo un empleo haciendo veredas. Gradualmente pasó de hacer esto a construir cimientos para casas y edificios de apartamentos.

Poco a poco aprendió a ser un habilidoso contratista. En pocos años se casó, hizo fortuna y tuvo dos niños hermosos.

Mientras yo asistía a la Universidad del Norte de Texas, me dio un empleo como vigilante en un complejo de apartamentos. La paga consistía en un techo gratis, lo cual era muy necesario en un punto de mi vida en que cada centavo contaba. Nadie ha sido más generoso conmigo que este hombre que venía de la cárcel.

Cada domingo, en los asientos del santuario de mi iglesia hay algunas personas que han estado en prisión. La mayoría recibió lo que merecía, pero algunos eran inocentes. Créame, vivimos en un mundo en el que los inocentes sí van a prisión.

Aquí va un dato sobre la prisión que muy poca gente siquiera toma en cuenta: cuando un hombre va a prisión, su esposa y sus hijos van con él. El proveedor de la casa ya no está. Económicamente, la familia queda devastada. Emocionalmente los niños viven en continua tensión. La esposa trata de mantenerse a flote mientras trata de reconstruir una vida que de repente ha sufrido un cataclismo.

En la iglesia Cornerstone entregamos todos los años miles de juguetes a niños cuyos padres están en prisión. Sin esos regalos esos niños no tendrían Navidad alguna. Les decimos a los niños que los regalos son enviados por sus padres, para que sostengan una relación de afecto con alguien que no está presente.

¿Puede el matrimonio sobrevivir a la prisión? Permítame contarle la historia de Miguel y Juana. Miguel fue enviado a prisión, y creo con todo mi corazón que era inocente. Recibió una sentencia de cuatro años por una ofensa no violenta. Miguel había vivido cada día de su vida adulta como cristiano y creyente en la Biblia.

El día en que los alguaciles le colocaron las esposas y lo sacaron de la corte, miró a su esposa e hijos con lágrimas en los ojos. Fue una pesadilla. Era increíble, pero estaba sucediendo de veras.

Juana volvió a casa y la vida de repente comenzó a desmoronarse. El banco remató su casa, y toda calamidad económica que pudiéramos imaginar le sobrevino. Sus vidas estaban siendo arrastradas por un huracán furioso.

Juana era como una víctima sangrante en un océano lleno de tiburones. Y los tiburones tenían hambre.

Perdieron la casa y todo lo que tenían. Juana se mudó a una casa rodante, propiedad de uno de sus hijos mayores. Sin embargo, no se amargó.

Su esposo la llamó desde la penitenciaría y le contó que había encontrado un modo de ganar algo de dinero lavando la ropa de otros

internos. La penitenciaría entregaba una cantidad limitada de jabón a cada prisionero. No alcanzaba para lavar la ropa, así que lavaría la ropa de otros y les cobraría poco dinero.

Juana fue al supermercado y compró cajas de jabón para lavar la ropa. Por la noche, las llevaba al campo donde su esposo trabajaba y escondía el jabón para que él lo encontrara al día siguiente. Miguel usaba el jabón para generar un ingreso suficiente como para tener algo con qué empezar de nuevo cuatro años más tarde cuando saliera de prisión.

Hace ya diez años que ha salido. Su negocio florece nuevamente. Nunca falta a la casa del Señor. No se ha amargado por una situación sin explicación lógica. Solo Dios en la eternidad podrá explicarle por qué sucedió y cuál fue el propósito de esa experiencia.

Como Miguel y Juana tenían una fe firme en Cristo, pasaron por una experiencia que les acercó aun más a Él y los unió con más fuerza como matrimonio. Aunque perdieron todas sus posesiones descubrieron que la vida no consiste en la abundancia de cosas materiales. El mayor tesoro en la vida es el amor que una mujer y un hombre tienen el uno por el otro.

¿Puede un matrimonio sobrevivir a la experiencia de la prisión? ¿Puede pasar por el fuego de la pérdida económica y sobrevivir? ¿Puede sobrevivir al ridículo público? ¿Puede soportar el esnobismo de los miembros de la iglesia? ¡La respuesta es un rotundo *sí*!

Si tiene un ser querido en prisión, ore por esa persona, porque la vida detrás de las rejas es como el infierno en vida. Si tiene un amigo en prisión, recuerde que su esposa y sus hijos están pasando dificultad. Acérquese y ayúdelos. Recuerde a Jesucristo, quien dijo: «Estuve ... en la cárcel, y no me visitasteis» (Mateo 25:43).

## *Consejos para ella*

Ninguna mujer elegiría casarse con un hombre que le dijera antes de la boda que piensa tener una aventura, o abusar de ella física, sexual o emocionalmente, o cometer algún delito que le lleve a prisión. Estas situaciones quizá no hayan afectado su matrimonio. Pero si ha sido así, oro que las historias verídicas de este capítulo le hayan dado coraje y esperanza para enfrentar sus circunstancias y pedir que Dios le dé sabiduría para ayudarle a cumplir Su voluntad en su matrimonio.

Si nunca ha enfrentado estos problemas, haga más que solo agradecer a Dios por haberle protegido del adulterio, el abuso y la cárcel. Pregúntele qué puede hacer usted para ayudar a alguien que sí está sufriendo alguna de estas situaciones. Luego pídale que le ayude a construir una muralla de protección aun más fuerte alrededor de su propio matrimonio.

## CONCLUSIÓN

¿Puede Dios salvar un matrimonio amenazado por el adulterio? ¿Hay esperanzas para un matrimonio en el que el abuso físico, emocional o sexual son cosa corriente? ¿Puede sobrevivir un matrimonio cuando una de las partes está en prisión?

Roberto y Beatriz, Rut y Rogelio, y Miguel y Juana descubrieron que Dios es más grande que estas devastadoras circunstancias. Cuando eligieron volverse a Él en busca de sabiduría y dirección —con la voluntad de esforzarse en lo que Él les indicara— sus matrimonios no solo se salvaron sino que fueron mucho mejores que antes.

Dios es más grande que cualquier problema que deba enfrentar usted en su matrimonio. Recuerde esto: «Si tuviereis fe … nada os será imposible» (Mateo 17:20)

### PIDA AYUDA A DIOS

*Padre, que nunca debamos sufrir el dolor del adulterio, el abuso o la prisión. Muéstrame con claridad cómo evitar las tentaciones —aun en el pensamiento— que podrían llevar a alguno de estos problemas. Ayúdanos para que nuestro matrimonio sea un faro que guíe a otras parejas a ti, para cumplir con tu voluntad, con tu guía y amor. Ayúdame a nunca olvidar la lección de este capítulo que dice: «Dios es más grande que lo que pueda suceder en su matrimonio». Abrázame a ti con las sogas del amor, y dame oportunidades para caminar en la fe, creyendo que nada me será imposible con tu ayuda. Amén.*

# ¿PUEDE UN MATRIMONIO SOBREVIVIR A LAS ADICCIONES, AL ALCOHOLISMO O LA HOMOSEXUALIDAD?

Los Estados Unidos se han convertido en la meca de la adicción. El costo y las consecuencias del alcoholismo y la dependencia de las drogas pesan terriblemente sobre la sociedad estadounidense. El abuso de sustancias es el problema de salud número uno en los Estados Unidos. Afecta al sistema de servicios para el cuidado de la salud y a la economía, y daña a las familias al mismo tiempo que es una amenaza para la seguridad pública. A su vez los Estados Unidos están enfrentando el problema de los estilos de vida adictivos. La homosexualidad aumenta, causando devastación en las familias a medida que sus insidiosos tentáculos entran en los hogares y los matrimonios para causar separaciones. ¿Hay esperanza para un matrimonio que sufre la agonía de las adicciones?

## ¿SOBREVIVIRÁ ESTE MATRIMONIO A LAS ADICCIONES?

El abuso de sustancias cruza todas las barreras sociales. El problema de la adicción afecta a ambos sexos, a todos los grupos étnicos y a personas de toda condición económica. Los Estados Unidos se han vuelto adictos al alcoholismo, a las drogas, la pornografía y a conceptos ideológicos que se han convertido en un cáncer del alma para el país.

El alcance del problema puede apreciarse en los siguientes datos.[1] Hay más deudas y discapacidad cada año en los Estados Unidos a causa del abuso de sustancias que por cualquier otra causa. Unos dieciocho millones de norteamericanos son adictos al alcohol. De unos cinco a seis millones son adictos a las drogas. Más de la mitad de los adultos tiene una historia familiar de alcoholismo o problemas con el alcohol. Más de nueve millones de niños viven con un padre o madre que depende del alcohol o las drogas ilegales.

Las consecuencias de la adicción son las siguientes: una cuarta parte de los ingresos en salas de emergencias, un tercio de los suicidios y más de la mitad de los homicidios e incidentes de violencia doméstica están relacionados con las adicciones. La bebida ha contribuido a la enfermedad en cada una de las tres causas principales de muerte: enfermedades cardíacas, cáncer y ataques cardiovasculares. Casi la mitad de los accidentes de tráfico fatales tienen sus causas en el alcohol. Entre un cuarenta y ocho y un sesenta y cuatro por ciento de la gente que muere en incendios presenta niveles de alcohol en sangre que indican intoxicación. El síndrome alcohólico fetal es la causa más frecuente de retraso mental.

El costo de las adicciones en los Estados Unidos es espeluznante. El abuso de alcohol y drogas le cuesta a la economía estadounidense unos doscientos setenta y seis mil millones de dólares por año en pérdida de productividad, gastos médicos, crimen, accidentes de tránsito y otras condiciones. La adicción sin tratar es más cara que las enfermedades cardíacas, la diabetes y el cáncer, juntos. Todo estadounidense adulto paga unos mil dólares al año para reparar los daños causados por las adicciones de otros ciudadanos.

> ### *Ella dice...*
>
> Me dijo que ... a causa de su espíritu de arrepentimiento ante su esposo, la relación de ellos era mejor que nunca antes. Había sido liberada del acusador. La única manera de dejar de pagar el rescate que le exigía era exponiéndolo.

Quien trabaje como consultor familiar se enfrentará con el problema de la adicción inmediatamente. Sí, hay gente que asiste a su iglesia, se sienta frente o junto a usted, y tiene adicciones que destruyen su vida. Esta gente viene a la iglesia, canta canciones como «Victoria en Jesús», y sin embargo vive en un infierno en vida a causa de su esclavitud.

Le contaré la historia de Carlos y Luisa. Carlos era un exitoso comerciante en la industria de suplementos nutricionales. Durante la Segunda Guerra Mundial, como médico del Ejército, había creado una

fórmula para un ungüento tópico que era excelente, y que promovía la cicatrización de las heridas de manera rápida y efectiva. Cuando dejó el Ejército, comenzó a promocionar su fórmula. Llamó la atención de un fabricante importante de productos para la salud, e instantáneamente recibió una recompensa que iba más allá de sus más locos sueños.

Al poco tiempo de cumplir los cuarenta años, Carlos conoció a Luisa. Era graciosa, afectuosa y vivaz. Luisa y Carlos tenían muchos intereses en común y se casaron a los pocos meses. Poco después Carlos descubrió que Luisa era adicta al alcohol. Provenía de una familia de bebedores y continuaba con la tradición familiar.

—La llevo a reuniones sociales donde no se sirve alcohol —me dijo Carlos— y cuando llegamos está sobria como un juez. Pero antes de que termine la reunión, ya está borracha. ¿Cómo puede suceder esto?

Le pregunté a Luisa qué era lo que hacía y me dijo:

—Compro botellitas de bebidas alcohólica que puedo atar a mi ropa interior cuando salgo en público. Al salir de casa llevo unas seis u ocho botellitas. Luego voy al baño de damas y salgo borracha. No puedo vivir sin alcohol. Tomo un trago y el trago me toma a mí. Algunas personas pueden beber y dejar de beber. Pero yo no puedo. Cuando comienzo a beber, no paro hasta ver el fondo de la botella.

No le diré cuánto bebía o qué bebía, pero no sé cómo subsistía a través de esos episodios en que estaba ebria. El modo en que su organismo sobrevivía al envenenamiento por alcohol me era incomprensible.

Después de varias semanas de consejería con Carlos y Luisa, durante las cuales ambos tuvieron que confesar todo lo que había sucedido en sus vidas antes de conocerse, y hacer pactos sobre qué harían con sus vidas a partir de ese momento, Luisa se liberó de su adicción. Estoy aquí para decirle a usted que se libró de su adicción al alcohol.

Carlos y Luisa estuvieron en mi iglesia durante veinte años antes de pasar a la eternidad. Desde el momento de su liberación, Luisa vivió cada día de su vida sobria. Todos los días eran días de conquista. Sin embargo, conservó una evidencia de sus años de abuso. Había vivido en el estupor de la ebriedad durante tanto tiempo que hablaba arrastrando las palabras. Hasta el último día de su vida habló como si estuviera ebria.

> *Ella dice...*
>
> La justicia solo se consigue por medio de la sangre de Jesucristo. Es a través de su sacrificio que su blanca vestidura de pureza es puesta sobre cada pecador en la cruz.

¿Puede su matrimonio sobrevivir al alcohol? Si está dispuesto a confesar todo lo que hay en su vida que resiente y se resiste a la perfecta voluntad de Dios, entonces sí puede. Si no, no es posible con sus propias fuerzas. La Biblia dice: «Así que, si el Hijo os libertare, seréis verdaderamente libres» (Juan 8:36). «No con ejército, ni con fuerza, sino con mi Espíritu, ha dicho Jehová de los ejércitos» (Zacarías 4:6). Debe tener la ayuda de Dios cada día para triunfar sobre la adicción que tenga, cualquiera que esta sea.

## ¿SOBREVIVIRÍA ESTE MATRIMONIO EL ALCOHOLISMO?

La investigación respalda el hecho de que no hay una personalidad alcohólica. Muchas personas creen que el alcohólico es más dependiente, más ansioso, más infantil, más egocéntrico y que tiene menos control sobre sí mismo. El Dr. George E. Vaillant, de la Universidad de Harvard, confirma que todo rasgo común de personalidad entre los alcohólicos se desarrolla *después* de la adicción, y no antes.[2]

Las similitudes psicológicas son consecuencia de la adicción... no su causa.

El alcoholismo no tiene causas físicas conocidas. Algunos experimentos científicos han intentado probar que hay diferencias físicas entre los alcohólicos y los no alcohólicos antes de la adicción. Hasta hoy, ninguno de ellos ha logrado probarlo. La investigación de la neuroquímica del cerebro para determinar si esta es una causa está llevándose a cabo, pero no hay pruebas.

Una infancia infeliz no es causa de la adicción al alcohol. Por cada alcohólico que haya tenido una infancia infeliz, hay un alcohólico cuya niñez fue feliz.

El abuso del alcohol está presente en la mayoría de los asesinatos, asaltos, casos de abuso infantil, accidentes de tráfico, ahogamientos e incendios.

El alcoholismo destruye la salud, el matrimonio, la familia y la productividad de una persona, y la esclaviza en un infierno en vida. Primero, la persona toma un trago, y luego el trago se apodera de la persona.

He conocido alcohólicos que vomitan sangre y tiemblan como una hoja, pero dicen: «Puedo dejar de beber cuando quiera», o «No bebo tanto como Fulano». La mayoría de los alcohólicos no dejará de beber hasta llegar a la tumba, pero uno puede dejar de beber con la ayuda de Cristo. El alcoholismo o la ebriedad de cualquier tipo está claramente prohibido en Gálatas 5:19-21.

En Suecia, donde se llevan excelentes registros de las adopciones, los hijos de padres alcohólicos ubicados en hogares de no alcohólicos tienen nueve probabilidades de diez de convertirse en alcohólicos. Las niñas presentan una tasa de probabilidad de tres a uno. Si usted tiene un padre o una madre, o un abuelo o abuela con problemas de alcoholismo, cuídese... el alcoholismo puede matarlo y está tratando de atacarlo.

Hay una diferencia entre el abusador del alcohol y el adicto al alcohol. El *abusador* es quien bebe mucho o regularmente, hasta cambiar de humor. El adicto es quien no puede controlar la cantidad que bebe. El *adicto* no puede dejar de beber sin ayuda de otros, aun cuando pierda su trabajo, su familia y su salud física. El adicto bebe para detener su dolor, no para sentirse bien.

Hay diversas etapas en el alcoholismo. Primero, la persona bebe para ser más sociable, y luego bebe para relajarse. Más tarde bebe para poder dormir. Finalmente, bebe para olvidar y en las últimas etapas, bebe para ahogar su pena.

Los signos físicos del alcohólico son obvios: cara enrojecida, nariz abultada, esclerosis del hígado, náuseas y vómitos por la mañana, diarrea y temblor en las manos. Un problema adicional para los hombres es la impotencia. A medida que aumenta la adicción, la cara enrojece y la nariz se agranda e inflama. Las palmas de las manos pueden enrojecer y verse como lo que comúnmente se llama «manos de hígado».[3]

Las últimas etapas de la adicción incluyen el retraimiento y los terribles dolores de cabeza. Luego viene el temblor y el DT (delirium tremens). El alcohólico se ve atormentado por su cerebro intoxicado y ve visiones aterradoras.

Una indicación emocional de la adicción alcohólica es la racionalización. Siempre hay un motivo para beber. El alcohólico planifica su día en torno a la bebida. Esta es una proyección del odio hacia sí mismo. Un hombre dirá: «Mi esposa es una arpía», cuando en realidad es un ángel. Seguirá el juego de las culpas diciendo cosas como: «Mis hijos son ingratos». «Mi jefe es un tonto». «Mi predicador me desprecia». El alcohólico cae en estados de ánimo extremos. Puede ir de estar muy feliz a enojarse en un momento. Los alcohólicos revelan el síndrome de «Jekyll y Hyde»: son dos personalidades en un mismo cuerpo.

Otra manifestación de la adicción al alcohol son las lagunas mentales. Físicamente pueden funcionar, pero no recuerdan dónde estaban ni qué hacían. En su libro *I'll Quit Tomorrow* [Dejaré de beber mañana], el Dr. Vernon Johnson cuenta el caso de un agente inmobiliario que dijo: «Me dicen que anoche atropellé a tres niños que andaban en bicicleta y que maté a uno. No lo recuerdo».[4]

El camino para salir del alcoholismo es el siguiente:

1.  Confesar sinceramente que es alcohólico.

2.  Reconocer su dependencia de Jesucristo, y pedirle que le libere del alcoholismo.

3.  Encontrar un grupo de apoyo. En la iglesia Cornerstone tenemos el Grupo SAVED (Substance Abusers Victoriously Experiencing Deliverance) [Abusadores de sustancias experimentan victoriosamente su liberación]. Todas las personas del grupo son adictas a algo, y cada una es responsable hacia los demás por vivir cada día una vida victoriosa por sobre la sustancia de la que abusan.

4.  Dejar que el alcohólico viva las consecuencias de su adicción. Casi todos los alcohólicos viven engañados, creyendo que tienen control sobre sus vidas. Deje que las consecuencias se le vengan encima. Si lo multan, haga que pague. Haga que limpie su propio vómito. Haga que le explique a su jefe por qué llega tarde o por qué está otra vez enfermo. Si lo arrestan, deje que vaya a la cárcel, donde la realidad quizá le muestre que está fuera de control. El punto es que hay que destruir esta ilusión falsa de que tienen control sobre sí mismos. Además, no esté de acuerdo con el alcohólico. Mientras más silencio demuestre, más nervioso se pondrá el alcohólico. No tema perder a su esposo o esposa alcohólico. Si amenaza con irse no trate de hacer que se quede. Después de unos días, volverá cuando vea que su truco no funcionó.

5.  Enfrente el problema. Una confrontación bien planificada con su esposo y su jefe, con el doctor o el ministro es una manera válida de mostrarle la realidad al alcohólico. No conquistará lo que no quiera enfrentar. No permita que su pasado controle su futuro.[5]

## ¿SOBREVIVIRÁ ESTE MATRIMONIO A LA HOMOSEXUALIDAD?

Mientras escribo este libro, el tema de los casamientos entre personas del mismo sexo está candente en las portadas de los periódicos

estadounidenses, y aparece en las noticias de la noche por televisión cada día. Massachussets acaba de reconocer legalmente los casamientos entre personas del mismo sexo. En realidad, Sodoma y Gomorra renacen en los Estados Unidos.

La única esperanza que tiene la moralidad de sobrevivir en los Estados Unidos es que se haga una enmienda constitucional que establezca que el único matrimonio válido en el país es aquel que se realice entre un hombre y una mujer mayores de edad.

> *Ella dice...*
>
> Acepte la libertad de la verdad. La Palabra de Dios nos dice que conocer la verdad nos hará libres... libres de las cadenas del pasado, y libres de los miedos de mañana.

He llevado setenta y cinco mil peticiones de nuestros socios televisivos a Washington D.C. y personalmente las puse en manos del Senador John Cornyn de Texas. El Senador Cornyn es presidente del subcomité que oirá toda evidencia y todas las expresiones del pueblo estadounidense con respecto a su deseo de una enmienda a la constitución.

Aliento a toda persona con creencias bíblicas a contactar a su representante en el congreso y a su senador regularmente, implorándoles que hagan esta enmienda que reconozca como válidos únicamente los matrimonios efectuados entre hombres y mujeres. Si no lo logramos, abriremos las puertas del infierno. Porque abriremos la puerta al incesto, la poligamia y todo otro arreglo matrimonial que puedan imaginar las mentes dementes. Si Dios no castiga a los Estados Unidos, entonces deberá pedir disculpas a Sodoma y Gomorra.

¿Qué es lo que la Biblia llama homosexualidad? Veamos Levítico 18:22. Dice: «No te echarás con varón como con mujer; es abominación».

Levítico 20:13 dice: «Si alguno se ayuntare con varón como con mujer, abominación hicieron; ambos han de ser muertos; sobre ellos será su sangre».

La palabra *abominación* en hebreo significa «algo repugnante y aborrecible», y es el término más fuerte que hay en la Biblia para denunciar el pecado. Es imposible llamarse cristiano y defender la homosexualidad. No hay justificación ni aceptación de la homosexualidad. ¿De cuántos modos puede uno decir «abominación» en hebreo?

En Romanos 1:18-31, Pablo certifica la homosexualidad como una rebelión en contra de la Ley de Dios.

La historia bíblica de los homosexuales que exigían a los invitados de Lot para su placer sexual en Génesis 19:1-5 es el retrato de la homosexualidad expuesta al público. En esta historia sobre los homosexuales

que vinieron a la casa de Lot exigiendo que les entregara a sus invitados, los homosexuales provenían de todos los rincones de la ciudad. Rodearon la casa. Jóvenes y viejos por igual, no tenían intención de irse sin llevarse a los invitados de Lot. Eran agresivos como una jauría de lobos.

Estaban incluso dispuestos a echar abajo la puerta de la casa (vv. 6-9). Iban a transgredir el derecho de Lot como dueño de la propiedad, los derechos de su hogar, porque querían tener relaciones sexuales con los invitados. ¿Por qué les ofreció Lot a sus dos hijas solteras en el versículo 8 a estos homosexuales? Porque sabía que lo que ellos buscaban eran hombres... no mujeres.

Los homosexuales atacaron a Lot por ponerse en su camino entre ellos y los dos ángeles. Eran muy agresivos. Aun después de que los ángeles los cegaran, no se fueron sintiendo temor ante Dios. Se cansaron buscando en la oscuridad, intentando encontrar la puerta de la casa de Lot.

¿Cuál fue el resultado? Podrá leerlo en Génesis 19:24. Dios llevó a cabo un programa de renovación urbana con fuego y azufre. La opinión de Dios con respecto a la homosexualidad no ha cambiado. Malaquías 3:6 dice: «Porque yo Jehová no cambio». En el principio, Dios creó a Adán y a Eva, no a Adán y a Bruce. La homosexualidad significa la muerte de la sociedad porque los homosexuales pueden juntarse pero no reproducirse.

Una vez que la homosexualidad sale a la luz, se vuelve agresiva. Estamos recibiendo todo tipo de señales que la humanidad inteligente puede recibir de parte de la comunidad homosexual. No quieren solo aceptación, sino estar al frente y hacerse cargo.

¿Puede su matrimonio sobrevivir a la homosexualidad?

Le presentaré a Roberto y Raquel. Roberto era un exitoso agente de bolsa, extremadamente meticuloso. Tenía características femeninas y era homosexual. Vino a la iglesia y confesó que quería cambiar su conducta y ser cristiano. Comenzó a servir y muy bien de diversos modos en nuestra iglesia.

Conoció a Raquel, mucho más exitosa que Roberto en su ocupación. Raquel era extremadamente inteligente, una mujer llena de energía que vivía en un mundo de hombres y aun así era exitosa. Se conocieron y se casaron a los seis meses.

Durante el primer año, la vida parecía un encanto. Pero luego sucedió lo que yo había temido desde el comienzo. Roberto le dijo a Raquel que estaba teniendo una aventura con otro hombre.

Raquel vino a verme, atónita. Pero también estaba decidida a resolver el problema. Dijo:

—Si se tratara de otra mujer, sabría cómo pelear. Pero, ¿cómo peleo contra otro hombre?

Yo no tenía respuesta alguna.

Les pedí a Roberto y Raquel que vinieran a mi oficina juntos, y le pregunté a Roberto la pregunta que siempre formulo en los primeros cinco minutos de la primera sesión de consejería:

—¿Quieres salvar tu matrimonio?

Roberto dijo que sí quería hacerlo y comenzamos a trabajar juntos para remover las raíces de su vida pasada y llevarlo hacia la reconciliación con Dios y con Raquel. Lo que hicimos, dijimos y vivimos, es en sí mismo material para un libro entero, pero el punto de la historia radica en que años más tarde Roberto y Raquel están viviendo en divina armonía, junto a sus hijos, sin ninguna otra manifestación homosexual. Sí... su matrimonio puede sobrevivir a la homosexualidad.

## *Consejos para ella*

Este capítulo ha tratado sobre algunas de las situaciones más difíciles para los matrimonios. ¿Está usted evitando sustancias que podrían convertirse en adicciones? Hasta esa taza de café por la mañana, o las píldoras para el dolor de cabeza que le ayudan a dormir, pueden convertirse en adicción. Decida ser el perro guardián de la familia para salvar a todos sus miembros de tropezar con una adicción inesperada. Ofrezca a su familia comidas sanas, nutritivas, y cree una vida de familia relajada y sin tensiones. Enseñe a su familiares a recurrir a Dios cuando tengan problemas, no a la botella o a otras sustancias adictivas.

## CONCLUSIÓN

En este capítulo hemos visto la evidencia de la gracia y el poder sobrenatural de Dios para transformar las vidas de Carlos y Luisa y sacarlos de la adicción, y de Roberto y Raquel, liberándolos de la esclavitud de la homosexualidad. No hay nada imposible para Dios: «Yo soy Jehová, Dios de toda carne; ¿habrá algo que sea difícil para mí?» (Jeremías 32:27). Confíe a Dios su matrimonio, y Él lo convertirá en testimonio de su gracia y poder sobrenaturales obrando en sus vidas.

## PIDA AYUDA A DIOS

*Señor, tu gracia y poder sobrenatural pueden transformar cualquier vida. Gracias por comenzar la obra de transformación en la mía. Continúa esa obra, oh Señor, y líbrame de todo lo que pudiera llegar a ser más importante que tú en mi vida. Protege a mi esposa y a mi familia de la amenaza de las sustancias adictivas, o de los sentimientos y conductas que crean adicción. Haz que nuestras vidas sean testimonio de tu poder. Quita de mi vida lo que me robe tu presencia. Perdóname por poner otras cosas —el trabajo, la televisión, los deporte, la diversión y hasta el sueño— por encima de ti, o en el lugar de la relación que tú quieres que tenga con mi esposa y mi familia. Amén.*

# ¿PUEDE UN MATRIMONIO SOBREVIVIR A LA MALA COMUNICACIÓN, FALTA DE PASIÓN O MALA ADMINISTRACIÓN DEL DINERO?

Capítulo
siete

Los problemas que veremos en este capítulo afectan a muchos, muchos matrimonios. Hay momentos en todo matrimonio en que estas tres situaciones surgen y amenazan la paz de la relación marital. Lo importante es recordar que hay que saber si son molestias pasajeras que pueden resolverse rápidamente, o grandes problemas que amenazan al matrimonio. Esto depende de usted y de su esposa. Quizá no sepan o no puedan hablarse porque están en medio de una discusión. Pero si esto sucede varios días seguidos, habrán construido una muralla de incomunicación que amenaza la vida de su relación. A medida que lee este capítulo, decida estar en guardia contra «las zorras pequeñas, que echan a perder las viñas» (Cantares 2:15).

## ¿SOBREVIVIRÁ ESTE MATRIMONIO A LA MALA COMUNICACIÓN?

Una pareja celebraba sus bodas de oro. Cortaron la torta y celebraron con amigos y familiares. Luego de que los invitados se hubieran retirado, la esposa dijo:

—Después de todos estos años, encuentro que eres leal y sincero.

El marido puso la mano detrás de su oreja para oír mejor y gritó:

—¿Qué es lo que dijiste?

—Que después de todos estos años encuentro que eres leal y sincero.

Una vez más, el hombre puso la mano detrás de la oreja y dijo:

—No te oigo. ¿Lo repites?

Esta vez, su esposa de cincuenta años gritó con todas sus fuerzas:

—Después de todos estos años encuentro que eres leal y sincero.

El marido respondió:

—Bueno, claro que después de tanto tiempo yo tampoco te quiero.

La mala comunicación por lo general es algo más que el resultado de la mala audición. Hemos desarrollado sistemas de comunicación que permiten que quienes están en la tierra puedan hablar con los astronautas que van a la luna, pero aun así, hay maridos que no pueden hablar con sus esposas durante la hora del desayuno.

Los problemas y las diferencias en el matrimonio no son un peligro, pero no ser capaces de comunicarse con respecto a esos problemas sí lo es. La comunicación es al amor lo que la sangre al cuerpo. Cuando deja de fluir, el matrimonio muere. La comunicación no es gritar más fuerte que su esposa, ni tampoco el arte de ganar una discusión. Uno puede ganar una discusión y perder su matrimonio.

En medio de una discusión o desacuerdo matrimonial sobre cualquier asunto, la pregunta que cada uno debe hacerse es: «¿Quiero reconciliarme con mi marido o esposa, o solo quiero tener razón?» Si quiere reconciliarse, cierre la boca. El silencio es de oro.

La comunicación no es ganar una discusión. Discutir con su esposa es tan inútil como intentar apagar la luz eléctrica con un soplido. Intente intimidar a su esposa por medio de la ira, y no estará comunicándose con ella.

Un hombre y una mujer iban de vacaciones. Ella llevaba el mapa, como copiloto, y él conducía su nuevo Mercedes por la carretera. La mujer decidió dormir un rato. Cuando despertó, miró el mapa y gritó: «¡Estamos perdidos!» Miró a su esposo y dijo: «Vas por el camino equivocado».

El hombre enfureció. Después de dos horas de reproches, pasaron a una mula que estaba pastando:

—¿Es tu pariente? —preguntó el marido a la mujer.

—¡Claro, de casamiento! —contestó ella.

La comunicación es poder decirse lo que uno piensa, siente, ama, respeta, estima, odia, teme, desea, espera, cree y sueña, sin que se desate la Tercera Guerra Mundial.

Las palabras son la trascripción de los pensamientos. Mateo 12:34 dice: «De la abundancia del corazón habla la boca». Y unos versículos más adelante, la Biblia dice: «De toda palabra ociosa que hablen los hombres, de ella darán cuenta en el día del juicio. Porque por tus palabras serás justificado, y por tus palabras serás condenado» (vv. 36-37).

Cuídese de lo que le dice a su esposo o esposa. Cuídese de lo que dice sobre su esposo o esposa. Dios está escuchando, y tendrá que responder ante Él el Día del Juicio por cada palabra que haya dicho sobre su cónyuge que sea menos que amable.

Si realmente quiere una mejor comunicación, no se ponga el uniforme de batalla.

> *Ella dice...*
>
> **La crítica hace que los hombres se pongan a la defensiva, pero la admiración los motiva y les da energía. El hombre espera y necesita que su esposa sea su admiradora más entusiasta.**

## ¿SOBREVIVIRÁ ESTE MATRIMONIO A LA FALTA DE PASIÓN?

Una mujer lleva a su esposo a ver al médico y le dice:

—Mi esposo no tiene pasión. No tiene fuego. No me desea. Examínelo para ver qué problema tiene.

El doctor examinó al marido, y después de un exhaustivo examen, le pide que salga para que pueda hablar con la esposa. El médico entonces le dice:

—Si cocina tres comidas diarias cada día para su marido, y tiene una relación sexual de importancia, estará bien.

De camino a casa, el marido le pregunta a la esposa:

—¿Qué te dijo el doctor?

La esposa respondió:

—Dijo que vas a morir.

¿Su matrimonio ha perdido la pasión? ¿Ha perdido el fuego y la excitación? ¿Ya no hay atracción? El primer paso para hacer que su matrimonio sea a prueba de aventuras es decidir que ambos quieren mejorar su relación. Todo matrimonio puede mejorar. Apague el televisor, deje el periódico y haga planes para salir por la noche. Siéntense y escriban una lista de cosas excitantes que podrían hacer juntos, y luego háganlas. La demencia por definición es: «hacer lo mismo del mismo modo y esperar un resultado diferente». Su matrimonio puede tener pasión, pero no si usted no hace que esto suceda.

## ¿Sobrevivirá este matrimonio a la mala administración del dinero?

La esposa rica le grita al marido:

—Si no fuera por mi dinero, ese Rolex que llevas no estaría en tu muñeca. Si no fuera por mi dinero, el sillón en que te sientas no estaría allí. Si no fuera por mi dinero, ese Mercedes que conduces no existiría. Y el marido responde:

—Si no fuera por tu dinero, querida, *yo* no estaría aquí.

Muchos matrimonios estadounidenses se destruyen a causa de la mala administración del dinero. Jesús nos dio treinta y seis parábolas en el Nuevo Testamento. De ellas, treinta tratan sobre cómo administrar los bienes materiales. En Proverbios 22:7, la Biblia nos dice: «El rico se enseñorea de los pobres, y el que toma prestado es siervo del que presta». Muchos matrimonios llegan a ser esclavos de las tarjetas de crédito American Express y MasterCard. El gozo de la relación se destruye porque se endeudan más de lo que pueden pagar. Si usted no puede controlar sus gastos de otro modo, hágalo con la cirugía plástica... corte las tarjetas de crédito con una tijera, y viva de su dinero en efectivo.

> *Ella dice...*
>
> Recuerda esta regla. Pocas veces encontrarás algo tan divertido de tener como *el deseo de tener algo*.[1]

La administración del dinero es un tema complicado y largo, pero el camino hacia la libertad financiera y el equilibrio es comenzar por admitir que uno está gastando demasiado. Tanto el hombre como su esposa deben consultar a un asesor financiero, planificar un presupuesto ajustado, y cumplirlo.

No permita que su matrimonio se vea destruido por su incapacidad de controlar sus gastos.

### Siete pasos para la supervivencia del matrimonio

#### 1. Perdone y olvide por completo el pasado.

He presentado historias verídicas basadas en las vidas de personas que lucharon por salvar su matrimonio, peleando contra imposibles. El cimiento de la reconstrucción de todo matrimonio comienza con el perdón total y absoluto. En el Padrenuestro Jesús nos enseña: «Perdónanos ... como también nosotros perdonamos» (Mateo 6:12). El perdón no es opcional. Si no perdonamos a los demás, Dios no

puede perdonarnos. El perdón es la llave que abre las puertas del resentimiento y que suelta las ataduras del odio.

El perdón es una disculpa total. El perdón es una página en blanco, un nuevo comienzo. El perdón es una nueva oportunidad. Tarde o temprano usted se equivocará y necesitará que otros le perdonen. Si no perdona a otros, Dios no le perdonará a usted.

> *Ella dice...*
>
> **El perdón no es un sentimiento que conseguimos, sino una decisión que tomamos. Dar perdón no es siempre fácil. A veces será lo más difícil que tengamos que hacer.**

**2. El marido es el rey, el sacerdote y el profeta de su familia.**

Como rey, gobierna a la familia. Como sacerdote, la guía espiritualmente. Como profeta, protege a su familia y bendice a sus hijos.

Aliento a cada padre a poner sus manos sobre la cabeza de sus hijos todos los días para bendecirlos. No hace falta que sea una ceremonia de oración, pero háganlo. Tengo una serie de enseñanza de seis horas sobre «El poder de la bendición» que instruye a los padres, como sacerdotes de su hogar, con relación a cómo liberar la abundancia y bendición sobrenatural de Dios en las vidas de sus hijos al bendecirlos.

Si usted no sabe cómo decir la bendición sobre sus hijos y esposa, obtenga esa serie y comience a bendecirlos cada día.

**3. Sepa que en la Biblia sumisión significa sumisión mutua.**

Cuando Pablo habla de sumisión en Efesios 5:21, dice: «Someteos unos a otros en el temor de Dios».

Marido, usted no se somete al liderazgo de su esposa pero sí a sus necesidades. Esto significa que si ella necesita que la ayude a limpiar la cocina, usted lo hará. Significa que si necesita que la ayude a lavar los platos o a hacer las compras, lo hará. Significa que si necesita que la acompañe a ver la opera en lugar de ver el concierto de música country, lo hará.

La sumisión no hace del hombre un «Hitler» del hogar. La sumisión significa que el marido tiene el liderazgo, pero que es un líder amoroso y compasivo que ama a su esposa como Cristo amó a la iglesia, y que está dispuesto a morir en un instante para redimirla.

**4. Elimine al padre ausente.**

El apóstol Pablo escribe en Efesios 6:4: «Vosotros, padres, no provoquéis a ira a vuestros hijos sino criadlos en disciplina y amonestación del Señor».

Estoy de veras cansado de oír a padres tibios que dicen: «No puedo enseñarle a mi hijo cómo hacer lo correcto». Escúcheme. He estado en Sea World, y si en Sea World pueden entrenar delfines para que jueguen al básquetbol, usted puede enseñarle a su hijo a sacar la basura y a obedecerle.

El problema número uno de los Estados Unidos son los padres ausentes. Las pandillas andan por las calles del país como jaurías de lobos salvajes porque los hijos buscan liderazgo. Buscan autoridad. Quieren que alguien les diga qué hacer. Quieren un modelo y como no lo encuentran en su hogar porque el padre está ausente, salen a las calles a encontrarlo. Si usted es un padre ausente que ha abandonado a sus hijos por una amante o una nueva esposa, sepa que Dios en el cielo quiere que sea un padre para esos hijos. Quizá se haya divorciado de su esposa, pero nunca, jamás, se divorciará de sus hijos. Vaya a casa y críe a esos hijos en el temor y la amonestación de Dios, o enfrente la ira de Dios el Día del Juicio por su negligencia como padre.

**5. Comience a comunicarse hoy.**

Comuníquese franca y sinceramente.

Nunca deja de asombrarme el hecho de que lleguen mujeres a mi oficina para una sesión de consejería y revelen las frustraciones sexuales más secretas que esconden sus almas. Cuando les pregunto si le han hablado a sus maridos sobre esto, al instante responden: «No, jamás podría decírselo».

Si hay algo en su corazón, su alma o su mente que lo frustra en su matrimonio y en su relación con su esposa, comience a hablar de ello hoy mismo. Negar sus sentimientos emocionales es postergar el desastre. Controlar sus emociones es como sostener una pelota inflable debajo de la superficie del agua. Uno lucha por mantenerla sumergida y hace fuerza por hundirla, pero tarde o temprano pierde el control y la pelota saltará.

Nuestras emociones no pueden mantenerse sumergidas año tras año sin explotar. Tarde o temprano necesitará tener una conversación catártica con su pareja para explicarle los secretos más profundos de su alma sin barreras. Solo entonces podrá tener un matrimonio exitoso. Hasta entonces, su matrimonio no tendrá cimientos emocionales para una comunicación íntima y con significado.

**6. Viva en libertad sexual.**

En 1 Corintios 7:4, Pablo afirma: «La mujer no tiene potestad sobre su propio cuerpo, sino el marido; ni tampoco tiene el marido

potestad sobre su propio cuerpo, sino la mujer». Manipular a su cónyuge por medio de las relaciones sexuales es igual que ejercer la brujería. La brujería tiene tres manifestaciones: manipulación, dominio y control absoluto. Toda persona casada que intente manipular a su cónyuge por medio de las relaciones sexuales está cometiendo pecado ante lo que el cielo indica. Si está usted haciendo esto, deténgase y deje de hacerlo ya.

### 7. Reverencie la relación matrimonial.

La Biblia dice: «Maridos, amad a vuestras mujeres, así como Cristo amó a la iglesia, y se entregó a sí mismo por ella ... Por lo demás, cada uno de vosotros ame también a su mujer como a sí mismo; y la mujer respete a su marido» (Efesios 5:25,33).

La palabra *reverencia* significa «respeto, veneración». Esposo, ¿le gustaría que su esposa lo siguiera por la casa diciendo: «Reverencia... reverencia... reverencia»? Si usted la ama como Cristo amó a la iglesia, esto puede acontecer en su matrimonio.

¿Puede salvarse este matrimonio? Solo si está usted dispuesto a perdonar por completo y a comenzar de nuevo. Todo matrimonio puede salvarse si ambas partes están dispuestas a perdonar para siempre.

> *Ella dice...*
>
> El perdón no es un sentimiento que conseguimos, sino una decisión que tomamos. Dar perdón no es siempre fácil. A veces será lo más difícil que tengamos que hacer.

## *Consejos para ella*

A esta altura, usted ha de estar ya convencida de que no importa cuál sea el problema, ¡Dios siempre es más grande! No hay problema en su matrimonio que Él no pueda resolver *si usted se compromete a trabajar según sus indicaciones.*

Utilice los *Siete pasos para la supervivencia del matrimonio* para que le ayuden a hacer los cambios necesarios. No suponga que su esposo es el que tiene que hacer todo el trabajo. Usted puede dar estos pasos junto a él.

1. Utilice la llave del perdón para cerrar la puerta del resentimiento.

2. Aliente a su marido a cumplir con su rol de rey, sacerdote y profeta del hogar.

3. Ponga en práctica la sumisión mutua en su relación marital.

4. Haga de su hogar un lugar que su esposo nunca quiera dejar, ni siquiera por un momento.

5. Comience a comunicarse hoy franca, sincera y constantemente.

6. Nunca intente manipular a su esposo por medio de las relaciones sexuales.

7. Tenga reverencia por su esposo.

## Conclusión

Si de veras tiene la revelación del amor, la gracia y el poder sobrenatural de Dios para que impacten en su relación matrimonial, nunca necesitará preguntarse: «¿Sobrevivirá mi matrimonio?» Sin lugar a dudas, Dios puede transformar lo mediocre en milagroso, lo problemático en sencillo, y lo muerto en vivo. Y hay una pregunta más importante que entonces podrá formularse: «¿Estoy dispuesto a hacer lo que Dios me indique para mejorar mi matrimonio?» Si se compromete, y nunca lo olvida, su matrimonio puede llegar a ser como el cielo en la tierra.

## Pida ayuda a Dios

*Padre, a veces soy terriblemente malo para comunicarme positivamente con mi esposa. Tengo una boca muy grande, y a veces la uso cuando debiera estar escuchándola o escuchándote a ti. Quiero que nuestro matrimonio esté lleno de diversión, de excitación, lleno de ti, Señor. Enséñame a sorprenderla con pequeñas cosas que le hagan saber cuánto la amo. Muéstrame cómo hacer que su corazón lata más rápido cuando piensa en mí. Y aléjanos del error de creer que debemos gastar dinero que no debiéramos gastar para disfrutar de nuestro tiempo juntos. Señor, recuerdo cuando me bastaba solo ver su sonrisa, llévanos de vuelta a la simple felicidad de pasar tiempo juntos, sin más deseos que disfrutar de la compañía del otro. Amén.*

**D**esde los tiempos más remotos, los poetas y los profetas han usado sus plumas y pergaminos para intentar describir el poder y la pasión del amor. Nadie ha igualado al apóstol Pablo en su definición de 1 Corintios 13. Ni Shakespeare, Byron, Shelley, Keats y ni siquiera Browning con su magnífico: «¿Cómo te amo? déjame contar todas las maneras» han podido igualarlo.

- ¿Cómo es el amor?

- ¿Cómo se siente?

- ¿Cómo suena?

- ¿Hemos olvidado lo que es el amor genuino?

Las personas que nos aman y las que se niegan a hacerlo le dan forma a nuestra vida. Si un hombre dice que el matrimonio no lo ha cambiado, es que aún no ha salido de la iglesia.

Los psicólogos dicen que las mujeres suelen casarse con hombres parecidos a sus padres. Creo que es por eso que las madres lloran en las

bodas. Uno de los misterios más grandes del amor y el matrimonio es en mi opinión el siguiente: ¿Cómo puede ser que el tonto que se casó con su hija el año pasado se haya convertido en el padre del nieto más inteligente del mundo este año?

La mujer promedio preferiría tener belleza antes que inteligencia. ¿Por qué? Porque el hombre promedio puede ver mejor de lo que puede pensar.

## LO QUE EL AMOR NO ES

El amor no es una emoción. Un joven llegó a mi oficina, y al describir a su futura esposa dijo:

—Cuando estoy cerca de ella no puedo respirar.

Le contesté:

—Eso es asma, no amor. O es eso, o tienes un cuello de cincuenta centímetros de diámetro y llevas camisa talla cuarenta.

Jesús no dijo: «Tuve hambre y te compadeciste de mí». Él no dijo: «Estaba desnudo y tuviste vergüenza de mí». No dijo: «Estuve en prisión y te preocupaste por mí». No dijo: «Estuve enfermo y te compadeciste de mí».

¡No! Él dijo: «Tuve hambre, y no me disteis de comer; tuve sed, y no me disteis de beber; fui forastero, y no me recogisteis; estuve desnudo, y no me cubristeis; enfermo, y en la cárcel, y no me visitasteis» (Mateo 25:42-43).

El amor no es lo que se siente, sino lo que se hace. Hechos... no palabras... son la prueba de nuestro amor.

¡El amor no es sexo!

El amor no es la urgencia de unirse.

El amor no es la respuesta hormonal ante un escote o una falda corta. Como ya dije, antes solía hacer falta una tonelada de algodón para confeccionar un vestido de mujer. En el siglo veintiuno, un solo gusano de seda produce el material necesario.

Hay «amor libre» y «amor de alianza». Y será mejor que conozca usted la diferencia. El amor libre toma, pero el amor de alianza entrega. El amor libre le dará SIDA y un hogar en el lago de fuego. El amor de alianza le dará una sortija y hará que su vida sea como el cielo sobre la tierra. Nuestras elecciones traen consecuencias.

La generación de televidentes de los Estados Unidos ve cómo Britney Spears se casa un día y se divorcia a las cuarenta y ocho horas. J. Lo se casó hace poco, y una semana después de la boda sus seguidores

celebraban el hecho de que hubiera durado casada durante siete días. Con estos ejemplos de la élite de Hollywood no es de extrañar que el concepto del amor de alianza les parezca algo extraño a los jóvenes estadounidenses.

## AMAR COMO CRISTO

El apóstol Pablo con su pluma le da al mundo el retrato que Dios crea con respecto al amor. Pablo dijo: «Si ... no tengo amor, nada soy» (1 Corintios 13:2).

¡Sin amor estamos espiritualmente muertos! La Biblia dice: «Nosotros sabemos que hemos pasado de muerte a vida, en que amamos a los hermanos. El que no ama a su hermano, permanece en muerte» (1 Juan 3:14). Quien no ama, está muerto.

Si falta el amor, «estamos muertos» A menos que amemos no somos hijos e hijas de Dios, no importa si somos miembros de alguna iglesia o si profesamos vivir una experiencia espiritual. La Biblia dice: «El que no ama, no ha conocido a Dios; porque Dios es amor» (1 Juan 4:8).

Las tres evidencias de salvación en las Escrituras son estas:

1. La confesión del Señor Jesucristo. La Biblia dice: «Si confesares con tu boca que Jesús es el Señor ... serás salvo» (Romanos 10:9).

2. El bautismo en agua. El bautismo en agua es un testimonio público de que dejamos atrás nuestra nueva vida y caminamos el nuevo sendero de la fe en Cristo. Nuestra vieja vida ha sido lavada, se ha ido, y estamos ante Cristo absolutamente limpios. Si usted rechaza el bautismo en agua, necesita oír el versículo que dice: «A cualquiera que me niegue delante de los hombres, yo también le negaré delante de mi Padre que está en los cielos» (Mateo 10:33).

3. El amor por los hermanos. La prueba de la conversión es «el amor por lo hermanos». Se confiesan cosas con los labios que no son del todo ciertas. Hay bautismos en agua en los que la persona ha pasado por el agua pero no por la sangre de Cristo. Sin embargo, no se puede fingir el amor por los demás. Jesús dijo: «En esto conocerán todos que sois mis discípulos, si tuviereis amor los unos con los otros» (Juan 13:35).

El ingrediente que falta en la mayoría de las iglesias de los Estados Unidos es el amor básico de Cristo. Jesús nos dio este mandamiento: «Que os améis unos a otros, como yo os he amado» (Juan 15:12). Cristo nos amó incondicionalmente. Y lo hizo aun cuando no éramos merecedores de su amor. La gente que menos amor merece es la que más lo necesita.

A menudo, nuestro amor se califica por lo siguiente: el amor que damos a otros porque nos aman primero; el amor que damos a otros porque cumplen con nuestras expectativas; el amor que damos a otros porque están hechos de la *madera adecuada*, o tienen poder y dinero, o son físicamente atractivos.

Cristo, si embargo, no estableció calificativos para su amor. Cristo nos amó «siendo aún pecadores» (Romanos 5:8). Nos amó incluso cuando estábamos cubiertos por la corrupción del pecado. Nos amó incondicionalmente.

> *Ella dice...*
>
> No podremos encontrar mejor ejemplo de cómo ser padres amorosos que el ejemplo de Cristo.

El cristianismo sin amor es solo un culto más. Al mundo no le importa qué sabemos hasta que conoce que los amamos.

Sin amor, no valemos nada. Sin amor somos menos que basura. La basura es algo que ya no puede contribuir a nada ni a nadie. La basura me recuerda el primer auto que compré cuando estaba en noveno grado. Cuando tenía doce años mi padre me dijo que podría comprar un auto si lo pagaba en efectivo y lo aseguraba en efectivo durante un año. En 1954 compré un Pontiac 1948, largo como el Queen Mary. Si uno miraba de cerca, casi podía ver mi cabeza asomando detrás del volante.

Lo manejé durante toda la escuela secundaria y la universidad. Tenía cuatro ruedas que reventaban en el momento más inesperado. Quemaba tanto aceite que parecía un incendio que se acercaba por el camino.

Cuando estaba en la universidad fui a un depósito de chatarra de autos a comprar una rueda usada. Le dije al dueño:

—Tiene mucha basura aquí.

Veía metros y metros cuadrados de autos, carrocerías, parachoques, ruedas, y todos los partes imaginables.

El dueño del depósito me miró y dijo:

—Jovencito. Esto no es basura. Porque la basura no tiene valor alguno. Usted vino a buscar una rueda usada porque tiene valor para usted. Esto que ve aquí —dijo extendiendo sus manos por sobre el cementerio de autos— tiene posibilidades ilimitadas.

Hay potencial dondequiera que miremos.

## Sin amor no somos nada

El apóstol Pablo escribe: «Si yo hablase lenguas humanas y angélicas...» (1 Corintios 13:1). Estudié latín, griego, hebreo, español e inglés, y no domino ninguno de estos idiomas. Pero, ¿qué tal si pudiera hablar todos los idiomas que hay en la tierra? ¿Qué tal si pudiera hablar todos los dialectos que hay en el planeta? Sería instintivo afirmar: «Soy algo». Sin embargo, a través de la pluma de Pablo, Dios nos dice: «Sin amor no eres nada».

Pablo escribe: «Y si tuviese profecía...» (v. 2).

¿Qué tal si pudiera predecir el futuro?

¿Qué si pudiera predecir lo que sucederá mañana con un cien por ciento de exactitud?

¿Qué si pudiera decirle al *Wall Street Journal* cómo estarán los mercados mundiales mañana?

¿Qué si pudiera predecir terremotos y tornados?

¿Qué si pudiera decirle al presidente lo que pasará en el Medio Oriente mañana?

El presidente me llamaría todas las mañanas. Alan Greenspan querría vivir en la casa de al lado. Noche y día los consejeros financieros me acosarían desde todos los rincones del mundo. Podría humanamente pensar: «Soy algo, porque puedo predecir el futuro». Sin embargo, Dios me dice: «Sin amor nada eres».

Pablo escribe: «Y [si] entendiese todos los misterios» (v. 2).

Camino todas las semanas por los corredores de los hospitales. Veo gente que sufre todo tipo de enfermedades. La cura para el cáncer sigue siendo el misterio médico más grande para los Estados Unidos. Me siento junto a niños con cáncer y oro: «Oh, Dios, permítenos resolver el misterio del cáncer». Hombres y mujeres brillantes trabajan noche y día en todo el planeta intentando resolver este misterio. Se gastan miles de millones de dólares buscando la respuesta. Pero qué pasaría si pudiera llamar a la Sociedad Estadounidense de la Lucha contra el Cáncer y dijera: «Yo, John Hagee, he resuelto el misterio del cáncer». Ganaría el Premio Pulitzer. Mi fotografía estaría en la portada de todas las revistas del mundo. Todos los periódicos vendrían corriendo a mi oficina para entrevistarme. El jardín de mi casa se llenaría de periodistas. Y, humanamente, sentiría que puedo decir: «Soy algo porque he resuelto este gran misterio».

Sin embargo, Dios dice: «Sin amor, aunque hayas resuelto todos los misterios del planeta Tierra, no eres nada».

Pablo escribe: «...y toda ciencia...» (v. 2).

En todos los campos del conocimiento hay personas que estudian durante toda su vida para dominar apenas una porción de esa ciencia o área del saber. Tuve el placer de asistir a conferencias en universidades importantes de los Estados Unidos y escuchar a algunas de las mentes más brillantes. Habían estudiado un tema durante toda su vida, y compartían a los demás las perlas de conocimiento recogidas durante décadas de estudio y esfuerzo. Cada una de estas personas profesaba en público que no lo sabía todo en su área de estudio, pero que cada día se esforzaban para permanecer a flote en el vasto e infinito océano del saber.

¿Qué pasaría si yo tuviera todo el conocimiento en todas las áreas? ¿Qué si supiera tanta química como para que Linus Pauling se ruborizara? ¿Qué si supiera tanta matemática como para superar a Albert Einstein? ¿Y tanta ciencia política como para hacer que Henry Kissinger se escondiera cuando yo entrara en la sala? Humanamente, instintivamente, querría decir: «John Hagee, de veras eres algo».

Pero Dios me dice: «John Hagee, sin amor nada eres».

Pablo escribe: «Y si tuviese toda la fe, de tal manera que trasladase los montes...» (v. 2).

La fe siempre me ha intrigado. La Biblia dice: «Esta es la victoria que ha vencido al mundo, nuestra fe» (1 Juan 5:4). La fe empieza antes de que sepamos qué es lo que va a suceder. La fe no exige milagros, sino el ambiente propicio para que sucedan los milagros. Nada es imposible para el que cree. Todo lo que el cielo tiene para ofrecer, viene por la fe. Sin fe es imposible agradar a Dios.

En mis sesenta y cuatro años de vida he tenido el privilegio de ver a grandes personas de fe en colosales arenas, orando por decenas de miles de personas que venían de los cuatro rincones del planeta para ser sanadas. Cuando tenía nueve años y vivía en Houston, Texas, oí por primera vez a un evangelista llamado Oral Roberts, de Oklahoma, que tenía un poderoso ministerio de sanidad. La iglesia de mi padre llenaba cada noche el autobús de la iglesia para asistir a esa campaña de sanidad. Conducíamos desde nuestra casa en Channelview hasta Houston, Texas, para oír a este gran hombre de Dios.

Cuando llegamos, la carpa con capacidad para cinco mil personas estaba repleta, y había una multitud afuera, esperando poder echar un vistazo al poder de Dios. Oral Roberts predicó durante casi una hora, dando un mensaje sobre «El cuarto hombre». Luego comenzó el ministerio de sanidad. Oró durante varias horas por aquellos que habían venido para conocer los principios de la sanidad.

Durante ese servicio ocurrieron milagros visibles, electrizantes, que convencían hasta al más escéptico de que el poder de sanidad de Dios gozaba de buena salud en el planeta Tierra.

Smiley Wigglesworth era un poderoso hombre de fe. En una ocasión, Dios le dijo que se levantara y fuera al otro lado del pueblo para orar por una mujer enferma. Obedeció al instante, pero cuando llegó a la casa de la mujer, sus parientes le dijeron que había muerto.

Smith Wigglesworth dijo: «Dios me envió aquí para orar por ella. No me afecta el hecho de que esté viva o muerta».

Entró en la casa y lo acompañaron a la habitación de la difunta. Él la levantó de la cama, la apoyó contra la pared y gritó: «¡Vive! En el nombre de Jesús».

Al instante la mujer volvió a la vida. Debo confesar que no formo parte de esa liga.

Sin embargo, Dios dice que si usted tuviera «toda la fe, de tal manera que trasladase los montes». Si pudiera revivir a las personas de entre los muertos... si poseyera un ministerio de milagros que llenara estadios y auditorios en todos los continentes del planeta Tierra, pero no tuviera amor, nada es.

«Y si repartiese todos mis bienes para dar de comer a los pobres... » (1 Corintios 13:3).

La Biblia cuenta la historia del gobernante joven y rico que guardaba todos los mandamientos. Era una persona sobresaliente, porque los mandamientos son el documento sobrenatural de la excelencia espiritual. Cuando conoció a Jesús de Nazaret, el Señor le dijo: «Vende todo lo que tienes, y dalo a los pobres» (Lucas 18:22). La Biblia cuenta cuál fue la respuesta del joven: «Él, oyendo esto, se puso muy triste, porque era muy rico» (v. 23). ¿Por qué sentía pena? Porque amaba a sus posesiones más de lo que amaba a Jesucristo.

> *Ella dice...*
>
> Ministro a muchas esposas atormentadas por el hecho de que sus maridos se niegan a devolverle al Señor la décima parte de lo que el Proveedor les permite ganar.

La mayoría de nosotros estamos dispuestos a darle algo a Dios... pero, ¿le daríamos todo? El setenta y cinco por ciento de los miembros de las iglesias de los Estados Unidos no dan el diezmo. La Biblia dice: «Y si repartiese todos mis bienes para dar de comer a los pobres ... y no tengo amor, de nada me sirve» (1 Corintios 13:3).

## EL AMOR SEGÚN LO DESCRIBE EL APÓSTOL PABLO

Pablo ofrece catorce definiciones en el retrato del amor. Las primeras siete tienen que ver con nosotros mismos, y las otras siete con los demás. Veremos varias de estas definiciones en esta sección del libro.

### 1. El amor es paciente (v. 4, NVI)

Pablo dice: «El amor es paciente».

El amor paciente soporta. Nunca se cansa de esperar. ¡El amor paciente jamás baja los brazos! Nunca abandona a su esposa alcohólica, a su hijo drogadicto, a su matrimonio falto de pasión. El amor aprieta los dientes y se niega a abandonar.

¿Es usted impaciente? Se para frente al microondas y dice: «¡Vamos, apúrate!» ¿O se impacienta cuando prepara café instantáneo? No digo que prefiero los restaurantes de comida rápida, pero el otro día me encontré ordenando mi comida en el buzón, y conduciendo mi auto hacia el fondo de la casa.

La actitud norteamericana hacia la espera se refleja en un cartel que dice: «Fabricamos antigüedades mientras usted espera».

No somos capaces de entender a un Dios poderoso y paciente. Cuando Dios no hace lo que queremos, nos molestamos, estamos inquietos. Queremos lo que queremos, y en el momento en que lo queremos, y si Dios no nos lo da, gritamos: «¡No me amas!»¡Escuche! Los atrasos de Dios no son negaciones de Dios. La grandeza tarda en enojarse, y parte de la grandeza de Dios es su eterna paciencia.

Vea la paciencia de Dios en el plan de salvación. Dios envió a Moisés a Israel, y Moisés fue rechazado. Dios les envió profetas y los apedrearon. Les envió reyes y fueron corruptos. Saúl fue a ver a la hechicera de Endor. David fue seducido por Betsabé. Las esposas de Salomón lo llevaron a la idolatría.

Y finalmente, Dios envió a su hijo unigénito, no sobre un caballo blanco, ni empujando a la humanidad como un sultán supremo, ni blandiendo un bastón de mando como si fuera un gran capitán, sino acurrucado en un pesebre de Belén, un bebé envuelto en pañales.

No vino para ocupar el trono en el palacio del César. Vino a tocar a los intocables leprosos. Abrazó y besó a los marginados de la sociedad. En los últimos días de su vida, se ató una toalla a la cintura y lavó los pies sucios de sus discípulos en el Aposento Alto.

En su más grande demostración de amor, permitió que los hombres de Herodes le abofetearan, le escupieran, se burlaran de Él, lo coronaran

con una corona de espinas y finalmente lo clavaran a una atroz cruz romana en las afueras de Jerusalén. ¿Por qué? Porque el amor de Dios es paciente.

A través de la pluma de Pablo en 1 Corintios 13 Dios nos dice: «Si tienes mi amor serás pacientes con aquellos a quienes amas. Serás paciente con tu esposa, tu marido y tus hijos. Serás paciente con tu jefe en el trabajo. Serás paciente con tu pastor y tus líderes espirituales».

> *Ella dice...*
>
> Trato de bendecir a mi esposo cada día antes de que salga de la casa. Hay una batalla allí fuera, y él necesita toda la ayuda que pueda obtener.

## 2. El amor es bondadoso (v. 4, NVI)

Pablo dice que el amor es bondadoso. También hay versiones que traducen esta afirmación como: «busca el modo de ser constructivo». La bondad es el amor en acción. Es la capacidad de amar a las personas más de lo que merecen.

En una ocasión una mujer que vino a mi oficina de consejería matrimonial me dijo: «Mi marido no merece mi bondad».

Le dije: «Sea bondadosa a crédito. Haga todo a crédito para él». No le pareció gracioso.

¿Quiere usted hacer algo grandioso para Dios? ¡Sea bondadoso con sus hijos! La bondad es un idioma que los sordos pueden oír y los ciegos pueden ver. La gente pasará por alto los defectos de quien es sinceramente generoso.

Trate a un perro con bondad. Cuídelo, aliméntelo bien, y nunca se apartará de usted. El mismo sistema se aplica a los esposos. Sea tan bondadoso como pueda serlo hoy, porque no sabe si estará aquí mañana.

Hace unos años, un hombre que asistía a mi iglesia salió por la mañana hacia su trabajo mientras la esposa le gritaba por una pequeñez. De camino a la oficina murió en un accidente de tránsito. La mujer sollozaba junto al féretro: «Lo siento». Vivió durante el resto de su vida con estas palabras odiosas resonando en sus oídos por culpa de un asunto que nada importaba. Esas palabras fueron las últimas que le dijo al hombre que decía amar.

## 3. El amor no tiene envidia (v. 4).

¿Cree usted que alguien le ama? Vaya y cómprese un nuevo Mercedes con calentador de picaportes, asientos Posturepedics y el paquete de accesorios más lujosos, y vaya a la casa de esa persona. No

hace falta ser muy observador para ver que le sale vapor por las orejas. Nada depreciará más su auto que el hecho de que su vecino se compre uno nuevo. La mayoría de nosotros nos sentiríamos mejor si no fuera por las extravagancias de nuestros vecinos. Una persona por lo general criticará a quien envidia en secreto. El que le está criticando busca rebajarle hasta el nivel que él mismo tiene. Cuando se sienta verde de envidia es que está maduro para los problemas. El amor no envidia. El amor no es celoso. El amor no es posesivo. Un marido me dijo: «Mi esposa no está celosa de mi secretaria. No le importa lo linda que sea, mientras trabaje con eficiencia».

También ha habido esposas que me confesaron: «Mi marido es tan celoso que enloquece si alguien me mira».

Mi consejo es simple: «No se enoje cuando alguien admire a su esposa. Están felicitándolo por su inteligente elección. Y si le ponen una mano encima, córteselas hasta el codo y luego devuélvasela».

James Dobson dijo: «Si amas algo, déjalo libre. Si vuelve a ti, siempre fue tuyo. Si no lo hace, jamás lo fue».

Hay otra versión: «Si amas algo, déjalo libre. Si no vuelve, búscalo y pégale hasta matarlo».

La envidia posee, pero el amor libera. Cuando poseemos a alguien lo asfixiamos. Cuanto más lo asfixiamos, tanto más lucha el otro por librarse. Cuanto más lo intentamos, tanto peor es la pelea. Porque es una pelea de supervivencia emocional. ¡Déjelo ya! Ame a su pareja sin envidia. Ame sin celos. Déjelo libre, porque si es suyo nunca se irá. Si no es suyo, no habrá nada sobre la tierra que usted pueda hacer para retenerlo.

## 4. El amor no es jactancioso (v. 4).

El amor no se jacta de su propia existencia. No dice: «Sé que eres gorda, con pecas, con dientes postizos y peluca, y que pareces una casa rodante con vestido... pero te amo».

El amor no hace ostentación de sí mismo. No desfila ni se enorgullece de sí mismo. El amor es lo que necesita quien menos lo merece. Es fácil amar al mundo. Lo difícil es amar al tonto que vive en la casa de al lado.

La luna de miel muchas veces se define como «ese breve período entre "sí, acepto" y "será mejor que lo hagas"». Compare esto con su propia actitud. ¿Quiere usted que le saluden con fanfarrias por traer escarbadientes de colores al picnic? ¿Quiere ser siempre la estrella? ¿Es usted pretencioso, pomposo? ¿Camina como un pavo real?

**5. El amor no se envanece (v. 4).**

Recuerde que no hay superestrellas para Dios. Él solo tiene siervos. Sus siervos son humildes y amorosos. Desean volcarse en el torrente infinito del amor de Dios. El servicio es solo amor con traje de faena. Cuando llegue al cielo, será bienvenido con las siguientes palabras: «Bien, buen siervo y fiel». ¿Es usted un siervo? Si no lo es... ¿por qué no?

**6. El amor no hace nada indebido (v. 5).**

Pablo escribe que el amor no hace nada indebido. El amor no se conduce con indecencia. El amor tiene buenos modales.

La sociedad estadounidense se deleita en su crudeza. Hace poco, la Comisión Federal de Comunicaciones (FCC) de los Estados Unidos multó a diversos medios por permitir que se transmitiera por televisión y radio una cierta cantidad de cosas absolutamente sucias. En los Estados Unidos, el «caballero» está siendo reemplazado por algo que se asemeja a un orangután enojado. La «dama» es una feminista vulgar, promiscua, con tatuajes y de boca sucia.

¿Qué hay de malo en los buenos modales?

Sigue estando bien el mantener una conversación sin decir malas palabras. Y sigue siendo bueno aún apartar la silla para una dama antes de que se siente... no en el momento en que se sienta. También está bien abrir la puerta del auto para su esposa aunque lleven casados ya veinticinco años. Está bien enviar una tarjeta de agradecimiento a los amigos y familiares en respuesta a su generosidad.

**7. El amor no busca lo suyo (v. 5).**

Pablo escribe que el amor no busca lo suyo. El amor no insiste en salirse con la suya. No busca ventaja egoísta. Durante el holocausto, una madre católica judía con tres niños escapó al bosque antes de que llegara el ejército nazi. Durante varios días sobrevivieron comiendo hierbas y raíces.

Una mañana, un granjero y su hijo los encontraron. El granjero les ordenó que salieran de entre los arbustos. Al instante vio que estaban casi muertos de hambre, y le dijo a su hijo que le diera a la madre una hogaza de pan. La madre tomó el pan con ansias. Como si fuera un animal hambriento, lo partió en tres pedazos y lo dio a sus hijos.

El joven observó:

—No ha guardado nada para sí porque no siente hambre.

A lo que el padre enseguida respondió:

—No ha guardado nada para sí porque es una madre.

El amor no busca lo suyo. Siempre busca cómo dar. El dinero puede comprar una casa, pero es el amor lo que hace un hogar.

## 8. El amor no se irrita (v. 5).

La Biblia dice: «El amor no se irrita». La versión King James en inglés agrega la palabra «fácilmente». Esta palabra no está en el texto original en griego. El amor no se irrita. No es quisquilloso ni susceptible. No se ofende. No anda con la astilla clavada, buscando un motivo para llorar y protestar.

Una madre le dice a su hijo:

—Hijo, es hora de vestirse para ir a la iglesia.

El hijo responde:

—Mamá, no quiero ir a la iglesia. No le gusto a la gente y a mí no me gustan tampoco. Dame tres razones por las que tendría que ir a la iglesia hoy.

La madre lo miró y dijo:

—Primera, es el Día de la Madre, yo soy tu madre, y quiero que vayas. Segunda, tienes cuarenta y cinco años y deberías ir. Y tercera, eres el pastor de la iglesia.

### ¡EL AMOR ES LEAL!

No hay mejor retrato de la lealtad que lo que Rut le dijo a Noemí cuando iban a entrar en la nación de Israel. Rut y Noemí estaban en la frontera de una nación judía. Rut era gentil, y entraba en la sociedad judía sin esperanza de matrimonio, sin esperanza de que la aceptaran, sin esperanza de ser madre. Para esta mujer gentil en una sociedad judía, su único futuro sería servir a su suegra. Oiga lo que le dijo:

> No me ruegues que te deje,
> y me aparte de ti;
> porque a dondequiera que tú fueres,
> iré yo, y dondequiera que vivieres, viviré.
> Tu pueblo será mi pueblo, y tu Dios mi Dios.
> Donde tú murieres, moriré yo,
> y allí seré sepultada;
> así me haga Jehová, y aun me añada,
> que sólo la muerte hará separación
>     entre nosotras dos.
>
> —RUT 1:16-17

¿Cuál fue el resultado de su lealtad? Conoció a Booz y se casó con él, un hombre rico y poderoso. Su primer hijo se llamó Obed, y fue el tatarabuelo de Jesucristo. Rut figuró en el árbol genealógico de Cristo. Su lealtad le puso en una posición de inmortalidad.

¿Puedo preguntarle algo? ¿Es leal su amor?

## *Consejos para ella*

¿Personifica usted estas características del amor? Cuando su esposo piensa en usted, ¿recuerda que es paciente, amable, humilde y bondadosa? Si intenta vivir su vida demostrando estas características del amor, según 1 Corintios 13, cosechará las bendiciones de Proverbios 31:28-29: «Se levantan sus hijos y la llaman bienaventurada; y su marido también la alaba: Muchas mujeres hicieron el bien; *mas tú sobrepasas a todas*».

## CONCLUSIÓN

En uno de los capítulos anteriores cité un poema sobre el amor que aprendí de memoria hace años y nunca olvidé. Léalo nuevamente y piense en su mensaje.

Una campana no es campana hasta que tañe.
Una canción no es canción hasta que se canta.
El amor que hay en tu corazón no está allí para quedarse.
Porque el amor no es amor hasta que se da a otros.[1]

Acaba de ver usted el retrato de Dios acerca del amor. Pídale al Espíritu Santo que le muestre las áreas de su vida en que no ha mostrado el amor de Cristo hacia los demás como Él se lo muestra a usted.

### PIDA AYUDA A DIOS

*Padre, sé que sin ti nada soy. tu amor es todo lo que necesito para ser el hombre que tú me creaste para ser. Quiero ser ejemplo del retrato del amor que nos pinta Pablo. Haz que me parezca a ti para que mi esposa me describa como «paciente, bondadoso, humilde, servicial y dulce». Señor, quiero ser plenamente leal en mi compromiso de matrimonio. Sé que las palabras de Proverbios 31:28-29 hablan de una esposa, Señor, pero me haría muy feliz oír a mi esposa decir: «Querido, hay muchos hombres buenos por ahí, ¡pero tú sobrepasas a todos!» Amén.*

# NOTAS

## CAPÍTULO 1
### ¿HA PERDIDO SU MATRIMONIO EL ATRACTIVO?

1. Ray Mossholder, *Marriage Plus* (Lake Mary, FL: Charisma House, 1990).
2. Ibid.
3. Meir Zolotowitz, *The Art Scroll Tanach Series* (Brooklyn, NY: Mesorah Publications, 1977), p. 131.
4. Ibid.

## CAPÍTULO 2
### LO QUE LAS MUJERES DESEAN

1. «Condom Warnings – Beware! Doctors Speak Out About Condom Failures», Pro-Life America, www.prolife.com/condoms.html.

## CAPÍTULO 4
### MÁS SECRETOS DEL AMOR QUE TODO HOMBRE DEBE SABER

1. «Quote Me On It», http://www.quotemeonit.com/menninger.html
2. La cita se atribuye a Oscar Hammerstein II, que la dio como consejo a Mary Martin.
3. «Quotes to inspire you», http://www.cybernation.com/victory/ quotations/authors/quotes_coolidge_calvin.html.
4. Ray Spanenberg y Diane Moser, *Eleanor Roosevelt: A Passion to Improve* (N.p.: Facts on File, 1997), p. 42.
5. «The Dred Scott Decisión», Documentos y discursos históricos, http://www.historicaldocuments.com/DredScott.htm.
6. La información sobre Rosa Parks ha sido adaptada de fuentes de la Internet sobre ella y el movimiento de Derechos Civiles. La mayor parte de la información proviene de Academy of Achievement, the Hall of Public Service, the Profile, Biography, y una entrevista con Rosa Parks. Ver http://www.achievement.org /autodoc/page/par0pro-1.
7. Ver ThinkExist Quotations, http://en.thinkexist.com.

## CAPÍTULO 6
### ¿PUEDE UN MATRIMONIO SOBREVIVIR A LAS ADICCIONES, AL ALCOHOLISMO O A LA HOMOSEXUALIDAD?

1. Las estadísticas citadas en los siguientes tres párrafos fueron obtenidas del National Institute on Chemical Dependency, en http://www.ni-cor.com.

2. George E. Vaillant, *The Natural History of Alcoholism Revisited* (Cambridge, MA: Harvard University Press, 1995).

3. La información sobre la adicción al alcohol en los párrafos precedentes está adaptada de Vaillant, *The Natural History of Alcoholism Revisited*.

4. Vernon Johnson, *I'll Quit Tomorrow: a Practical Guide to Alcoholism Treatment* (San Francisco: HarperSanFrancisco, 1992).

5. Ibid.

## CAPÍTULO 7
### ¿PUEDE UN MATRIMONIO SOBREVIVIR A LA MALA COMUNICACIÓN, FALTA DE PASIÓN O MALA ADMINISTRACIÓN DEL DINERO?

1. James Hewwett, *Illustrations Unlimited* (Chicago, IL., Tyndale House, 1988), p. 342.

## CAPÍTULO 8
### RETRATO DEL AMOR

1. La cita se atribuye a Oscar Hammerstein II, que la dio como consejo a Mary Martin.

Acaba usted de leer *Lo que todo hombre desea de una mujer*, del pastor John Hagee. La información que leyó sobre el matrimonio está presentada desde el punto de vista masculino. Los principios compartidos por el autor le ayudarán a construir una relación de amor con su cónyuge.

Ahora podrá darle la vuelta al libro y leer *Lo que toda mujer desea de un hombre*, escrito desde el punto de vista de una mujer por Diana Castro Hagee. Compartirá con usted importantes principios e historias que combinadas con la información ofrecida por su esposo, el pastor John Hagee, le ayudarán a construir un matrimonio a prueba de aventuras, que le hará vibrar de excitación y gozo cada día de su vida de casado.